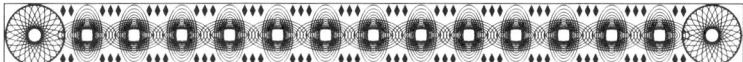

ヨーロッパ政治思想概説

鳥谷部平四郎 著

大学教育出版

凡　例

1. ギリシア語・ラテン語を日本語で表記するとき、ギリシア語・ラテン語に忠実に表記すべきであるが、日本の伝統的な表記法に従っている。
　　【例】　　プラトーン　　→　プラトン
　　　　　　アリストレテース　→　アリストテレス
　　　　　　キケロー　　　　→　キケロ
　　　　　　スキーピオ　　　→　スキピオ

2. 脚注を付ける代わりに（　　）で示してある。ただし、原語を付している場合は、注ではない。

はじめに

　この本は論文の形をとらずに、過去のヨーロッパにおいて哲学者または思想家といわれた人々の政治思想を、できるだけ私見を入れずに、私がまとめたものである。しかし、当然のことであるが、私という主観を取り除くことはできない。従って、私の解釈は過去の研究者たちが述べていることとの違いは避けることはできない。そこに私の個性が出ている可能性がある。

　この本の目標は、読者に人間という存在者が孤立した存在者であると同時に、社会、いや共同体の中で存在しなければならない存在者であることを自覚してもらうことである。換言すれば、人間という生きものは矛盾した存在者であり、その矛盾と混沌のうちに目鼻をつけて生きている存在者である。天国や極楽ならば、我々人間が政治形態の創造に参加する必要がないのであるが、この現象界においては、消極的であろうと積極的であろうと、政治に参加せざるを得ないのである。政治は固定したものではなく、常に変化するものである。人間は現象界にある限り、常に変化する存在者である。政治は人間の営為の1つの結果である。政治は人間の思想の結果であり、また思想の原因となる。このような背景を前提にして政治は政治たり得るのである。つまり、人間が存在することによって、政治が成立するのである。ここから多様な政治形態が存在することが明らかとなる。

　この本で取り上げる哲学者または思想家の著作は、古代ギリシアのプラトンの『国家』、アリストテレスの『政治学』、イタリアのキケロの『国家について』、マキアヴェリの『君主論』、イギリスのホッブズの『リヴァイアサン』、ロックの『人間知性論』『統治論』、フランスのモンテスキューの『法の精神』、スイス生まれのルソーの『社会契約論』、ドイツのカントの『永遠平和のために』、ヘーゲルの『歴史哲学講義』である。

　上で述べたように、学術論文ではないので、細かな差異は専門家に任せるこ

とにし、概説的な記述にとどめた。それ故、原語はできるだけ避けて、日本語で表記した。さらにまた取り上げる人物に関わると思われる歴史的・政治的事件を年表としてまず最初に挙げてある。しかし直接的に関係のないものもある。

2000年1月20日

　　　　　　　　　　　　　　　　　　　　　　　　　鳥谷部　平四郎

ヨーロッパ政治思想概説

目　次

はじめに　i

第1部　プラトン……………………………………………2
　　Ⅰ　『国家』　5
　　Ⅱ　『政治家』　33
　　Ⅲ　『法律』　38

第2部　アリストテレス……………………………………45
　　Ⅰ　『政治学』　47
　　Ⅱ　『経済学』　80

第3部　キケロ………………………………………………85
　　　　『国家について』　91

第4部　ニッコロ・マキアヴェリ…………………………105
　　　　『君主論』　108

第5部　トマス・ホッブズ…………………………………119
　　　　『リヴァイアサン』　123

第6部　ジョン・ロック……………………………………159
　　Ⅰ　『人間知性論』　160
　　Ⅱ　『市民政府論』もしくは『統治論』　186
　　Ⅲ　『寛容についての書簡』　195

第7部　モンテスキュー……………………………………199
　　　　『法の精神』　204

第8部　ジャン・ジャック・ルソー ……………………………………241
　　　　　『社会契約論』　242

第9部　カント ………………………………………………………263
　　　　　『永遠平和のために』　264

第10部　ヘーゲル……………………………………………………275
　　　Ⅰ　『ドイツ憲法論』　277
　　　Ⅱ　『歴史哲学講義』　279

あとがき　288

第1部

プラトン
(Platon　B.C.428/7 ~ 347)

プラトン・アリストテレス時代の前後のギリシア年表

紀元前

492年　ペルシア戦争（エーゲ海の右側〔現在のトルコを含めて〕はすべてアケメネス朝ペルシア帝国〔創始者アケメネスで、子孫の一人ダレイオス1世のときは、最盛期であった。また、クセルクセス1世のとき、ギリシア連合軍に敗れたがペルシア帝国そのものはそれほど傷つかなかった〕のものであった）が始まる。

479年　ペルシア戦争が終わり、ギリシア人の自由が救われる。

461/2年　ペリクレスが、429年までアテナイの指導者となり、円熟期を迎えた。

431年　ペロポネソス（ギリシアの左側にある半島であり、都市スパルタがあった）戦争が始まる。

428年　プラトンが生まれる。

404年　アテナイがスパルタに降伏し、ペロポネソス戦争が終わる。
　　　　アテナイでは30人僭主制度（スパルタからの強制で）が始まる。

403年　アテナイに民主制度が復活する。

399年　ソクラテスが毒杯をあおる。

338年　カイロネイアの戦い、アテナイ・テーベ（エジプトの古代都市、現在はルクソールと呼ばれる）連合軍がマケドニアのフィリッポス2世に敗れ、ギリシアの自由が終わる。

336年　マケドニアではフィリッポス2世が暗殺され、アレクサンドロス大王（B.C.356～323）が即位する。

335年　アリストテレスが学園（ペリパトス学派）を創設する。

334年　アレクサンドロス大王が東へ向けての遠征を開始する（アケメネス朝ダレイオス3世を滅ぼし、家臣のセレウコスに任せ、本人はエジプトへ向かう。エジプトで都市アレクサンドリアを建設し、家臣のプトレマイオスに任せる。そして本人はインドに向かった）。

323年　アレクサンドロス大王がインドからの帰還の途中メソポタミアで病死する。

319年　アレクサンドロス軍の武将アンティパトロスが死に、その息子カッサンドロスが台頭する。

307年　デメトリオスがアテナイをカッサンドロスから解放する。

294年　デメトリオスがマケドニアの王となる。

276年　デメトリオスの息子アンティゴノス2世がマケドニアの王となる。

267年　クレモニデス戦争が始まる。アテナイがマケドニアの王アンティゴノス2世との戦いで敗北する。この敗戦により、ギリシアは政治的舞台から消える。

「はじめに」においても述べたように、人間は孤立した存在者である、と同時に相互の存在者、つまり他人との関係の中にある存在者でもある。他人とは親であり、子であり、兄弟姉妹であり、血縁関係における他人である。さらにその関係を拡大するならば、一族、種族、国家へと拡大される。しかし個人は国家でもないし、国家は個人でもない。従って、「個人とは何か」、「国家とは何か」ということが古来問われたし、今なお問われるのである。個人とはまず身体的に他人と区別され、自己自身を個としての自覚を前提にして成立するのが、現代的意味での個人である。人類はこのような思想を獲得するまで多大の犠牲を払わなければならなかった。

　他人との関係は個人対個人、個人対集団、集団対集団といった関係であるが、集団が大きくなればなるだけ、関係が複雑になる。即ち、様々な利害が生じるのである。その利害を含んで成立しているのが、国、国家なのである。国家とは、個人の意識に応じて、あるいは個人の意識を無視して、成立し、形態を整えまた変えるのである。国家とは集団のために人間によって便宜的に考え出された形態（概念、観念）でしかないのである。その国家を運営するのもまた人間である。その人間の意図のもとで、国家は運営され、その運営が政治と呼ばれ、それに関わる人間が政治家とか為政者と呼ばれるのである。従って、これを裏返しするならば、人間の存在そのものが、政治に顕現するということもできる。

　歴史上、ヨーロッパにおいて、体系的に国家を考察した人物としてまずプラトンが挙げられる。プラトンはギリシア人であるから、現代ではヨーロッパ人であるとはいえないが、ヨーロッパとは元来ギリシアの神話に出てくるアゲノンの娘のエウロペ（牡牛に姿を変えたゼウスに拉致され、クレテ島でミノスおよびパダマントスの母となる）に由来する。またさらに現代のヨーロッパのあらゆる分野の成立過程を考慮するならば、プラトンが第1番目に挙げられて当然であろう。

人物像

プラトンは父アリストンと母ペリクティオネとの間で、アテナイ（アテネ）に生まれた。母方は7賢人の1人であった立法者ソロン（B.C.594年にアテナイの執政官に選ばれ、法律を作ったといわれる）の末裔であり、また父方は貴族であった。彼の家柄は名門中の名門であったが、経済的には恵まれていなかった。プラトンの一生は一般に4期に分けられて説明される。その根拠となっているのは『書簡集』の第7書簡である。この書簡は、表向きはシケリア（シチリー）からの政治に関しての協力依頼に対しての返答であるが、内容的には自叙伝である。さらには彼の哲学案内書でもある。

〈第1期〉

アテナイの普通の青年たちと同じように、普通の教育を受け、政治家になることを志していたが、B.C.404年の政変とB.C.399年のソクラテスの死刑判決を経験することによって、政治に失望し、哲学を始めるのであったが、なお政治には未練があった。

〈第2期〉

この時期はいわゆる遍歴時代である。エジプト、イタリアなどを遍歴したが、いずれの国においても満足できなかったようである。しかしシュラクサイ（現在はイタリアのシシリー島の南東部にある都市シラクーザ）のディオンと知り合いとなった。このことは後期のプラトンに大きな影響を与えることになった。再び哲学的活動をすることになったと思われる。

〈第3期〉

プラトンの40歳から60歳にあたり、この間に学校アカデメイアを創設し、学徒の指導に専念した時期であった。ソクラテスが個人的に対話を行い、相手を啓蒙したのに対して、プラトンは組織的に子弟を教育したのである。プラト

ンは自分の政治的意思を教育を通じて実現しようとしたものと思われる。

〈第4期〉
　この時期に、シケリア島に2度渡っている。若いときに知り合ったディオンが、プラトンの理想国家を実現するために、プラトンを招聘したのである。しかしプラトンは政治改革に失敗し、ディオンは追放されたが、そのディオンとディオニュシオス2世を和解させるために、またシケリア島に渡った。3度目である。しかし生命の危機を感じ、人を介してかろうじてアテナイに戻った。ディオンは新政府を確立したのであったが、暗殺されることによってその政府も終わったのである。他方、プラトンの著作活動は円熟期を迎えたのである。『国家』は第3期の作品であるが、この4期には、『政治家』『法律』『ソピステス』『ティマイオス』『エピノミス』などが属する。

I　『国　家』
(Politia)

　プラトンはこの作品を7回校正したといわれている。このことからも彼の力の入れようが理解される。この作品は、政治学者、哲学者、教育学者たちが研究対象にする作品である。この作品は内容的には5つの部分に分けられている。

1　序（第一巻）

(1)　ソクラテスとケパロスとの対話（1〜5節）
　ここでケパロスは人間にとって「老い」ていくことが必ずしも悪いことではないことをソクラテスにいう。人間は老人になって欲望（ここでは性欲と金銭欲）から解放されることによって、死と直面できるという。死を恐れないため

には、正しく敬虔な生活を送らなければならないとする。ここで「正義」へと議論が移る。

(2) ソクラテスとポレマルコスとの対話 (6～9節)
　「正義（ここでは、自分が正しいとすること）」へと議論が移ることによって、ソクラテスの対話相手がポレマルコスに替わる。ポレマルコスは詩人のシモニデスの「借りているものを返すことは正しい」という言葉を挙げる。しかしソクラテスは「借りているものを返すことは正しい」といっても相手の状況次第であるとする。つまり、相手が正気でない場合とか、敵であるとかによって違うのである。ここでの正義は有用か、無用かということで判断されることになり、さらに使用しない方が正義であるということもある。例えば、医術などである。また味方にとって有益な人が正義であるとすれば、スパイをする人も正義の人となる。善い人間でもないのに、善人と判断したり、悪人を善人であると判断することが起こり得るのである。ここでポレマルコスは混乱状態に陥る。そこでソクラテスはポレマルコスに、善人はその善さによって、人を悪い人間にすることはないし、悪人は人を善人にすることはないと整理してやる。しかしこれで「正義とは何か」ということが明らかになった訳ではない。議論は続く。

(3) ソクラテスとの対話にトラシュマコスが加わる (10～24節)
① トラシュマコスによれば、正義とは強者の利益である (10～19節)。例えば、トラシュマコスは政治の支配者を挙げる。支配階級はそれぞれ自分の利益に合わせて法律を制定する。民主制の場合ならば、民衆中心の法律を制定し、僭主独裁制の場合は僭主独裁者中心の法律を制定する。つまり、支配階級にとって自分たちの利益になることが正義であり、利益にならないことは排斥され、利益にならない人は法律違反者として罰せられる。この意見に対してソクラテスは、支配階級も誤って自分たちに不利益になるようなことを制定することがあると反論する。ここで支配者が本当に強者であるかどうかが問題となる。議論は技術者に及ぶ。技術者、例えば、医者は、自分のために利益をもたらすも

のではなく、被技術者、ここでは病人に利益をもたらすのである。とりあえずここで、トラシュマコスの意見が否定される。
② （20～24節）トラシュマコスは議論を逆転して、不正の方が有利であると発言する。正義は徳（優秀性）と呼ばれ、不正は悪徳（劣悪性）と呼ばれる。トラシュマコスの言い分によれば、不正が徳と知恵に属し、正義は悪徳と無知に属することになる。しかしこの意見もソクラテスによって逆転され、正義は徳（優秀性）であり、知恵であることが立証される。しかしこれまでの議論は「正義とは何か」という問いが解決されることはなく、この問題から離れて、「それは悪徳であり無知であるか、または知恵であり徳であるか」という問題に移り、また「不正は正義より徳になるか」という問題に移った。

結局のところ、この第一巻は序文であり、議論は第二巻に移る。

2 正義の定義（第二巻～第四巻）

(1) ソクラテスとグラウコンとアディマントスとの対話（第二巻1～9節）

ここでグラウコンが対話に参加し、ソクラテスに問う。善いものには様々なものがあるではないか。第1に、「それをただそれ自体のために愛する」ようなもの、例えば、喜ぶこと、害を伴うことのない快楽、第2に、「それ自体のために愛し、それから生じる結果の故にも愛する」ようなもの、例えば、知恵を持つこと、健康であること、第3に、「身体の鍛練とか、病気の治療」などの例を挙げ、さらに「正・不正とは何であるか」、「純粋にそれ自体としてどのような力を持つのか」とソクラテスに問う。この問いに対してソクラテスは、一般的な意味での「正義」を説明する。「合法的」であることが、「正しい」ことであり、「正義」の起源であるが、しかしこれは消極的な「正義」であるとする。なぜならば、不正なことを行っても、暴露されないならば、善いことであるから、つまり法には限界があるからである。

アディマントスも対話に参加して、人間と神との関係を問う。ソクラテスの説明によると、神が存在しないならば、我々は神を無視するであろう。神が存在するならば、我々は神のご機嫌をとり、媚びるであろう。不正な人間は、利

益を獲得して、その不正について、許してくれるように、神々に頼み、そして無罪放免されるならば、その結果、正義と不正が逆転することになる。ここまでのことをまとめると、グラウコンとアディマントスは「正義」の再定義を要望したのである。

(2) 対話の相手は変わらず（第二巻10〜16節）

アディマントスによると、我々は自給自足できず、多くのものに不足しているから、多くの人々が仲間や協力者として1つの居住地に集まり、そこで共同生活する。そのような場を国家と呼ぶのである。国家が供給する最低限のものは、順番にいえば、食住衣である。4・5人でも共同生活をしているならば、国家と呼ぶことができる。アテナイはすでに最低限の国家から脱している。アテナイでは衣食住は十分である。さらに贅沢な国、真実の国、即ち、健康な国家などが考察される。

国が豊かになると、それだけ様々な職業の人々が必要となる。しかし最後に必要となるのは、国の守護者（政治家）である。優れた守護者とは、素質として知を愛し、気概を持ち、敏速に判断し、強い人間でなければならないとされる。人間は生まれながら、このような徳をすべて所有しているわけではないから、教育が必要であるとされる。

(3) 国の守護者の教育論が展開される（第二巻17〜第三巻18節）
① 音楽と文芸論（第二巻17〜第三巻12節）

人間の魂には音楽と文芸が必要であり、身体には体育が必要である。考察は音楽と文芸から始められる。

(a) 音楽と文芸には、言葉が属し、その言葉には真実なものと作り事がある。

作り事、即ち、物語の作り手（現代風にいえば、作家と詩人など）を監督する必要性から議論される。（第二巻17〜第三巻5節）

作り手が善い物語を作ったならば、それを受け入れ、悪いものであるならば、それを拒否すべきである。善い物語として、ヘシオドス（『神統

記』）とホメロス（『イリアス』『オデュッセイア』）の作品が挙げられる。悪い物語とは、神々が神々と戦争したり、策略をめぐらし相手を負かすようなことを表現する物語であり、例えば、ヘラが息子（ヘパイストス）に縛られたとか、ゼウスが息子のヘパイストスを天から投げ出したとか、またホメロスが創作した神々の争いなどが挙げられている。たとえホメロスの作品であろうとも、無思慮に作り出されたもの、つまり神話は否定されるのである。あくまでも国家の建設者のためになるような物語でなければならないのである。神々を表現するときは、ただ善いことの原因であるように、即ち、法律と規範となるように表現されなければならない。プラトンによれば（第二巻21節）、神々はみずから変身して姿を変えるような魔法使いでもないし、言葉や行為において我々を偽り、惑わすことがあってはならないとする（ここで第二巻は終わる。第三巻は将来神々と両親を敬い、友愛を大事にするような物語が必要であるとして、次に移る）。

　次に守護者に必要なものは、死を恐れない勇気であるとする。その次には節制が必要であって、その節制とは飲食や愛欲などの快楽を支配することである。さらにその節制の中には、支配者に対する生意気な言動をしない、克己心などを育むような物語でなければならないとする（ここまでは物語の内容が考察される。第三巻5節）。

(b) 次に作り手が考察される（第三巻6～9節）

　語り手（作り手）には、単純な語り手と模倣としての語り手があり、後者には詩や物語の一部、または全体が属し、さらに喜劇や悲劇などが属する。個人として1人の人間が模倣することにも限界があり、何でも模倣できるものではない。国の守護者は、他のすべての仕事から解放された専門家でなければならない。なお、そのように教育されなければならないとすれば、模倣は大事である。勇気、節度、敬虔、自由精神を持つ人こそを、子供のときから模倣すべきである。換言するならば、そのような人々の賤しいこと、行ってはならないこと、醜いことなどを模倣してはならないとする。我々は優れた人が過失を犯すことなく、思慮深

く行動しているならば、積極的に模倣すべきであるとする。
(c) 次に歌が取り上げられる（第三巻10〜11節）
　歌は言葉（歌詞）、調べ（音階）、リズム（拍子と韻律）の3つの要素から成り立つ。プラトンは調べとリズムに関して、リュディア調、イオニア調、ドリス調、プリュギア調、また楽器などいろいろと考察しているが、結論として「優れた語り手と、様子の優雅さ（気品）、優れたリズムは、人の善さに伴うものである」とする。
(d) 音楽と文芸の教育の目的が考察される（第三巻12節）
　人間は環境から多大な影響を受けるものであるから、国の守護者が悪しきものの似像の中で育てられるならば、その影響を受け、無意識のままに、自分自身の魂の内に悪を蓄積するのである。逆に、健康な土地から健康を、美しい作品は視覚や聴覚に、美しい言葉の人間になるように働きかけ、その結果、人間は美しい言葉を好み、それと調和する人間となる。そのような人間となるためには音楽と文芸の教育が必要であるとされる。

② 体育、医術、裁判のあり方と教育（第三巻13〜18節）
　プラトンによれば、優れた魂がみずからその卓越性に基づいて、身体をできる限り優れたものとするのであって、健康な身体に健康な魂が宿るのではない。従って、知性の十分なる育成が必要なのである。
　国の守護者には、身体能力として次のことが要求される。番犬のような不眠性、感覚の鋭敏性、戦場においては飲料水や食物への配慮、炎熱、酷寒への対処、その他多くの変化にも対応する能力などを持ち、また経験をしても、なお、健康であることが要求される。
　次に医術に関して、国家（ポリス）は、国民の健康な身体を維持するためには、優れた医者を、つまり、健康な人も病人もどちらも数多く扱ったことがあり、しかも自分自身も生れつきあまり健康ではなく、ありとあらゆる病気を経験しており、魂によって身体を治療できる医者を所有しておく必要がある。
　次に裁判官について議論される。それによると医者と違って魂によって魂を支配するのが裁判官の仕事である。また、様々なことを経験しておく必要はな

い。裁判官となる者は若いときに、「悪い品性には無経験で、それに染まらないようにしておかれなければならない。」「優れた裁判官は若い人ではなく、年寄りでなければならなず、不正がどのようなものであるかを遅れて学んだ人でなければならない。即ち、不正というものが、自分自身の魂に内在しており、自分のものとして認識するというのではなく、むしろ他人の魂に内在し、他人のものとして、それが本来どのように悪いのかを、自分の経験を通じてではなく、知性（知識）を通じて見抜くように、長い間の訓練を積んだ人でなければならないのだ。」

　医者と裁判官の両者は、身体と魂の両面において優れた素質を持つ者でなければならない。その上、気概的な要素と知を愛する要素を十分に発揮できるように、音楽と文芸と体育が教育されなければならないというのがプラトンの結論である。

（4）　国の守護者の諸条件（第三巻19〜第四巻5節）
① 　守護者の選抜（第三巻19〜21節）

　国の守護者は仕事のための知恵と能力を持ち、国のことを気遣う人間でなければならない。もちろん、教育は必要であるが、そのような素質を持っている者をまず選抜しなければならない。特に欺瞞を見抜く必要がある。選抜の仕方をプラトンはいう。「ちょうど若駒を騒々しい物音や叫び声のするところへ連れて行って、恐がるかどうかを調べるために、この人たちを若いうちに何か恐怖を呼ぶような状況の中に連れて行き、そこから今度は快楽の中に置き換えて、金を火の中で試すよりもはるかに厳しく試しながら、よく観察しなければならないのだ。すべての状況において、その人が、欺瞞（たぶらかし）に対する抵抗力と毅然とした品位を示すかどうか、また自己自身を守り、自分が学んだ教養（音楽とか、文芸とか）を守る優れた守護者として、自分が身につけた善きリズムと善き調和を、すべての状況の中で保持し、このようにして自己自身にとっても国家にとっても、最も有用かつ有益な人物であり得るかどうかをよく観察しなければならない。そして我々は、子供のときも、青年のときも、成人してからも、絶えず試練を受けながら無傷のまま通過する者を、国家の支配者、

つまり守護者として任命し、その人の生前にも、また死後も埋葬の葬式や、その他彼を記念する数々の最高の贈り物を与えて、これに名誉を授けなければならない。しかし他方で、そうでない者は排除されなければならないのだ。」さらにプラトンは、金、銀、銅、鉄という金属を比喩にして、金の親から銀の子供、銀の親から金の子供が生まれることはあっても、銅と鉄の親から金や銀の子供は生まれることはないという。金、銀、もしくはその混合からの子供が守護者とか、補助者に選ばれなければならないとする。

② 守護者の生活条件（第三巻22～第四巻1節）

　守護者は、お互いに対してもまた護るための国民に対しても温和でなければならないし、法に従わない者が出たときは、この者を制圧し、また外敵からも国民を護らなければならない。このような守護者は、私有財産を、即ち、住居や宝物などを所有することはなく、暮らしの糧は節度ある勇敢な戦士が必要とするのと同じくらいの分量を受け取るものとする。生活は共同生活をすることとする。ここでアディマントスがソクラテスに、「この人たちは幸福ではないのではないか」と問う。ソクラテスは答える。彼らは食わしてもらうだけであり、賃金もない。彼らは常に国全体が幸福になるように行動し、配慮しなければならない。そのようになるように彼らを教育しなければならないとプラトンはいう。

③ 守護者の任務（第四巻2～5節）

　守護者たちは、技術的作品を悪化させるようなこと、また職人たちを悪化させるようなことを防がなければならない。戦争が起こった場合、戦わなければならない。また国が大きくなりすぎることのないように見張らなければならない。守護者に優れた子供が生まれたならば、その子供を守護者に入れること。妻や子供などは、「友のものは皆のもの」つまり、共有すること。プラトンはここでこの守護者たちを管理するもう一段上の人々を考え、この人々は「教育のあり方が自分たちの知らぬ間に堕落することのないように配慮しなければならない」とする。ここで注目するに値することは、真の立法者は国の制度や法律に関わる必要がないといっていることである。なぜならば、悪い国の場合は、制度や法律は無益で何の足しにもならないし、善い国の場合は、一部の法律な

らば誰でも立法できるからである。また伝統的なものであるならば、おのずと決まってくるものであるからだという。

(5) 国家の知恵、勇気、節制、正義（第四巻6〜10節）

プラトンは、前節までで国家建設の考察を完了し、ここからは国家の知恵、勇気、節制、正義の考察を始める。

国家の知恵とは、国を守護するための知識であり、数的にいえば、最も少ない守護者に属する。この人々は全体としての国家自身のために、どのようにすれば、自国内の問題についても、他国との関係においても、最も善く対処できるかを考慮することができるのである。

国家が勇敢であるということは、その国家の一部の人々が勇敢であるということで十分である。勇気とは一種の保持である。保持とは、恐ろしいものとそうでないものについて、正しい、法に適った考えを保持することであり、その考えは法律によって教育を通じて形成された考えでなければならない。この思想を如何なる事態が生じても保持することが大切であるとする。これを勇気という。

国家の節制とは、「一種の秩序」であり、快楽や欲望を制御することである（プラトンによれば、克己とは己れ自身に敗れることでもある）。さらにプラトンは、「単純にして適当な欲望、知性と正しい思惑に助けられ、思惟によって導かれる欲望といえば、少数の、最も優れた素質と最も優れた教育を与えられた人々の中にしか、見いださないであろう」という。

以上の3つの徳目をまとめると、勇気と知恵の場合は、どちらも国家のある特定の部分のうちに存在することによって、一方は国家を知恵のある国家とし、他方は勇気ある国家にするということであるが、節制は、国家の全体に、最も弱い人々にも、最も強い人々にも、またその中間の人々にも、完全に調和するような形で行き渡っていなければならない。最後の正義、つまり、徳はここで積極的に定義されずに、消極的に述べられているにすぎない。

生まれつきの素質がないにもかかわらず、何か別のことをすることによって、害を与えるようなこと、例えば、靴職人が戦士になることがあっては国家を滅

ぼすことになる。このようなことは国家に不正を行うことであるとする。

(6) **魂の機能**（第四巻11〜15節）

プラトンによれば、今まで正義を定義づけるために、まず国家の正義が定義づけられるならば、個人における正義の定義が容易であるという見通しで進めてきた。これまでに国家の知恵、勇気、節制が定義づけられた。従って、個人の魂にも3種類があるかどうかを考察する必要があるという。この3種類のものは、それぞれ独立したものではなく、独楽が同一の場所で回転運動しているとき、静止しているということができるように、同一なるものの別の観点からの表現である。これと同じように、魂は1つであるが、理知的部分、欲望的部分、気概的部分というように表現されるのである。

(7) **個人の知恵、勇気、節制、正義の定義**（第四巻16〜19節）

上述のように、魂には理知的部分、欲望的部分、気概的部分があり、このことは国家にも、個人にも妥当する。先に国家の正義を積極的に定義できなかったのと同様に、ここでも定義づけができていない。これらの3つの徳目が混乱し、逸脱することによって、不正、放埓、卑怯、無知といった悪徳が生成する。これらは正義に反する。美しい営みは徳の獲得へと導き、醜い営みは悪徳の獲得へと導くのである。正義という徳は1つであるが、悪徳は無限にあるとプラトンはいう。さらにその1つの徳を求めて考察は国家形態へと移るのである。

3　国家のあり方と条件（第五巻〜第七巻）

ここからいよいよ本論に入るのであるが、しかし今まで考察してきたことの再確認でもある。

(1) 導入部（第五巻1〜2節）
(2) 3つのパラドックス（第五巻3〜18節）
① 第1のパラドックス（第五巻3〜6節）

前に妻子は共有されるものとしたが、ここで特に男性と女性の自然的素質が考察される。男性も女性も同じ目的のために存在するならば、同じ教育が施されなければならない。しかしそれぞれの自然的素質は異なっている。従って、ここにパラドックスが生じる。素質が異なるにもかかわらず、同じ教育をしなければならないというパラドックスである。ここでこの問題を解決しなければ、単なる口論であって、対話ではないとプラトンはいう。その解決法を概観しよう。女性が子供を産み、男性が産ませるというだけでは、自然的差異であって、国家の形成、保持という観点からすれば、男性と女性が異なっていることの十分な証明にならない。人間は男性であろうと女性であろうと、自然的素質のうえで向き不向きがあり、例えば、学ぶことを例にしてみるならば、ある人は1を聞いて10を知るが、ある人は教えられたことさえ覚えられないという場合がある。そうすれば、男性と女性の比較は不可能となり、個人の能力が問題となる。その結果、国を治めるために、男性の仕事または女性の仕事ということがなくなる。従って、国家にとって女性も男性もできるだけ優れた人間になることが善いことである。もしこのようなことを法で制定するならば、実現可能であるばかりではなく、国家にとって最善であるとプラトンはいう。

② 第2のパラドックス（第五巻7〜16節）

　前に妻子の共有といったが、ここでは男女相互の共有であって、子供も共有であり、親が子を、子が親を知るということがあってはならないという。その可能性と有益性が考察される。まず可能であると仮定し、その有益性が論じられる。男性が選択されたのと同じように女性も選ばれ、その女性は男性、家、食事などを共有し、教育も同じように受ける。そうすれば、自然に必然的に両性は結ばれるであろう。しかし結婚をできるだけ神聖なものとするためには、最も優秀な者たちに子を作るようにさせることである。そのためには最も優れた男性と最も優れた女性とできるだけ多く交じわらせ、最も劣った両性はその逆にする。優れた両性の子供だけを育てる。優れた人々の子供は、その役職の者たちが受け取って保育所へ運び、保母や乳母に任せる。そうではない子供は、ポリス内の人口には制限があるから、秘密のうちに処分される。女性は20〜40歳まで、男性は30〜55歳まで国のために子供を作る。

国家の設立と保持には立法者が最大の善を実現するように法を制定する必要がある。まず国家を分裂させるようなことがあってはならない。国を存立させるためには、苦楽を共有することである。この苦楽は個人的なものであってはならない。1人の人間の苦痛は国民全員の苦痛である。そのようなことを可能にする法を立法しなければならない。しかしそんな諸条件を満たしている国が存在するであろうか。そのような国を実現するためには君主や支配者と呼ばれる人々のあるべき姿が考察されなければならない。なぜならば「私のもの」「私のものではないもの」「身内のもの」「よそのもの」ということが、共有を前提にしていないならば、私有財産制度を認めることになり、プラトンの国家論が崩壊することになるからである。共有を前提にすることによって、これらの語はより明確となり、国により一層の結合をもたらす。苦楽の共有が最大の善であるとすれば、男性、女性、子供の共有は善をもたらす最大の原因であることになる。この人々が守護者となることによって、裁判事、訴訟事はなくなり、不都合なことはすべてなくなる。守護者を守護者たらしめることによって、国家をできる限り最も幸福な国家たらしめることができる。

　このような国は可能であろうか。プラトンはここで戦争が起こった場合を例として考察する。守護者たちは男と女とまた優れた子供と共に戦場に赴くであろう。この人々は特に子供に対しては、配置された部署を放棄したり、武器を捨てたり、あるいは卑怯な振る舞いを見せてはならない。如何なる場合でも、模範になるようなことを示さなければならない。戦争において功績を上げた者はその名誉が讃えられてしかるべきである。プラトンはこのような国をギリシアに設立することが、この段階では可能であると考えている。

③　第3のパラドックス（第五巻17〜18節）

　プラトンは彼の主張する国家の実現が可能であるとしたが、その方法はまだ不十分である。ここでその方法が考察される。もちろん、このような国家を形成するのは人間である。正義それ自体を探し求めることは、そのような人間をも求めることになり、即ち、模範的人間を求めることになる。そのような模範的人間とは哲学者であるとする。プラトンはいう。「哲学者たちが国々において王となって統治するのでない限り、あるいは現在王と呼ばれ、権力者と呼ば

れている人々が、真実にかつ十分に哲学するのでない限り、即ち、政治的権力と哲学的精神とが、一体化されて、多くの人々の素質が、現在のようにこの2つのどちらかの方向へ別々に進むことを強制的に禁止されるのでない限り、国々にとって不幸が止むときはないし、また人類にとっても同じであると思う。」ここでのパラドックスは政治家が哲学者であるということである。しかしこの論述は必ずしも明確ではない。

(3) 哲学者の定義（第五巻19〜第六巻14節）
① 哲学者とは（第五巻19〜22節）

　プラトンの定義によれば、「哲学者（愛知者）とは知恵を欲求する者として、ある種の知恵は欲求するが、ある種の知恵は欲求しないというのではなく、どんな知恵でもすべて欲求する人である。」さらに真の哲学者とは「真実を観ることを愛する人たち」であるという。真実を観るとは、「そのもの」または「それ自体」を観るということである。例えば、「正」「不正」「善」「悪」「美」である。美しい事物（現象）は認めるが、「美それ自体」（本質）は認めがたいということであってはならない。ここで混同してはいけない。プラトンに従えば、「在る」ものは知の対象となり、「ないもの」は無知に対応する。「在り」かつ「在らぬ」ような性格のものが「在る」とすれば、つまりそれは「在る」ものと「在らぬ」ものとの中間にあるとすれば、そのようなものを求めなければならない。なぜならば、「思惑」というものがあるが、これは「知識」ではないからである。「知識」は在るものを対象する。これを明確にする前に、認識能力を考察する必要があるとプラトンはいう。

　認識能力は特定の色とか形とかというようなものを持っていない。その能力が「いかなる対象に関わるか」ということと、「何を成し遂げるか」ということに注目するならば、同一の対象に向けられていて、同一のことを成し遂げる能力を、同じ能力と呼ぶ。異なった対象に向けられ、異なったことを成し遂げる能力を、別の能力と呼ぶ。このようなことを前提すると、知識と思惑とは違うものであることが理解されよう。即ち、知識は「在る」ものに対応するが、無知は「在らぬもの」に対応することは先に述べた。そうすると「思惑」は

「在らぬ」ものに対応するのではなく、思惑していることは「何かを思惑」していることであるから、両者の中間的なものに対応するのである。この論理を展開させると、「多くの美しいものを観るが、美そのものを観ない人、また多くの正しいものを観るが、正そのものを観ない人は、すべてを思惑している」だけであって、自分たちが思惑（これに関しては、第七巻の13～14節でも触れる）しているものを何1つ知っていない。これに対して「それ自体」を観ている人たちこそ知っている人である。このような人は知が関わる対象を愛好し、愛着する。それ自体として「在る」ものに愛着を寄せる人を愛知者、哲学者と呼ぶのである。

② 哲学者の自然的素質（第六巻1～2節）

哲学者の自然的素質とは「生成と消滅によって動揺することなく、常に確固として在り、真の実在を開示してくれるような学問に対して、常に積極的な情熱を持つ」ことである。これは積極的側面であるが、この側面にはさらに記憶力がよいこと、節度があり、度量が大きいこと、勇気があること、優雅であることなどが挙げられている。これに反して、消極的側面として、虚偽を受け入れないこと、肉体の欲望を持たぬこと、金銭欲を持たぬこと、臆病でないこと、けちな根性でないことなどが挙げられている。

③ 哲学無用論（第六巻3～10節）

ソクラテスの以上のような発言に、アディマントスは次のように問う。哲学を志して、若いときに教養を完成する意志を持って、必要以上に長い間哲学をすることに時を過ごした人は、正常な人間の生活から離れることになるから、たとえ立派な人間であっても、国家社会に役立たない人間になってしまうのではないか。これに対してソクラテス（プラトン）は船の比喩を使って答える。船を上手に操舵するためには、教育され、経験ある者でなければならない。ただ水夫というだけでは操舵を任せることはできない。これは国家運営に関しても同じである。現在の国家運営は全くの素人の水夫が操舵する船みたいなものだとプラトンがいう。現在、役立たずの哲学者といわれている人たちは「自称（偽）の哲学者」であって、真の哲学者ではない。

繰り返しになるが、真の哲学者とは、真の実在に接し、交じわり、知性と真

実を生み出し、知識を獲得し、真の生活を送り、育むのである。先程挙げた自然的素質をたとえ持っているとしても、人間はまわりの人々から影響を受けるものであるから、多くの人々の場合、損なわれ、堕落していくのである。最善の自然的素質に恵まれた魂は、弱々しい自然的素質に恵まれた魂と比べると、悪い教育を受けた場合、その影響を強く受けるものである。従って、ソフィストと呼ばれている人々は、教育を受ける者が望むものを「善いもの」、望まないものを「悪いもの」という。大衆や国民議会、法廷、劇場、また多数者の集会に集まる人々が美しい現象は認めるが、美そのものの存在を容認したり、信じたりはしないのである。このような人々の影響を受けることによって、最善の自然的素質に恵まれた魂であっても、その魂は堕落していくのである。堕落しない魂を持った者は最終的には少数となるのである。

④ 哲人統治者（第六巻11～14節）

　プラトンによれば、上述のように大衆を悪くいうだけでは何も解決しない。彼らと争うことなく、まず学問愛好に対する偏見を解いてやり、また哲学者たちの自然的素質やその仕事のことを穏やかにいい聞かせるならば、彼らも納得するであろう。その大衆に、哲学者が国家の支配者となるまでは、国家にも、国民にも禍いが止むことがないことを説得するならば、彼らとて否定しないだろうという。また将来、そのような国は実現することはないと主張する者もいないであろう。もし哲学者が支配者という制度を持つ国家が実現されるならば、最善の国政であろう。ここでもう1度プラトンの、最善の自然的素質を有する人の成長と教育過程をまとめてみよう。

　優れた自然素質を持つ者は、子供の頃から相応しい教養と哲学を手懸けるべきだし、身体が成長し大人になりつつある間は、身体のことに特によく配慮して、哲学に奉仕するだけの基礎を作らなければならない。年令がさらに増し、魂の発育が完成期に達したならば、今後はその知的訓練を強化すべきである。そしてやがて体力が衰えて、政治や兵役の義務から解放されたならば、そのときこそ初めて、哲学に専念しなければならない。そうするとその人は幸せに生きることになる。以上の言い分は、哲学者を外面からと内面から見た場合のことであるが、両側面から見て調和していることが最善であろう。

(4) 哲人統治者のための知的教育 (第六巻15節〜第七巻)

① 学ぶべき最大のもの — 善 (第六巻15〜17節)

　優れた守護者、否、哲学統治者は、ものわかりがよく、記憶力がよく、頭の回転がよく、鋭敏で、勇敢であり、かつ堅実で、不動の心を持った人といわれているが、実際にはそのような人は存在しないであろうが、そのような人でなければ、厳格な教育にも、名誉にも与ることはできないとプラトンはいう。以前に、知恵、勇気、節制、正義（かつてはこの正義が善と呼ばれたのであるが）を考察した。ここで考察されるものは、上述の4つを包括する善である。「善の実相（イデア）が付け加わって初めて、正しい事柄もその他の事柄も、有用かつ有益なものとなる」のである。その善をある人は快楽であるとし、また他の人は知恵であるとする。後者の人々は、善とは善の知恵と思い、善と発音すれば、他人が理解してくれると思っている。多くの人々は、「思われる」ことを選び、行い、所有し、それで満足しているのである。しかし善に関しては、単に思われるものではなく、「それ自体」を求めるし、求めなければならないとする。

② 善のイデア＝太陽の比喩 (第六巻18〜19節)

　この善は知識か快楽か、という問いにプラトンは、美しいものも、善いものも数多くあるという。また美そのもの、善そのものも、つまり、それ自体といわれるものも数多くあるが、それぞれのそれ自体に、単一的に対応するただ1つだけのイデア（諸イデアを含むイデア、また最高のイデア）が、即ち、多様な善に対応する唯一の善があるとする。換言すれば、現象界に属する多様なる善を我々は見ることができるが、思惟（ヌース）によって知られるものではない。ただ1つの善は思惟によって知られるが、我々は視覚を介して見ることはできないのである。善のイデアは、認識される対象に真理性を与え、認識する主体に認識機能を提供する。イデアは知識と真理の原因であって、認識も真理も美しいものであるが、善のイデアは、もちろん、両者と異なるものであって、両者よりも美しいものである。太陽は、見られる事物に対しても、ただ「その見られるという作用」を与えるだけではなく、さらにそれらを、生成させ、成長させ、養い育むものである。このようなものが善のイデア（最高のイデア）

なのである。
③ 線分の比喩（第六巻20〜21節）
プラトンの説明に従って考察しよう。

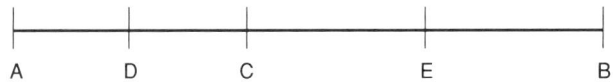

1つの線分（AB）が等しからざる部分（AC、CB）に二分された形で思い描いてもらって、さらにもう1度、それぞれの切断部分を —— 即ち、見られる種族を表す部分（AC）と思惟によって知られる種族を表す部分（CB）とを —— 同じ比例に従って切断してくれたまえ。そうすると相互に比較した場合のそれぞれの明確さと不明確さの度合いに応じて、まず見られる領域（AC）においては、分けられた一方の部分（AD）は似像を表すものとして君に与えられるだろう。私が似像というのは、まず第1の影、それから水面に映る像をはじめ、その他緻密で滑らかで明るい構成を持った事物に映る影像などである。さらにプラトンはいう。1番目の部分（EB）には「知性的思惟（直接知）」を、2番目の部分（CE）には「悟性的思考（間接知）」を、3番目の部分（DC）には「確信（直接的知覚）」を、最後の部分（AD）には「影像知覚（間接的知覚）」を、当てはめよというが、この説明は不明確である。善のイデアを説明するものとしては、この線分の比喩はプラトンの意図に反してむしろ不明確なものとなっている。

④ 洞窟の比喩（第七巻1〜5節）
プラトンのイデアを説明するために、しばしば引き合いに出されるのが、この洞窟の比喩である。プラトンに従って概観しよう。
地下にある洞窟状の住まいの中に人間がいるとしよう。この人間が子供のときから手足も首も縛られたままで、動くこともできず、ただ前だけ、即ち、入り口を背にして、さらに、入り口と本人との間についたてのようなものがあり、そのついたてを通して、壁に映る影絵のようなものだけを見ることができるようにされているとすれば、この人間は影（似像）の世界を本当の世界と見なすことは当然であろう。あるときこの人間を一切の束縛から解放してやり、あな

たの理解していた世界は似像の世界であったといっても、にわかに信じないであろう。そこでこの人間を地上に引き出し、何かに映る像に慣れさせるならば、そうすれば最後に太陽を見ることができるようになるであろう。この人間は次のようにいうであろう。「この太陽こそは、四季と年々の移り行きをもたらすもの、目に見える世界における一切を支配するものであり、また自分たちが地下で見ていたすべてのものに対しても、ある仕方でその原因となっているものだ。」

　知的世界には、最後にかろうじて見て取られるものとして、「善のイデア」があり、このイデアこそ、すべて正しく美しいものを生み出す原因であるという結論へ至るのである。プラトンのいう国では、このような知的認識を有するのは哲学統治者であり、目覚めた正気の統治を行い、現今の多くの国々におけるように、夢まほろしの統治とはならないだろう。現在、多くの国々を統治しているのは、影をめぐってお互いに争い、支配権力を求めて党派的抗争に明け暮れるような人たちであり、支配権力を手にすることを善いことだと信じている。支配権力を積極的に求めることの最も少ない人間であるような国家こそ、内部抗争が最も少ない状態の国家こそ最も善い国家である。

⑤　真実への上昇のための教育（第七巻6～18節）
　今までの教育論は音楽と文芸と体育という習慣づけによる教育論であった。ここからは思惟能力を必要とする科目の教育である。
1)　予備的科目（第七巻6～12節）
　(a)　数と計算（第七巻6～8節）
　　　　計算したり数えたりする能力は兵隊にとっても必要である。この科目は知性を目覚めさせる性格を有する。この科目は1つのものか、2つのものかを考察する。これは魂の思惟と知性の助けを必要とするのである。もしそれぞれが1つで、両者が合わさって2つであるすれば、魂はその2つのものを、区別されたものとして知性の働きで捉えることになる。なぜならば、区別されていなければ、2つとしてではなく、1つとして考えたはずであるからだ。「1」の定義づけは、感覚界では扱うことのできないことはいうまでもない。知性の助け、否、知性のみで定義づけしなけ

ればならないのである。「1」の定義づけは「1」を使用することなくしては、定義されないことはよく知られていることである。プラトンはいう。この学問は魂を強くし、上方へ導く力を持ち、純粋な数そのものについて問答するように強制する。

(b) 幾何学（第七巻9節）

幾何学は軍事上、陣営の構築や要地の占拠、軍隊の集合と展開などに役立つのであるが、この程度のものでは、「善のイデア」の探求に不足である。幾何学は常に「在る」ものを「知る」知識であるから、魂を真理へ向かって引き上げる力を持っている。

(c) 立体幾何学（第七巻10節）

平面の次は立体、2次元の次に、3次元へと向かう。これは立方体の次元や深さを持つものと考えられているが、この研究はまだ不十分のままである。その研究は今後将来なされるであろうとしている。

(d) 天文学（第七巻10〜11節）

現在行われているような天文学では、人々を向上させようとする哲学とは逆の方向へと向かう。目に見えない実在に関わるような学問でない限り、魂の視線を上に向けさせることはできない。天空における模様が、我々の視覚に見える以上に美しく、正確であるはずである。それを見るのが真の天文学者である。天空の創り主が天空と天空内にある一切を、可能な限り美しいものとなるように形づくったものであることを認めるような天文学者こそ真の天文学者である。

(e) 音楽（音階）理論（第七巻12節）

天空、否、現象界には多種多様な運動がある。音階の調和をなす運動と、これと関連して我々の耳が形づくられている（音波の受容器としての蝸牛を想起して下さい）。この両者に関わる知識は姉妹関係にあることは、ピュタゴラスのいう通りであるとする。しかし彼らは耳に聞こえる音の協和の中に直接に数を探し求めるけれども、それ以上のことはしない。その根拠を考察しようとすることは、善美なるものの探求には必要不可欠であるが、彼らは考察しないのである。蛇足であるが、ピュタゴ

ラスのいう数は宇宙の真理を表現するものである。例えば、「10」は完全であるから10番目の惑星として太陽の反対側に、目には見えないが、地球と同じもの、つまり対地星が存在し、この太陽系は完全であるとした。

2）哲学的問答法（第七巻13～14節）

　以上の学科に熟達している人は哲学的問答法の知識のある人である。哲学的問答法とは如何なる感覚にも頼ることなく、ただ言論（理論）を用いて、「在る」ものへと前進しようと努め、最後に「善」そのものを知性的思惟の働きだけによって直接把握できる世界（可知界）に究極的に至ることができる。この世界は可視界の対置にある。線分の比喩に触れたとき、「知性的思惟（直接知）」「悟性的思考（間接知）」「確信（直接的知覚）」「影像知覚（間接的知覚）」という術語を思い出してもらいたい。ここでプラトンは前者の2つを「知性」と呼び、後者の2つを「思惑」と呼ぶ。知性は「実在」に関わり、思惑は「生成」に関わる。「実在」の「生成」対する関係は「知性」の「思惑」に対する関係に等しく、「知性」の「思惑」に対する関係は「知識」が「確信」に対する関係、および「悟性的思考（間接知）」が「影像知覚（間接的知覚）」に対する関係に等しいという。しかしこれらの詳細な考察をプラトンはここでは省略している。

　プラトンは次のようにいって、この考察を終える。「哲学的問答法というのは我々にとって、諸々の学問の上に、いわば最後の仕上げとなる冠石のように置かれているのであって、もはや他の学問をこれよりも上に置くことは許されず、習得すべき学問についての論究はすでにこれをもって完結した。」

3）以上の学科の教育のプログラム（第七巻15～18節）

　子供たちを強制することなく、自由に遊ばせる形で教育を始め、子供たちを戦争に連れていって、流血を経験させ、体育教育が終了した頃に、優れた者を登録しておき、20歳なったら選び出し、ばらばらであった教育を、諸学問の内面的結びつきを全体的な立場から理解させ、哲学的問答法に適した者をさらに選び、30歳を過ぎるのを待って、真理を伴侶としつつ実在そのものに至り得る者であるかどうかをよく見なければならない。ここで言論を大体5年ほど修練させ、その後、かの洞窟に連れて行って、適した役職を課し、15年間いろいろ

経験させる。50歳になったら、あらゆる点で最も優秀な者を最後の目標に導いてゆくのである。魂の眼差しを上に向けさせ、かのもの、即ち、「善そのもの」を注視させ、その善を範型としながら、国家と各個人と自分自身とを秩序づける仕事のうちに、残りの生涯を過ごすように強制しなければならない。プラトンによれば、上述のことは女性に対しても妥当することである。以上がプラトンのいう理想国家であるが、次に国家の形態の考察へと進むのである。

4　国家の形態と人間（第八巻～第九巻）

(1)　導入部（第八巻1～2節）

　プラトンは政治形態として名誉支配制、寡頭制、民主制、僭主独裁制、世襲王権制、王制の6形態を挙げているが、前者の4形態をここで考察することにする。プラトンは後者の2形態を中間的なものとして考察しているが、しかし筆者は取り上げない。なぜならば、後者の2形態は多少の違いがあるとしても、ほんとんど同じ国家形態であるからである。如何なる国家形態であっても、国家は人間によって運営される。つまり、人間の考え方が国家形態に反映するのである。

(2)　理想国家から名誉支配制への移行（第八巻3～5節）

　プラトンのいう「優秀者支配制」も未来永劫に変化しないことはあり得ない。この国政が、ヘシオドスによれば、時代が金、銀、銅、鉄の時代というように、悪い方向に向かったように、変化するとすれば、それ以上に善くなることはないから、悪い方へ向かうことは確かである。金に銅、銀に鉄が入り交じることによって、不調和もしくは非類似が生じる。これと同じように、制度は人間によって運営されるものであるから、必ずや敵意や戦争が生じる。プラトンによれば、「優秀者支配制」が変化するとすれば、寡頭制との中間である名誉支配制へと変化するのである。この制度においては大部分は前の制度を採っているが、智者を支配階級とせず、混合された素質の人々を支配階級として、平和よりも戦争を好み、策略を好む。他方この制度での人々は寡頭制における人々と

同じように金銭欲が強く、金銀を崇拝する。法の目を逃れて快楽を楽しむ。哲学をなおざりにして、音楽や文芸よりも体育を好む。この制度で際立っていることは、勇気だけであり、勝利と名誉を愛し求めるのである。

　この制度に対応する人間の型とはどんな人間であろうか。音楽を好むが、教養にとぼしく、話を聞くのが好きであるが、弁論の能力は不十分な人間である。そのような人間は奴隷に対しては優越の意識がないために粗暴な態度をとり、自由人に対して穏和な態度をとる。支配者に対しては従順であり、権力欲が強く、名誉を欲しがり、体育、狩猟を好む人間である。この人々の魂は、理知的部分と欲望的かつ気概的部分を有する。自分を理知的にコントロールすることはせず、両方の部分から引かれて中間に落ち着き、中間的な部分を愛して、勝利と名誉を求め、傲慢な行政を行うのである。

(3)　**寡頭制**（第八巻6～9節）
　次に名誉支配制がより劣る制度になるとすれば、それは寡頭制の制度である。この制度は財産の評価に基づく制度であり、金持ちが支配する制度である。この制度における支配階級の人々は、勝利や名誉を捨て、金銭にのみ関心が向き、金持ちを賞賛し、その人々を支配階級に就けようとする。この制度が結果するところとして、1つの国に金持ちと貧乏人という2つの階層を明確することである。従って、戦争もできなくなる。武装した大衆を使おうとすれば、大衆を恐れざるを得ないし、大衆を使わないで、戦争を遂行できないからである。

　制度の変化が人間の変化をもたらすのか、人間の変化が制度の変化をもたらすのかはここでは明確ではない。プラトンに従って、名誉支配制の同形の人々から寡頭制の人々への変化を見ることにする。名誉支配制的な人間に子供がいたとすると、その子供は父親を模範とし、生きようとするのであるが、父親が何らかの事情があり、不都合が生じ、法廷に引き出され、死刑にされたり、市民権を奪われたり全財産を失ったりした場合は、その子供は欲望的部分に魂を売り渡してしまうのである。しかしながら、昔の記憶（即ち父の記憶）が消滅しているわけではないから、二重的人格の人間となり、自分の中で、比較的善い欲望と悪い欲望が同居することになる。しかしどんな場合においても自分の

富を維持するのである。

(4) 民主制（第八巻10～13節）

できるだけ金持ちにならなければならないという目標を追求することによって、寡頭制から民主制へと変化するのである。プラトンによれば、寡頭制における支配たちは、若者が自分たちの金をどのように浪費しようとも、これを禁止するような法律を作らない。というのは彼らに金を貸し、さらに利益を得ようとするからである。若者たちは贅沢にあまやかされ、身体的にも精神的にも苦労をいやがり、快楽にも苦痛にも抵抗力がなく、柔弱な怠け者にされてしまう。徳に関しては他の階層の人々と同じ者となってしまう。その結果、必然的にすべての人々が支配者となり、国の運営に参加するようになり、ひいては役職を籤引きで決定するようになる。

この制度のもとでは、人々は自由であり、自由が支配する。この自由は、言い換えれば、放任である。この制度は、快く、無政府的であり、内部に多彩な国制を持ち、等しい者にも等しくない者にも同一の平等を与えるのである。従って、まやかしの言論も行われ、「傲慢」を「育ちのよさ」、「無統制」を「自由」、「浪費」を「度量の大きさ」、「無恥」を「勇敢」、「慎み」を「お人よしの愚かしさ」、「節制」を「勇気のなさ」、「程よさと締まりのある」ことを「野暮」とか「自由人らしからぬ」と呼ぶのである。自由と平等という名目のもとで、人々は気の向くままに生活をする。このような状態から生じる国家制度は、僭主独裁制度である。

(5) 僭主独裁制（第八巻14～第九巻3節）

民主制国家が善と定義するものの飽くなき追求の結果、民主国家を崩壊させ、次に生じるのが僭主独裁国家である。

民主制国家においては、先生が生徒のご機嫌をとり、生徒は先生を軽蔑し、若者たちは年長者と対等に振る舞い、年長者たちは面白くない人間とか、権威主義者だと思われないように、若者たちのご機嫌をとるようになる。また極端になると、奴隷が奴隷でなくなり、馬や驢馬も自由であると思うようになる。

自由放任も極端になると、逆の方向に向かう。過度の自由は過度の隷属状態へと向かう。即ち、自由放任のもとでは、最も勇敢な者が指導者となり勇敢でない者は下僕となる。この指導者は如何にして僭主となるのであろうか。民衆の指導者となる者は、群衆をしっかり掌握し、同胞を追放したり、さらには命を奪ったりする。このようにして僭主となる。僭主となった者は、当初、出会う人々に愛想よく挨拶し、自分は僭主であることを否定し、多くのことを約束する。例えば、負債から解放したり、土地を分配してやったりして穏やかで情け深いことを示してやる。しかしながら、この僭主は自分の支配権力を維持しようとすれば、陰謀を企むようになる。そして万人の認める公然たる僭主独裁者となることを目指す。
　僭主独裁的な人とはどんな人間であろうか。
　人間には知性で抑制できる欲望と抑制できない欲望がある。魂には理知的部分と欲望的部分があり、理知的部分が眠っているとき、欲望的部分、つまり野獣的部分が、自分の欲望を満たそうとするのである。プラトンはこの制度における支配者を「生まれつきの素質、あるいは生活の習慣によって、あるいは両方によって、酔っ払いの特性と、色情的特性と、精神的に異常的特性を併せ持っている」という。このような人々の行う政治は無政府状態であり、無法状態であり、最高度の不正な国家である。

(6)　**幸福から見た場合の正不正**（第九巻4〜13節）
① 　僭主の生は最も不幸であり、優秀者支配制的人間の生は最も幸福である。
　　（第九巻4〜11節）
　　(a)　国制と個人のあり方からの証明（第九巻4〜6節）
　　　　今までの考察で明らかであるが、国家支配者には理想国家の王者支配制的人間、名誉支配制的人間、寡頭制的人間、民主制的人間、僭主制的人間という5種の形態の人間のいることが考察された。
　　　　もちろん、最も優れていて最も正しい人間が最も幸福であり、そしてそれは、最も王者的で、自己自身を王として支配する人間のことである。他方、最も劣悪で最も不正な人間が最も不幸であり、そしてそれは、最

も僭主独裁的な性格である故に、自己自身と国家に対して、実際に最大限に僭主となる人間のことである。例えば、プラトンは僭主に関して次のようにいう。

僭主の独裁下にある国よりもみじめな国はなく、王者の統治下にある優秀者支配制の国家よりも幸福な国はない。さてこのことを見抜く能力は思惟によって、人間の品性の中にまで入り込んで見抜く能力を持った人にだけ属するのである。外から見るだけでは、識別できないのである。当然のことであるが、僭主のもとでは隷属状態にあり、恐怖に満ち、国は貧乏であり、国民は満たされぬ状態にある。逆にいえば、僭主は一種の牢獄の中に縛られているのと同じ状態にあり、即ち、生れつきの恐怖や欲情の奴隷であり、他人の意見を聞いたり、参考にすることができない状態となるのである。

(b) 魂の機能の3区分からの証明（第九巻7～8節）

魂には3つの部分があることは前（14ページ）に触れた。理知的部分、欲望的部分、気概的部分であった。ここ（第九巻）で、最初の理知的部分は「学びを愛する部分」とか「知愛する部分」とか呼ばれ、最後の気概的部分は「勝利を愛する」または「名誉を愛する部分」と呼ばれる。この3つの部分が結果として現象界に出てくる。結果から見るならば、「知を愛する人」「勝利を愛する人」「利得を愛する人」がいることになり、それぞれに対応する快楽があり、3つの快楽が存在することになる。我々人間が、物事を正しく判定するためには経験、思慮、言論（理）を必要とする。快楽について最も経験のある人は「知を愛する人」であり、この人は思慮によって裏付けられており、しかも判定は言論を以て行われるのである。また名誉と勝利と勇気に関しては、名誉を愛し勝利を愛する人の判定が最も真実である。このようにすれば、「利得を愛する人」の判定は欲望に関して最も優れた判定であることになる。しかしながら、あるべき姿として「利得を愛する人」の快楽は最下位にくることは疑う余地がない。

(c) 真実の快楽と虚偽の快楽からの証明（第九巻9～11節）

思慮ある智者の快楽は真実の快楽であり、他の2つの快楽は真実の、純粋の快楽ではなく、影絵のような快楽である。我々は病気になる前が、最も快いのである。換言すれば、苦痛の止むことほど快いことはない。しかし「苦しみがない」ということは消極的であって、積極的な快さではない。快楽が止んでも、苦痛にならない快楽がある。例えば、香りの快楽はこのようなものである。最大の快楽は魂にまで届く快楽である。自然界に上・中・下があるように、快楽にも上・中・下がある。従って、3種類の快楽にもそれぞれ上・中・下の段階があることになる。プラトンによれば、最高の快楽から最低の快楽まで9段階の快楽があることになり、これは積極面で、消極的面を考えて、かつ悪徳の段階を考えると、729段階あることになるというが、この計算はあくまでも譬えであるとすべきである。ただいえることは、人間は少しでも段階が上がると、喜ぶことは確かである。

② 正義こそ人間に利益となる（第九巻12～13節）

　人間に不正を働くことは有利であり、正義をなすことは利益にならないと主張する人々は、ライオンにご馳走を与え、人間を飢えさせるものである。また不正に金を受け取ることが有益であるということと同じである。不正を働き、人に気付かれず、罰を受けないことが利益になると主張できようか。この考察をこれで終えることにして、この第九巻の最後のプラトンの言葉を挙げることにする。

　「あなたのいう国家はどこにも存在しないと思いますが。だがしかし、それは恐らく理想的な模範として、天上に捧げられて存在するだろう。……それを見ようと望む者は、そしてそれを見ながら自分自身の内に国家を建設しようと望む者のために。しかしながら、その国がどこにあるか、あるいは将来存在するだろうかということは、どちらでもよいことなのだ。なぜなら、ただそのような国家の政治だけに、彼は参加しようとするのであって、他のいかなる国家の政治ではないからだ。」

5　終　章

　九巻までで「国家」の制度とそれに関わる人間の考察が終了するのであるが、もちろん十分なものではない。プラトンの著書にはこの作品の他に国家と政治に関する作品として『政治家』『法律』などがある。この『国家』の考察が終了次第、この2つの作品を考察しよう。

　さて、『国家』の残りの部分、第十巻を概観することにしよう。

　これまで筆者は、プラトンが多くの詩人の文章を引用していることには全く触れなかったが、事実、プラトンは多くの詩人の文章を引用しているのである。代表的詩人を挙げてみると、まずホメロスの『イリアス』『オデュッセイア』である。人物だけ挙げると、ヘシオドス、シモニデス、アイスキュロス、アリストパネス、エウリピデス、ピンダロス、ステシロコスらが挙げられている。プラトン自身名文家であったともいわれる背景には彼自身かなり詩人を意識しながら文章を書いたものと想像される。その詩人がどうあるべきかを考察したのが、この第十巻である。従ってこの第十巻は国家論から逸れているということができる。

　プラトンはホメロスについて、「ホメロスこそは、あの立派な悲劇作家たちすべての最初の師であり、指導者であったように思える」というが、そのホメロスを考察するが、その前提から始める。

　プラトンによれば、もの（例えば、寝椅子）を作る場合、神は本性（実在）界のイデアとしての「もの」を作るし、大工は現象界における「もの」を作るし、画家は模倣（描写）することによって「もの」を作る。3番目の作り手を模倣家（描写家）と呼ぶ。作家や詩人もこの部類に含まれる。優れた作家（詩人）は、あらゆる技術を、また徳と悪徳に関わる人間のことすべてを、さらに神のことでも、すべて知っており、そして作品の題材として取り上げる際には、その事柄をよく知って詩作しなければならない。果たしてホメロスはこのような条件を満たしていたであろうか。ホメロスは、もちろん、目前にいるわけではないが、「親愛なるホメロスよ、もしあなたが人間の徳性について、真実か

ら遠ざかること第3番の人、我々が真似師（模倣者）と規定したところの影像制作者ではなく、むしろ第2番目にまで達している人であるならば、そしてどのような仕事が公私において人間を向上させ、あるいは堕落させるかを認識することができたというのであれば、どうか我々に答えてくれ」と疑問を提起する。もしホメロスが本当に優れた作家、否、人物であったならば、また模倣するのではなく、真理を理解する、優れた教育者であったならば、彼は吟唱しながら、さすらうことはなかったであろう。なぜならば、人々は彼にしがみついて、彼を教師として迎え入れ、彼にあやかったであろう。実際には、ホメロスは人間の徳に似せた影像を描写したにすぎないのである。真似る人、作家や詩人は、いうに足るほどの知識を持ち合わせず、遊んだし、遊んでいるにすぎない。これがプラトンのとりあえずの結論である。

　模倣は感覚を介して行われる。従って誤差は不可避である。この誤差を避けるために、我々人間は度量衡を作った。それを作ったのは理知的部分である。その度量衡を介して計算も測定もより確かなものとなった。人間の内面にも基準となるものがあり、分裂状態に陥ったときでさえ、その基準を頼ることによって正しく判断ができる。その基準とは法である。我々は如何なる状況になっても、理（法）の示すところに進んで従わなければならない。これに対して模倣する人は好評を得ようとすれば、当然のことであるが、別の方向へ行かざるを得ない。従って、プラトンのいう国家にとって、その国を善く統治しようとするならば、模倣者は受け入れがたいものとなる。これは悲劇作家として優れたホメロスの作品といえども、全面的にではなく、部分的に特に神々への頌歌、優れた人々の讃歌だけが受け入れられるべきである。以上がプラトンの模倣者（芸術家）に対する見解である。ここまでは第十巻の前半である。後半は正義の褒賞についてである。第1に魂の不死性、第2に現世における正義の報酬、第3に死後における正義の報酬である。

　第1の魂の不死性に関しては、自分の中に、自己自身を滅ぼすものがないにもかかわらず、滅びることがあってはならない。このことは魂にも妥当し、他のものに所属する悪によって、魂が滅びてはいけない。即ち、肉体の痛手が原因で魂は不正かつ不敬虔な魂になることはないし、あってはならない。現在の

魂の部分が波浪のため、ちぎりとられたり、すりつぶされたり、損なわれており、しかも貝殻とか、海藻が付着し、本来の姿が見えなくなっている。我々は本来の魂の姿を見なければならない。我々は、本来の魂が、神的で不死で永遠なる存在であり、何を把握し、どのような関わりに憧れるかをよく凝視しなければならない。

第2の現世における正義の報酬とは、正義を本当に自分のものとする人々を決して裏切らないということである。即ち、神はそのような人々を愛するのである。神に愛される人間は、可能な限り最善のものとなる。このような人々は、人生の最期において好評を、褒賞を、栄冠を得るであろう。

第3の死後における正義の報酬とは、天国と地獄の話である。不正を犯した人は地獄へ、善をなした人は天国へという話であるから省略することにする。

前にも述べたが、プラトンの「国家」および「政治家」を理解するためには、『国家』だけでは十分ではなく、『政治家』『法律』を考察する必要がある。ここでは概観することにする。

II 『政治家』
(Politikos)

この作品は『国家』と『法律』の間にあり、紀元前360年代に書かれたであろうとされている。この作品の全体を序文と本論に分けるならば、約半分は序文であり、残りが本論である（岩波書店のプラトン全集第3巻によれば、190頁から290頁までが序文で、290頁から382頁までが本論である）。

序文の部分はソクラテスとテオドロスとの間で対話がまず行われ、エレアの客人（プラトン）がさらなる対話を希望する。その返答者として若いソクラテスという人物が登場している。政治家とは普通の人よりは知識を持つ人でなければならないとされ、王者（真の政治家）の持つ知識とは人間集団を養い、教

育する知識であり技術でなければならない。しかし人間集団を家畜のように飼育するだけなら、政治家だけのものではないとされる。

　次に話の方向が変わり、神話の話になる。伝説から雄大な神話、宇宙には2種類の周期があり、1つはクロノス（ギリシアの神話に出てくるゼウスの父とされ、ゼウスがその権力を奪ったとされている。ギリシア語で時間という意味である）が支配した理想的な平和な時代で、政治的営みが全く不要の時代であったのに対して、もう1つのゼウスの時代になった現在は、物質に基づく悪と病に満ち、人類が不幸な状態にある。

　クロノスの時代とゼウスの時代の現代と混同すると政治家の活動が誤解される。現代の政治家は人間である。現在のような政治家を自称する人々が多くなったのでは、飼育（教育）するのではなく、世話をするだけである。その世話がどのように行われるかによって、違いが出る。専制的僭主は強圧的に行うが、真の政治家（王者）は強圧的に行うことはない。

　それでは真の政治家（王者）とはどんな政治家であるかが定義されなければならない。ここでは、直接的に定義づけをせず、例が出され、間接的な定義づけが試みられる。まず、政治が技術であるとすれば、その技術が説明されなければならない。例として、羊毛の機械織りが出される。機械織りのためにはいろいろの準備的仕事が必要である。またそのためには多くの道具が必要であり、補助的原因と呼ばれ、最後の織りの過程は、即ち、縦糸と横糸の織り合わせる技術は直接的原因と呼ばれる。

　次に技術であるが、議論の方向が変わり、測定術が考察される。適正な限度とか、中庸に基づいて判定することができるような測定術が存在しなければならない。それはすべての事物や人物を判定できるような技術であり知識でなければならない。『国家』でも取り上げたが、ここで暗示されているのがイデアである。ここで本論に入る。

　国家が成立するためには、序文で述べたように、直接的原因と補助的（間接的）原因が必要である。まず補助的（間接的）原因から考察される。補助的原因は、技術と人間に二分され、技術には飼育術、織物術、道具制作術、防備施

設に関する術、装飾術、道具のための道具を作る術、原料を原料たらしめる技術（例えば、樹木の伐採術、靴の制作術、農耕術、料理術など）が属する。もう一方の人間には、奴隷、他の召使、労働者、商人などが属する。国家を構成するものの中で重要であるのは、もちろん、人間であるが、上に挙げた人間の他に、機会があれば、僭越にも自ら政治家であると名乗る可能性のある人々には注意しなければならない。このような人々には高級および下級役人、預言者、神官、ソフィストなどがおり、彼らには警戒心が必要であり、真の政治家と混同しないように注意しなければならない。

　次に考察は、政治形態へと向かうが、5つの政治制度が予備的に論じられる。5つの政治制度とは、単独支配者制度、少数者支配制度、多数者支配制度（民主制度）、と大別され、単独支配者制度には僭主独裁制度と君主支配制度が属し、少数者支配制度には上流支配制度と少数者専制制度が属する。プラトンはここでこれらの制度を考察することなく、政治家の考察に入る。

　制度が如何なるものであっても、その制度を運営するのが人間である。従ってその人間の素質が最も重要である。その素質が、国家の運営に際して技術として顕現し、その背景には知識がある。プラトンは支配者が知識と技術を持っているか否かを重要視する。高度の知識や技術を持ち得るのは、ごく少数であるかまた1人かである。『国家』論では名誉支配者制度と呼ばれた制度が、ここでは君主制度と呼ばれ、最上の制度とされる。この制度を統治する支配者は、真の王者つまり哲人王であり、国民は自由意志を持ってこの支配者に服従する。哲人王は自己の持つ知識と技術を自由に駆使するのであるが、それはあくまでも国民のためであって、国民の利益と幸福を願っての統治であり、自分のための営みではない。しかし彼の政治は時として国民に苦痛を与えることがあっても、真の知識と技術に基づいているから、それは国民のためのものである。例えば、外科医の患者に対する処置のようなものである。

　哲人王による統治は、従来までの法律や慣習に束縛されることなく、自由ではあるが、あくまでも国民本位の統治であり、そのことに基づいた法律を立法化しなければならない。若いソクラテスは、法律ではなく、常識でもって統治できないものかと問う。それに対して客人（プラトン）が答える。国民各人は、

数だけ個性があり、しかも常に変化する。そのような状況にあっては支配者は、いつでも国民に最善のことをなすことは不可能である。法律が実定法である限り、完全無欠な実効性を持つものではなく、ただ多数に妥当するにすぎない。このことは慣習においても同じであって、やはり多数にあてはまるだけであって、必ずや例外が存在する。従ってプラトンによれば、法律とは哲人王が不在のとき、また直接統治できないとき、暫定的にその効力を発揮すればよいのである。医者が患者に応じて対処するように、哲人王は国の状況に応じて対処し、臨機応変に立法しなければならない。

　しかし善のためにのみ知識や技術を用いる政治家は、時には強制的暴力をも行う。というのは常識を基準にする人とは当然対立するからである。哲人王によって暴力的に扱われたとしても、国民が改善されていることを理解するならば、自分が不正な扱いを受けたと思わない。先に医者の例を挙げたように、患者が医者を信頼しているならば、医者の処置を信頼するであろう。このようにして理想的政治制度が唯一の制度であると承認され、他の諸政治制度はその模写とされ、法治国家が正しい制度とされ、法律と法治の考察へ入る。

　それでは知識と技術を行使する人（ここでは哲人王ではない）が、もし私利私欲に走ったなら、知識と技術を有するが故にこそ国民の受ける被害が大きくなる可能性がある。そのような為政者から国民を守るためには法律が必要である。このような状況は民主制度のもとに現れる可能性が高い。なぜならば、民主制度のもとでは素人が為政者になる可能性が高いからである。民主制度は知識と技術のある人もいるが、そうでない人もいる。その状態では全国民が模範とするような法律が立法されるはずがない。むしろ法律は哲人王のような真の知識と技術を持った人が法を立法すべきなのである。

　哲人王が誠心誠意をもって、かつ試行錯誤の後に成文化した法律が立法されるならば、その法は当然遵奉されなければならないのであるが、そのような理想的国家がこの地上に実現する可能性はほとんどない。しかしながら消極的意義はある。即ち、あらゆる政治形態の見本となることは確かである。

　理想国家があらゆる政治形態の見本となるとすれば、そのような理想国家における哲人王と類似する知識と技術を持ち得る者は、どの政治形態のもとにい

るであろうか。先に挙げた政治形態には、①君主支配制度、②僭主独裁制度とを含む単独支配者制度、③上流支配制度と④少数者専制制度を含む少数者支配制度、⑤多数者支配制度（民主制度）の5つの形態があった。ここで（40～42節）もう一度考察される。プラトンの説明を簡単にまとめると、次のようになる。

　単独支配者制度は、法律を遵奉するならば、君主支配制度という最善の制度であり、法律を軽視するならば、僭主独裁制度という最悪の制度である。また少数者支配制度は、法律を遵奉しようとしまいと、最善の制度と最悪の制度との間に位置する。さらに多数者支配制度（民主制度）は、法律を遵奉する制度の中で最低の制度であり、法律を軽視する制度の中で最高の制度である。

　次にこれら5つの形態の模範となった理想国家およびそれに関わる真の政治家が考察される。その為政者にはまず3つの技術が必要であるとされる。その技術とは軍隊統帥術であり、裁判術であり、弁論術である。これらの技術は、下位の技術である。まず弁論術は民衆を説得する政治的知識に奉仕する技術であり、軍隊統帥術は和戦両策を選択する王者の知識の絶対的最高権限に奉仕する技術であり、裁判術は中立を保ち、行為の正不正を直接的に判定するが、王者に奉仕する技術である。これら3つの技術は最高の統治者の技術に奉仕する技術である。これまでは序文で述べた補助的原因である。次からは直接的原因の考察に入る。

　王者の絶対権力の行使は、人間の気質に根ざし、美徳とされる勇気と慎重の2つが相互に排他的に対立し、必然的に抗争状態を前提にする。勇気と慎重の美徳は、状況に応じて単独に発現するならば、この上ないものとして称賛されるが、逆にその場に相応しくないものとして発現するならば、非難される。現象界にあっては、この2つの美徳が譲り合うことなく、敵対関係を常に生じさせる。慎重さに富む人々は、勇気に富む人々の行動を、過度の勇気は必然的に他国から敵視化され、亡国を招くと批判する。これに対して、勇気に富む人々は、慎重さに富む人々の行動を、極端なことなかれ主義に陥り、外国から侵略を受け国を滅ぼすと非難する。

　この状態を脱するためには、王者の介入を必要とする。王者の技術を説明す

るために、序文で挙げた機械織りがもう一度考察される。王者は手梳きの職人が行うように、まず美徳（勇気や慎重）を持った子供を選び、育成するように命じ、これとは逆の子供を追放するか、奴隷にするか、もしくは死に至らしめるのである。優れた子供の中から、勇気ある者（プラトンによれば、縦糸）、慎重な者（横糸）を選び、両者を織り合わせるように、国家の構築を始める。次にこの優秀な若い男女に、真理に基づく確かな信念や意思を植え付け、人々を統一し、統括する。こうすることによって、勇気に富む人はおだやかになり、また慎重な人々は思慮深くなる。この2つの美徳を精神的に合わせることによって国を滅亡から救済するのである。プラトンはこの両者を結びつけるものを、「神聖な絆」と呼んでいる。これをどのように解釈するかが大きな問題となるであろうが、筆者は真理に基づく共通の理念と解釈する。

さてこのようにして、国家が救済されたならば、次にその維持が大切なこととなる。『国家』論におけるように、ここでも人間の選択と結婚が考察され、真の政治家は最大の幸福をもたらすことが論じられる。完全な織物は、理想的国家と同じであり、プラトンはここで王者の理想的統治方式が示されたとする。

Ⅲ 『法 律』
(Nomos)

この作品はプラトンの最後の著作で、しかも自ら公にすることのなかった作品であることはよく知られている。執筆された時期は確定されているわけではないが、専門家の間では紀元前355年以降であろうとされている。この作品の分量は、『政治家』よりもかなり多く、『国家』よりも少し多い（翻訳でいえば、この作品は約750頁、『政治家』は190頁、『国家』は735頁である）。

この作品の特色は、前2著作と比較すれば、より具体的に論じていることである。クレテ（タ）島内の一定の地域に国家がある、もしくは設立されることになっている。その場は、森林、山地、平野が適当に混じり、物資は自給自足

できるが、造船材料に乏しいとされている。その国家建設予定地の地理的かつ歴史的背景が示され、またその国家への参加者の数（5040世帯）も示され、官職などの役割も決められ、土地も平等に配分される。当然のことであるが、市民の生活に関する規定（民法）、経済活動への規則（商法）、犯罪に対する規則（刑法）などが制定され、さらには法律制度全般が具体的に考察されている。

前2著作において、プラトンの国家像および政治家像が明らかになったと思うので、ごく簡単に概観することにする。

第一・二巻

クレテとスパルタの国の法律や制度のもとで、共同食事や体育が行われていることが考察されるが、それは戦争における勝利を目的にしたものであるから、決して賞賛に値するものではなく、むしろ戦争せずに、つまり和解と友愛とによって平和を保つように立法すべきであるとする。またクレテ、スパルタの法律が最上の徳を目指しているであろうが、諸徳（知恵、正義、節制、勇気）の中での4番目の徳、つまり勇気だけが強調されているとする。諸徳の中で知恵が第1の徳であり、立法は諸徳の序列に従って考察される。

第三巻

国家の成立過程が歴史的に考察される。家父長が支配する国家は第1時期の国家であり、第2期では、ポリスが創られ、農耕生活が営なまれ、集団全体に法律の制定が必要となる。ここでは家父長に代わって、貴族制または王制がとられる。第3期になると、国家は多様な形態となり、トロイもこの形態の国であった。トロイを攻撃したアカイア人（ギリシア人の総称であり、北からギリシアへ最初に南下した人々は、アイオリスとイオニアであり、次に南下した人々はドリア人と呼ばれる。イオニア人の都はアテナイであり、アイオリス人の都はアテナイの北のテーベであり、ドリア人の都はスパルタである）がドリア人と名を変えて、創った国家がドリア3国で、ペロポンネソス半島における

スパルタはその中の1国である。このスパルタの国政は、第4期の国家であるとされる。このスパルタに幸運にも「神のごとき」立法者が現れ、長老会を作り、監督官の制度を作り、王の権力を適度に保った。これがその国制を存続させたとする。いわゆる「権力の分権と均衡」が、国制の原則であることが示される。そこでは支配者は思慮でもって立法し、被支配者は自由を享受し、両者は友愛によって結ばれていたという。これに対してアテナイは、ペルシア戦争時代は、人々は慎みの心を持ち、法のもとで自由であったが、次第に自由は身勝手な自由となり、過度の自由に至ったと述べられている。他方、ペルシアの君主制が考察され、両者の適度な混合が望ましい国制とされる。

第四巻

ここから新しく建設される国（マグネシアの国と呼ばれる）の考察に入る。まず、この国は法治国家でなければならない。真の法律は国家全体の公共を目的とし、支配者は法律によく服従するもので、「法の下僕」と呼ばれなければならない。

第五巻

ここでは神々と魂の尊敬とその仕方が論じられ、身体、財産の尊重とその仕方、親族、同胞、外国人に対する態度、個人のあり方、その道徳などが前半で考察される。続いて、マグネシアの国への入植数つまり市民の数、妻子、土地、財産の共有制が考察されるが、私有が全く否定されているわけではない。その私有財産額に応じて、市民は第1、第2、第3、第4階級に分けられ、しかも徹底的に国によって管理されることが論じられ、最後に土地の分配とその方法が論じられている。

第六巻

前半では、マグネシアの国の官職とその職務と役人の選出方法、行政の最高の役人、つまり護法官、将軍、軍事関係の役人、政務審議会とその執行部、宗教関係の役人、警察官、音楽と体育の監督官、その他の役人、選出方法、任期などが論じられ、また裁判制度（3審制度）も論じられている。後半では、法律の立法が考察される。国、奴隷、結婚などの規定する法が論じられる。

第七巻

第六巻に続いて、子供の胎教から3歳までの性格づくり、3歳から6歳までの遊戯を通じての躾、6歳から男女別々にしての武術、身体のための体育と魂のための音楽が考察され、教育権は国にあり、男女平等であることが論じられている。

第八巻

第七巻に続いて、教育が論じられるが、引き続いて愛と性が取り上げられ、同姓愛が禁じられ、一夫一婦制を守るべきであるとする。また話は変わって、農業関係の法律が考察される。農業に関して詳細な法律が必要であることが論じられるが、市民は公共の仕事と国土の防衛に専念し、農耕には奴隷が従事するとしている。商業や手工業には在留外国人が従事するとしている。

第九巻

この理想国家においては、犯罪はないはずであるが、人間とは気紛れで弱い存在者であるから、刑法も必要である。大罪としては神殿荒らし、国家転覆、反逆罪などがある。他に殺人罪、傷害罪、暴行罪などがある。犯罪には故意に

よるものと過失によるものがあり、それに応じて刑罰が決定される。不正行為の動機は5種類あるとする。第1は激情や恐怖によるもの、第2は快楽や欲望によるもの、第3は無知によるものであるが、単純なものと二重になっているものに分けられ、さらに後者は強い力を伴うものと弱い力を伴うものに二分されている。ここで注目に値することは知性界が原因で犯罪は現れないということである。

第十巻

ここでは不敬罪が主題となる。不敬罪といえば、ソクラテスが死刑の判決を受けた罪の1つであったことが想起される。この十巻の序文はプラトンの「神学論」（哲学的には自然神学と呼ばれる）であるとされる。ここでプラトンは、無神論、神々は存在するが、人間には無関心である、神々は存在するが、犠牲や祈願に容易に買収されるという3つの神論に反論する。プラトンの神の証明をまとめると次のようになる。運動には数多くの運動があるが、自ら自己自身を運動させるものは、第1の運動であり、その他のものは他者から原因を受けて運動し始める。この自分で自分を運動させるものは魂である。この『法律』で述べているわけではないが、宇宙全体を規則正しく運動させるものは世界霊魂である。霊魂には世界霊魂と人間霊魂があり、この両者の関係は分有するというのがプラトンの説明である。最善の霊魂を神とすれば、神々は存在する（宇宙生成に関しては『ティマイオス』を参照）。神々は人間のことを配慮し、神々は買収されるものでないことが論証されている。

第十一・十二巻

この2巻は、『法律』が未完であったといわれる理由を示している。ある意味では雑多である。ただ注目に値するとすれば、次の箇所である。「どんな場合においても、何かを成し遂げたとか、手に入れたとか、確立したとかいうことで、物事はすべて終わりになるのではなく、私たちが生み出したものに、

それがいつまでも完全な形で保全されるような方策を見つけ出してやったときに、なされるべきことはすべてなされたのだと考えるべきである」とする。この引用文の最後の部分は、我々がいかなるものを考え出したとしても、あるいは創造したとしても、管理運営しなければ、その場のものにすぎないことになる。

　プラトン自身『国家』から『法律』に至る過程において、多少変化している。『法律』において、君主制と民主制の混合制が主張されている。これは『国家』と比較すると際立っていることであり、『国家』『政治家』にもあったが、法治が強調されていることである。また『法律』においては哲人王が前面に出てこないが、法律を立法する人間において「最大の権力と、思慮や節制が一緒になるとき、最善の国制と最善の法律」（712A）が芽生えるとすれば、やはりこの『法律』においても哲人王は前提であったといえる。

第 2 部

アリストテレス
(Aristoteles　B.C. 384/3 ~ 322)

ヨーロッパ人のあらゆる分野における営みの背後には、まずキリスト教があることは疑うことのできない事実である。次に挙げられるのが、古代ギリシア人のプラトンとアリストテレスである。この2人の功績は、キリスト教のように一般の人々の生活にまで浸透していない故に、日常的にかつまた視覚的に経験できるものではない。しかしながら、ヨーロッパ人にもたらした功績の背景には、プラトンとアリストテレスがいる。歴史的にはプラトンがユダヤ人とされたこともあるし、中世においては教父またはスコラ哲学者たちはアリストテレスの諸学問を指導書としたのである。

アリストテレスは、紀元前384/3年にスダゲイラに生まれた。父のニコマコスはマケドニア（ギリシアの北にある国）王アミュンタスの侍医であった。アリストテレスは18歳のときアテナイに出て、プラトンの門下生となり、プラトンが没するまでの20年間アカデメイアの一員であった。紀元前356/5年にマケドニアの王子アレクサンドロスの家庭教師として師事し、355/4年にアテナイに戻り、リュケイオンで学校を開設した。この学派はペリパトス学派と呼ばれた。アリストテレスはアレクサンドロス王の毒殺に加担したという噂が流布し、身の危険を感じ、カルキス（ギリシアで最大の島エウボイア島にある都市）に逃れたが、紀元前322年に病に倒れた。アリストテレスは万学の祖といわれるが、それに相応しいだけの著作は確かにある。著作活動は多岐に及んでいるが、ここでは『政治学』（紀元前336/5年以降成立したといわれる）、『経済（家政）学』（この作品は偽書といわれている）の2著作に限定する。

I 『政治学』
(Politika)

第一巻

　いろいろな共同体を探究するならば、国家は最高の共同体であり、その共同体は当然最高善を求めることは明確になる。国家は村から構成され、村は家で構成され、家は夫婦親子と奴隷で構成される。国家はそれぞれの家や家族が必要とするものを供給することを目的として生成するが、よりよい生活のために存在する。人間は本性上国（政治）的動物である。国は個々の人間の生活にとって前提であるから、「より先なるもの」である。

　以上のように定義した上で、アリストテレスは具体的に国を考察する。国を構成する最小の単位は家である。その家は主人、妻、子、奴隷からなる。自然界には支配と被支配の関係があるように、人間界にも主人と奴隷関係がある。奴隷は主人の生活のための道具であり、生きた財産であり、生産よりも行為のために有用である。奴隷制度を否定する人もいるが、しかし奴隷は主人に服従することによって利益を得るのである。夫婦の関係は同市民の同市民に対する関係に似ており、親子関係は王と臣民との関係に似ている。

　財産にもいろいろなものがあるが、その獲得の方法も異なる。財産を単に財産のためにのみ獲得することは自然に反する。貨幣制度ができることによって、財産のために財産を獲得するという現象が起こった。財産の自然的獲得と反自然的獲得とが同じであるとされるが、本来の目的が異なる。家政は財産の使用に関するものであるが、使用を配慮するという意味では財産獲得術にも関係しているが、しかしそのとき、人間の徳、特に自由人の徳が配慮されなければならない。家の構成員は仕事に応じてそれぞれの徳を持つ。この意味では奴隷も徳を持つのである。以上は自然的獲得術であるが、高利貸しは反自然的獲得術

の典型である。

第二巻

　理想的共同体としてプラトンの国家が挙げられるが、果たして欠点はないだろうか。プラトンの国家においては、財産はもちろんのこと、男性から見ても、女性から見ても、異性を共有し子供も共有財産であった。国家が共同体であるから、共有財産から考察されるべきである。国家は1つの種族や民族から成り立つとは限らないから、財産の共有はむしろ逆の方向に向かう。異性または子供の共有は、自分以外には関心を示すことがなくなり、人間の構成要素である感情を無視することになる。また財産の共有は、欲望を原因とする不道徳的行為を増長する。その結果、国民の間の友愛が消滅する。財産の共有は、そこから産出されるものを分配しようとするときに、不公平が生じる。財産の共有よりも、私有のほうが、人々により一層の富をもたらし、諸々の徳を養うのに役立つ。共有は悪徳を減らすことはなく、また人類の歴史が教える限りでは、共有はうまくいかない。国の統一は教育によるべきである。
　プラトンの『国家』はあまりにも理想的であった。そのプラトン自身は『法律』において、より現実的となっている。例えば、「共有」特に妻子の共有を放棄しているが、しかしまだ十分ではない。またプラトンは対外関係、私有財産、人口、支配者と被支配者の考察は不十分である。さらに国家形態はどちらかといえば、寡頭制に傾いている。アリストテレスはプラトンの考察不足を背景にして、5つの国制を考察する。

1　カルケドンのパレアスの国制（第7章）

　パレアスは財産と教育との平等化を提案した。そのためには人口、特に子供の数を制限しなければ、一定の分配は不可能であるから、財産を平等に分配できないとしているが、教育に関しては具体的に触れていない。国家における不正や騒動は2つを原因として現れる。1つは財産の不平等な分配による困窮を原因としてであり、もう1つは人間の本性に基づく欲望を原因として起こると

している。パレアスは軍事力や財産の額を規定せず、財産の平等化のみを主張している。しかし彼は欲望のあり方、つまり制御の仕方を考察すべきであった、また土地以外の財産も考慮すべきであったというのが、アリストテレスの言い分である。

2 ミレトスのヒッポダモスの国制（第8章）

ヒッポダモスは、国民を職人・農夫・軍人、国土を聖地・公有地・私有地、法律を侮辱・損害・殺人に関するものというように、それぞれを3種類に分けた。しかしこれは不十分なものである。さらにヒッポダモスは、①最高法廷を創設すること、②裁判官の判決に制限を設けること、③有益の発見をした人には賞をもって報いることなどを提案している。アリストテレスによれば、時代が変わって、法が相応しいものでなくなったら、ヒッポダモスの提言に従って変更すべきである。

3 ラケダイモン（スパルタ）の国制（第9章）

ここから最善の国制を有するといわれていたスパルタとクレテの国制が考察される。正しく国を治めるためには、生活に煩わされない閑暇が必要であり、それを獲得するためには農奴の扱い方に懸かっている。婦人を自由放任することは有害である。土地財産の管理がずさんであることによって貧富の差を生み出し、人口の減少を招いたとする。監督官、元老院、王位、共同食事、海軍提督、最後に公の財産管理がよくないとする。

4 クレテの国制（第10章）

この国制はラケダイモンの国制に非常に近く、優れた点もあるが、大部分の運営がうまくいっていない。クレテの共同食事はラケダイモンよりも優れている。ラケダイモンでは人数に応じて、費用の支払いをし、それができない者は権利剥奪されているのに対して、クレテでは共有地からの収穫物、共有地で飼育されたものを共同食事に一部を割り当てているからである。監督官（クレテではコスモイと呼ばれる）制度はうまく機能していない。また元老院に関して

はラケダイモンと同様の欠点を有する。即ち、執務報告が免除されていること、終身制であり、自己の判断に従って職務を行う可能性があること、これらは危険である。またクレテでは権力者たちは市民たちを巻き込んで、無支配状態を作り、騒動を起こしているが、地の利を活かして外国との戦争状態に陥ってはいない。

5 カルケドンの国制（11章）

　この人たちの国制は、若干ラケダイモンに似ているが、多くの点で優れている。クレテの国制を含めて、3国の制度は類似しているが、カルケドンの国制が優れている証拠として、民衆はその国制の組織のうちにいつでもとどまっており、騒動もほとんど起こらず、また僭主も顕現していない。監督官を最も優れた人々から選んでいる。王は同一の氏族に属さず、優れた氏族の中から選挙によって選ばれている。しかし最善の制度から少しずれているが、貴族制もしくは理想的国制から見ると、民主制または寡頭制の方向へ傾いている。あることが民会に提出され、裁定は王と元老たちが行うが、しかし結論がでなかったときは民衆が決定するのである（民主制）。多くの重要事は5人会（役）が決定し、その104人会の重役たちを選任する（寡頭制）。しかしその地位は無報酬であり、籤で選ばれない（互選によって選ばれる）ことは貴族制であることになるが、貴族制は徳に基づいて選ばれるのである。このカルケドンの国制では5人会（役）が重役つまり王たちや将軍を選ぶのであるから、寡頭制となっているといってよい。互選する際に金が動き、役職に就けば、当然のごとく利得を求める。また1人で多くの役職を兼ねることはよくない。人民を従属国に送り出し、豊かにし、人民の不満を緩和し、内乱を巧みにも避けているが、もし災難が生じ、民衆が反乱を起こした場合、法律によって回復できないであろう。以上のような国制が過去にあったし、現在もあるが、3）ラケダイモン、4）クレテ、5）カルケドンの国制は、理想的国制に一番近いものである。しかしいずれもそれぞれ欠点があるとアリストテレスはいう。

　次にアリストテレスは自ら政治活動をせず、法律だけの製作者また国制の製作者であったとする人々を何人か挙げているが、筆者はここでソロンだけを考

察する（第12章）。

　ソロン（4ページに前出）は寡頭制を選挙を導入することによって解体し、貴族制に移行させ、隷属している人民を「祖父伝来の民主制」を導入することによって解放し、裁判制度にも民主制を取り入れたといわれている。しかしアリストテレスによれば、以前からあった評議会と役職の選挙を存続させ、法廷の構成員に人民を入れたのであるが、その人民は籤引きで決められていた。これも時と共に、民衆が僭主であるかのようになり、ペリクレス（B.C. 495頃〜429）が報酬制度を設けて現在のようになった。もちろん、これはソロンの意図と異なる結果になっているが、ペルシア戦争のとき、民衆は立派な人々が自分たちにとって気に入らぬ政治をするという理由から、下らぬ人々を民衆指導者としてしまった。ソロンは民衆に役職を遂行する人間の選挙権と執務報告を審査する権利を与えていたのである。もしこれらの権利が与えられていなければ、民衆は奴隷であって、敵対するようになるからである。しかしソロンが被選挙権をすべての階層（4つの階層の中の最下位）に与えなかったのが、失敗の原因ではなかったかとアリストテレスは結論している。

第三巻

　国制の探究のためには、国民とは何かが定義されなければならない。なぜならば、例えば、寡頭制においては国民でない者が為政者になることがあるからだ。居留地によって国民となるのでなければ、訴訟の渦中にあるというだけでは国民といえないし（代理人であるときがある）、また国民名簿（子供、老人、義務を免除されている者など）に記載されていない者も国民とはいえないのである。全くの無条件で、裁判と国家が必要とする職に常に関わっている人を「国民」とする。しかしこの定義は民主制におけるものであって、国制が変われば、また定義し直さなければならない（第1章）。

　一般に両親または一方が国民であるならば、その子供は国民であるとされるが、不十分である。この定義に親がなぜ国民であるかということは定義されていない。なぜならば、国民である父もしくは母から生まれた者という定義は国

に住んだ最初の人々、あるいは国を建設した人々には当てはまらないからである。国民とは、役人たちでも、また正しくない方法によってであれ、正しい方法によってであれ、「役にある者」を国民と呼び、役によって定義された者（裁判官や民会員など）を国民と呼ぶのである。

次（第3章）に、国の同一性が考察される。我々日本人は国の同一性を人または土地を根拠にして理解していると思われるが、アリストテレスは国制の同一性に基づかなければならないとする。例えば、城壁で囲まれているから、国（ポリス）であるとはいえないのである。なぜならば、その城壁を大きくすることができるし、また多民族から成り立ち、一部が占領されても気付かないときがあるからである。また同じ人が生きている間に、もし国制が変わったなら、その人間が変わらないとしても、同じ国民であるとはいわないのである。いずれにせよ現代の国の定義とはかなり異なっていることは確かである。

第4章に至って、善い人間の徳と善い国民の徳が問題にされ、考察される。もちろん、善い人間の徳と善い国民の徳が同一ではない。まず国民の徳は国制に関係しているとされることは当然であるが、善い人間とは1つの完全な徳によって「善い」といわれなければならない。しかしここでは政治の次元に限定するならば、支配者は支配されることによって、支配を学ぶのであるから、善き国民は支配することも、支配されることもできなければならない。アリストテレスによれば、自由人の徳とは支配する徳と支配される徳の2つが善き人間の徳である。節制とか勇気という徳はこの中に含まれるのである。しかし支配者に固有の徳とは思慮である。

この徳という視点から見るならば、職人や日雇い人はどのような地位にあるであろうか。貴族制のもとでは俗業的生活者また日雇いの人々は日常的生活を行いながら、徳に関わるようなことができないから、国民と呼ばれるべきではない。寡頭制のもとでは豊かな人であれば、職業に関わりなく国民になり得る。民主制のもとでは職業に関わりなく国民であり、国民になり得る（第5章）。

国民が定義されたが、次に定義されなければならないのは国制とその分類（第6・7・8章）である。

人間はたとえ相互扶助を望まないとしても、共に生きることを望む故に、国

（政治）的動物であるといわれた（第一巻第2章）。生きものが生きるということは、よりよい状況や環境を意識的にまた無意識的に求めることは自然である。もちろん、人間も例外ではない。各個人は善き生活を求めることは共通することであり、いや、共通の利益を求めるのである。そのために集合し、国的共同体を組織し、維持しなければならない。国制は必然的に生成せざるを得ないのであるが、国制である限り、支配者と被支配者が存在するのであるが、支配者が多い場合、即ち人民が権力者であるときは民主制と呼ばれ、少数のときは寡頭制と呼ばれるのである。しかしどのような国制においても、支配者だけの利益を目的とするような国制は間違った国制である。なぜならば、国制は自由人の国制であり、奴隷が主人を支配するような国制であってはならないからである。

　支配者、つまり主権者が、1人、少数、多数の場合がある。たとえ主権者が1人であっても、公共の利益を目標とする場合正しい国制と呼ばれる。アリストテレスは「正しい国制」を本来（定義づけに基づく）の意味で「国制」と呼ぶ。しかし、独裁者の利益を目標する僭主制、富裕者の利益を目標する寡頭制、貧困者の利益を目標する民主制の3つの制度を間違った国制と呼ぶのである。正しい国制は、たとえ王制、貴族制と呼ばれても、公共の利益を目標とする限り、「国制」と呼ばれるに相応しいものであるとする。従って主権者の数が国制の不可欠の条件、つまり種的相違の原因ではなく、付帯的なものにすぎない。

〈寡頭制と民主制について〉

　国制の違いは「正」についての見解の違いに基づいている。例えば、寡頭制論者は金銭の分配に関して不平等であれば、自分の取り分が少ないとして不正であると主張するであろうし、民主制論者は自分が不自由であるならば、不正であると主張するであろう。先に述べたように、国の目的は国民が善く生きることであるが、しかし単にそれだけにとどまらず、「立派な行為」つまり国民の善き行為のために貢献する人こそより一層国に与るのである。このように考えると、寡頭制論者も民主制論者も「正しい」ことの一部をいっているにすぎ

ない（第9章）。

　アリストテレスは「第10章」で再び支配者の数を取り上げるが、ただここでは、国を支配するものは何かという視点からであって、支配するものは、人か法律かということを考察するが、いずれが国制を支配しても、それぞれに問題があるとする。アリストテレスによれば、人間が最高主権者というのはよくない。なぜならば、人間の霊魂は偶発的な激情を有するからである。すると法律が主権者となるが、その法律も寡頭的か民主的なものとなるから、不十分である。

　民主制は多数が支配する国制である。多数は1人1人としてみれば、大した人間ではないが、寄り集まると、その大衆は多足となり多手となり、1人の偉大な人間となったかのようになり、否、それ以上になり得る。即ち、多数が懸命に審議すれば、健全に判断することができる。審議（民会において）すること、裁判すること、役人の選挙、役人の執務報告を審査することの権利は多数の者に与えられるべきである。ここでは大衆は重大なことの主権者であることは間違いない。しかし大衆とて間違いを犯すことはあり得るから、正しく制定された法律が必要である。正しく制定された法律とは国制に適った法律である（第11章）。

　すべての知識や技術の中で、最高のものは政治的能力である。政治の領域で善きものとは、正しきものであり、正しきものとは共通に有益なものである。すべての人にとって正しきものとは等しきものである。等しき人々は、等しきものを持たなければならないというが、それぞれ個人の有する能力は違う。政治に関わる人は、生まれの善さ、自由（奴隷ではないこと）、富（税金を払う）、正義の徳や国民としての徳を必要とする（第12章）。

　これら4つの要素は、国民であることを要求する権利の根拠であることは確かであるが、しかし国民が要素のそれぞれを根拠にして支配者になることを同時に（実際には、同時にほとんど存在しないのであるが）要求するならば、どのようにして決定されるべきかを考察されなければならないとされる。富、生まれ、自由、徳の順に吟味されるが、国民が平等であることを前提する民主制のもとでは、それぞれに飛び抜けている場合は（陶片による投票によって）追

放される（ソクラテスに対する裁判を想起せよ）。しかし最善の国においては、力、富、人気などは問題外で、徳に傑出している人を支配者とすれば、すべての人が悦んで従うであろう。このような人を支配者としないことは、ゼウスを支配者としないことと同じであるとアリストテレスはいう。このようにしてアリストテレスは民主制を否定し、徳に傑出している人を王とする国制を承認してゆくのである（第13章）。

　王制には、ラケダイモン（スパルタ）の型、外国人型、選挙された僭主型、英雄時代型、絶対的王制型の5つの型がある。4番目の英雄時代型はこれに服従しようとする者たちを支配するものであるが、支配者は王であり、将軍であり、裁判官であり、かつまた神々に関することの支配者でもあった。2番目の外国人型は、世襲的なものであり、かつ法律によって主人的に支配する型である。3番目の選挙された僭主型は執政官政治である。1番目のラケダイモン（スパルタ）の型は、世襲的な終身の将軍である。5番目の絶対的王制型は、家庭における支配と同じで、家長的支配である。この国制の下では、すべてが家におけるように管理されるのである（第14章）。

　5つの王制の中で、スパルタの王制と絶対的王制の2つの王制が考察されるだけでよいとする。というのは他の3つの王制はその中間にあるからである。アリストテレスは将軍と1人の支配が有益であるかどうかが、ここで考察されなければならないとする。しかし将軍の問題は、後の問題とされ、まず、支配するものが最善の人間か最善の法律かということが考察される。その結果として、法律が及ばぬ場合は、最善の人間が支配する方がよいとされる。しかしアリストテレスによれば、人間は怒りなどという感情に打ち負かされるときがあるから、まず立派な多数の人間による貴族制を構成し、その後に1人の王制とするのが善いとする。その王位は子孫に継承されてはならないとする。その王がその権力を実施するためには適当な兵力（護衛兵）を持たなければならないとする（第15章）。

　ここでアリストテレスは、王制に対する批判を取り上げる。王が自分の意志に従ってあらゆることを支配するときに基づく絶対的王制といえども、先に述べたように、支配者は人間であるから、感情を有するが故に、感情を持たぬ理

知としての法律の助けを必要とする。なぜならば1人の王が一国を役人（例えば、裁判官）や法律なくしては管理できないからである（第16章）。

　先に絶対的王制は家長的支配体制と同じであるとしたが、それは家長が徳という点で優れているということを背景にしていた。アリストテレスによれば、ある1人が徳という点で他の人々の徳よりも優れているならば、その人の家族が王家となり、その人が王となるべきで、すべてを支配する主権者となるべきであるとする（第17章）。

　人間が立派になるためには、教育と慣習が必要である。国制も最善のものとなる必要がある。なぜならば人間の徳と最善の国の徳とが同一のものでなければならないということが前提であったからだ（第18章）。

　このことに関しては第七・八巻で再び考察される。

第四巻

　アリストテレスによれば、あらゆる学問は、理想と現実を考察しなければならない。これは政治学においても同じである。その政治学は4つの分野を考察しなければならない。①最善の国制はどんな国制か。②どの国制がどの国民に適合するか。③現在の国制の前提の考察。④現在の国制の認識。さらにまた最善の法律と国制に適合する法律を考察しなければならないし、国制に応じて法律を制定しなければならない（第1章）。

　このような展望のもとで、王制、貴族制を考察してきたし、さらに寡頭制、民主制、僭主制の考察を続ける。これらの3国制にそれぞれ変種があり、よく見極めなければならない。また国制の善悪も同時に考察されなければならない（第2章）。

　国制は寡頭制と民主制の2つだけであるというのが一般的であるが、今まで（第三巻）考察してきたように、国家がたくさんの家族から構成されているように、国制もたくさんある（第3章）。しかしアリストテレスはここ（第4章）から寡頭制と民主制を詳細に考察する。

　民主制の主権者は多数者であるとか、また寡頭制の主権者は少数者であると

する意見は一般的であるが、これは誤解である。例えば、1000人が富裕者であり、300人が貧乏人で、後者が自由人であるにもかかわらず、不当な扱いを受けたならば、その国制は民主制といわれないだろう。また少数の貧乏人が多数の富裕者よりも力を持つとすれば、寡頭制と呼ばないであろう。もし民主制を定義づけるとすれば、自由人の生まれで財産のない者が多数を占め国を支配する国制であり、寡頭制とは裕福な生まれで、善い者が少数であり、この少数の者が国を支配する国制であるといえる。いずれにせよ国の定義は簡単ではない。

この問題を考察する前に、アリストテレスは国民の構成を論ずる。国民は農民、職人、商人、日雇い、兵隊、為政者（裁判官や評議員などを含む）である。財産を公共のために使う富裕者、役人は8つの職業に分けられる。この職業の状況が、例えば、多少が国制に影響を与えるのである。

まず民主制を分析する。民主制は富裕者と貧困者とが、共に自由人であり平等であることを前提にしている。これが第1の民主制のことであり、第2は財産の高低によって役職が決められるという民主制のことであり、第3は健康（生まれに難のない人）な国民であるならば、法律の支配のもとで、すべての人が役職に就くという民主制であり、第4はただ国民でありさえすれば、法律の支配のもとですべての人が役職に就くという民主制であり、第5は法律ではなく、大衆が支配する、つまり民衆指導者のもとで独裁者になるという民主制である。

次に寡頭制を分析する（第5章）。第1は役職が財産の高低で決まる。一定の額の財産を所有しているならば、誰でも役職に就くことができる寡頭制である。第2は役職が莫大な財産を基準にして与えられ、欠員は互選によって補充される寡頭制である。第3は息子が父に代わる寡頭制である。第4は役職が世襲され、法律が支配するのではなく、役人が支配する寡頭制である。これは僭主制と独裁制の中間にあり、閥族（身分の高い一族支配）制とも呼ばれる。

ここでは民主制は5種類、寡頭制は4種類が考察されたが、革命などの後は、法的に民主制であり、実際の行政は寡頭制であるとか、法的に寡頭制であり、実際の行政は民主制であるということはある。

アリストテレスは、第6章で民主制と寡頭制の経済的背景を考察するが、不十分である。経済の問題はここで省略する。

僭主制は独裁者の利益を目標とする独裁制であり、寡頭制は富裕者の利益を目標とするものであり、民主制は貧困者の利益を目標とするものであるが、いずれも公共の利益を目標とするものではない。公共の利益を目標とするものは貴族制だけである。これは前にも述べてある。

次に、アリストテレスは、多数の国々にとっての国制を論ずる。多数の国々にとっての最善の国制は中間的な国制、つまり非常に豊かな人々と非常に貧しい人々との間にある人々が支配する国制である。この国制は安定し、変化しにくい。このような国制は大国に多い。ギリシアは小国であり、寡頭制と民主制が多い。その背景には寡頭制のスパルタと民主制のアテナイがあり、相互に影響している。中間的な人々が支配する国制を基準として国制の善し悪しを判断することができる。国制の維持は国民の多くの意思に基づいて行われる。国は自由、富、教育、善き生まれという質と、人数という量の割合で決まる。つまりここの質と量という2つの比例関係によって国制が決まる。従って国制を保持するためには中間的な人々が重要な役割を果たすのである。寡頭制も民主制も自己を保持するために欺瞞を行っている。つまり罰金制度と報酬制度である。これらの制度は国制を維持するために運用されるのである。純粋な政治運営のために金銭を加味することは欺瞞である（第11、12、13章）。

次に国の組織が、つまり評議制度（第14章）、役職制度（第15章）、裁判制度（第16章）が考察される。

評議的部分は、戦争、平和、軍事同盟の締結と破棄、法律、死刑、財産没収、役人の選任、執務報告審査などに関しての最高の決定権を有するものである。すべての国民がすべての事柄について決定権を有するが、民主制である。決定権を持つ人々はいろいろな仕方で、つまり選挙、順番、籤引きなどによって役職に就くのである。しかしこれらの人々が決定するのが、予備的決定であり、最終決定は民衆が行うのである。ある特定の人々がある特定の事柄に関して決定権を持ち、例えば、戦争、平和、役人の執務報告審査に関して決定権を持ち、選挙で選ばれた役人を従えている場合は、貴族制である。その上、籤で選ばれ

た役人も含めて一緒に決定するならば、理想的（アリストテレスは「純粋」という術語を使用している）な国制である。以上がアリストテレスのいう評議制度である。

　次に役職の考察である。これは、もちろん国制によって異なる。役職の数、何をする役職か、期間、回数、同じ人が兼務できるか、役人の任命を誰がするか、どの階層から、どのような仕方で選び、その仕方がどれだけ可能か、どのような国にどのような役職が有益であるか。名付けなど難しい問題がある。いずれにせよ、これらの国の制度や大小によって異なる。アリストテレスは考察を中断している。ただ現代の我々から見て、面白い役職が挙げられている。例えば、夫人監督官とか穀物監査人などである。また選挙や籤引きで決められない役職として、神官、歌舞団長、伝令者などが挙げられている。むしろアリストテレスは役職の任命に関して考察されなければならないとする。つまり役人を誰が任命するか、誰の間（どの階層）から選ぶか、どんな仕方で任命するかであり、それらが組み合わされさらに複雑になる。

　任命する者が、すべての国民か、その中の数人か、またすべての国民の間から選ばれるか、限られた特定の人々の中から選ばれるか、任命の仕方が選挙か籤引きか。ある役は数人によって任命されるか、すべての国民によって任命されるか。ある役は選挙によって任命されるか、籤引きによって任命されるか。ある部分は選挙によって選び、他の部分は籤引きによるかである。アリストテレスは12通りあるという。

　民主制のもとでは、すべての人々がすべての人々の間から選挙、籤引き、あるいは両方によって選ぶのである。寡頭制のもとでは、数人の人がすべての人々の中から選挙、籤引き、あるいは両方によって選ばれるである。貴族制のもとでは、ある役がすべての国民から、またある役が数人の中から、ある役が選挙によって、またある役が籤引きによって選ばれるである。アリストテレスは貴族制に関して、数人がすべての人々の間から、あるいはすべての人々が数人の間から選挙によって任命するという。

　国の組織の最終の制度としての裁判制度が考察される（第16章）。裁判制度、つまり法廷も3つの要素から規定される。即ち、①どんな人から、②どんな事

柄について（法廷の種類）、③どんな仕方で、という規定である。

①に関しては、裁判官になる者はすべての人々が籤引きによって選ばれるか、あるいは選挙によるか。一部は籤引きで他の部分は選挙によるか。一定の数の裁判官の中から、一部は籤引きで他の部分は選挙によるか。以上4通りがある。

②に関しては、役人の執務報告審査の法廷。公共の利益に対する正・不正を判定する法廷。国制に関する事柄を判定する法廷。役人と私人の罰金に関する法廷。個人の多額取引に関する法廷。個人の少額取引に関する法廷。殺人に関する法廷。外国人に関する法廷。以上8種類がある。

③に関しては、これは①と②と関連しており、裁判官たちがすべての種類の事件について数人の中から選挙によって選ばれるか。あるいはすべての種類の事件について数人の中から籤引きによって選ばれるか。一部が選挙で他の部分は籤引きか。すべての種類の事件についてではなく、ある特定の事件について、一部は選挙で他の部分は籤引きか。以上4種類がある。

すべての種類の事件に関して、すべての人々の中から任命されるのが民主制であり、数人の人々の間から任命されるのが寡頭制である。一部はすべての人々の間から任命され、一部が数人の人々の間から任命されるのが貴族制である。

第五巻

第五巻に至って、国制の変化が論じられる。我々人間が自分の属する国制に満足し、充足しているならば、国制を変える必要はないであろうが、国境なき時代に向かっている現在のような世界の状況を見るならば、もちろん、この視点は経済的視点からであるが、明らかに国制を変えた方がよいと思われる国がある。その具体的な考察は機会があったら触れることにする。話を戻すことにして、アリストテレスにおいても同じで、国制は変えられた方がよいのか、保全された方がよいのか、変えられるとすれば、どのような国制にした方がよいのか、ということが考察される。

どんな国制においても、「正しさ」（正義と言い換えてもよい）を前提して成り立っている。その「正しさ」を支えるものは「等しさ」（平等と言い換えてもよい）である。この「等しさ」が様々の国制を生み出す。例えば、民主制は自由という点で絶対的な等しさを前提し、寡頭制は財産の点で絶対的に「等しくない」ということを前提にし（人間は能力において等しいということがあり得ないから、能力と金銭と一体化すれば、容易に理解される）、分配においても「等しくない」のである。従って、それぞれの国制は形式と内容（この術語をアリストテレスが使用しているわけではない）の2面から考察されなければならない。アリストテレスによれば、今挙げた民主制と寡頭制はいくらか正しいものを持っているが、絶対的視点からすれば、間違っているという。これが内乱の原因であるとする。「正しさ」を支える「等しさ」を形式から見れば、数の「等しさ」であり、内容から見るならば、価値の「等しさ」である。数の「等しさ」は多少と大小の基準となるが、価値の「等しさ」は人の持っている徳とか、生まれ素性の基準となる。従って、絶対的正しさは内容の等しさ（アリストテレスの術語でいえば、「値打ち」である）である。上述の「等しさ」が、人々に正・不正の意識を持たせる。正の意識では変革が生じないし、不正の意識が生ずれば、変革が必然的となる。上に挙げた2つの国制の中で、民主制の方が一層安全であることは確かである（第1章）。
　変革、つまり内乱の直接的原因は人々の不満であるが、その不満の原因は名誉と利益である。また自分の、あるいは友人の不名誉や不利益を逃れるために、内乱を起こすのである。この2つの原因の他に、傲慢、恐怖、優越、軽蔑、選挙のための策動、軽視、細事に関する不注意、非類似があるといわれる（第2章）。
　傲慢と利益に関して、ある役職にある人が傲慢で、欲張って他人より多くを自分のものとするとき、国民が互いに争うだけではなく、その権利を与える国制に対しても争うのである。名誉に関しても同じで、自分に名誉が与えられず、他人に与えられたとき、内乱が生じる。ある人の力が、国や国民の力をはるかに大きい場合、優越が原因となり内乱が生じる。不正を犯した人々が罰を受けるのではないかという恐怖が原因となり内乱が生じる。寡頭制において、国民

権に関与しない人々が多数と思われる場合、その国制を軽蔑することによって、また民主制において富裕な人々が無秩序や無政府状態を軽蔑することによって、内乱が生じる。ある国の中である部分だけが極端に大きくなったとき、内乱が生じる。また選挙によっても、急にではないとしても、徐々に変革が生じる。また些細なことを看過することによって、不注意に移民を受けれた場合（外国人や傭兵を国民にしたとき）、ある国が自国に適さない土地を所有するとき、変革が生じる。いずれにせよ、最大の軋轢を生じさせるものは徳と不徳の分裂であり、貧富の分裂である（第3章）。

内乱または変革は些細なことが原因で生じることがある。例えば、ある役職に就いている2人が、女性を巡って内乱が生じたことがあるし、またデルポイの神前で婚姻を、遺産相続を巡って内乱が生じたこともある。また貧富の中間層がいないか、また非常に少ない場合も変化する。但し貧富のいずれかの層が他の層をはるかに凌いでいるときは、変化が生じないし、また徳において優れている人々も変革を起こさない。

さらに国制が変化する原因として、暴力と欺瞞がある。暴力によるものは、最初から強制するものと、後になって強制するものがある。欺瞞によるものも2つある。最初に人々を欺いて、国制を変えてから暴力によって国制を確保する場合と、最初から人々を欺き、さらにまた欺き、同意を得るということもある（第4章）。

いままでは一般的な国制の変化の原因を考察してきたが、ここからは具体的な国制の中でどのように変化するかということが考察される。

民主制は民衆指導者たちの無茶によって変化する。この人たちは大衆を扇動することによって結束させる。アリストテレスはコス、ロドス、ヘラクレイア、メガラ、キュメにおける例を挙げ論じている。この民主制は僭主制に変わるのが常であった。民衆指導者は昔は兵隊から出たのであるが、現在では弁論術が発達し、一般の人々の中から出ている。例えば、ミレトスの役人が僭主になったことがある。民衆から指導者が出る場合は富裕者に対する敵意に基づいている。例えば、アテナイのペイシストラトスが僭主になったし、メガラでテアゲネスが僭主になったし、ディオニュシオスが富裕者になった例が挙げられてい

る。また民主制は選挙によって最も斬新な国制に変わり得るのである（第5章）。

　次に、寡頭制も様々な仕方で変化する。その1つは国民権に与る人々が大衆に不正を働くとき、例えば、ナクソスのリュグダミスのように、変革が生じる。また富裕者ではあるが、役職に就いていない人が指導者となって国制を変革する場合である。この例として、マッサリアやイストロスやヘラクレイアやクニドスにおける変革が挙げられ、アテナイでも30人政治の時代（紀元前404年）にカリクレス一派が30人会を扇動し、支配権を獲得した例など沢山ある。僭主の地位を目的として私有財産を湯水のごとく使用する場合も起こる。この例としては、ヒッパリノスがシュラクサイでディオニュシオスを僭主としたこと、アンピポリスでクレオティモスという人がカルキスから移民を受け入れて謀反させた例などがある。また旧寡頭制を新寡頭制に変革しようとするときにも生じる。例えば、エリスであったことである。そこでは重要な役職に与るのは少数の人々の中の全員がその役職に与ることができないときに起こったのである。つまり国民権は少数の人々の手に収められていたが、元老院の一員になるのはそのうちのごく少数の人々であった、それはその数が90人で、終身官であり、選挙は閥族的であった。アリストテレスは寡頭制が変化する原因をこの他に3つ挙げているが、省略する。いずれにせよ、民主制にしても寡頭制にしても、同じ国制へと変革する場合もあるし、また逆の場合もある（第6章）。

　貴族制における変革は、少数の人々だけが名誉職に就こうとするために起こる。少数の人々だけが重要な役職に就くという点においては寡頭制と同じである。しかしその違いは、一方が金銭を、他方が名誉を求めることにある。大衆が自分たちには貴族制構成員と同様に徳があると思い上がることを原因とする。例としては、紀元前8世紀末スパルタにおいてパルテニアイと呼ばれる人々が、陰謀が発覚し、タラスへ流されたのである。またある人が重要な人物で、もしできることなら、より重要な人物つまり独裁者になろうとして、内乱を起こすのである。例えば、スパルタにおいてペルシア戦争のときパウサニアスが、カルケドンにおいてはアンノンなどがその例である。いずれにせよ貴族制は不安定であり、容易に寡頭制へと変化するのである。アリストテレスは貴

族制から民主制へ変わった例として、ツリオイでの変革を挙げている。貴族制は知らず知らずのうちに変化する。ツリオイでは、戦争に熟達した若い軍人たちが将軍になろうとして、法律を変えることに反対した参議たちも、法律を変えても実態は変わらないであろうとして譲歩した。その結果国制が変わり、最終的には閥族制となった。アテナイでは寡頭制を、スパルタでは民主制をしばしば破棄しようとした（第7章）。

　国制が滅びる原因が理解されるならば、保持のための方法も理解される。国制を保持するためには一般的にいえることは、細事に関する違法を警戒すること、大衆を欺かないこと、人々を善く取り扱うこと、国制の破壊者に対して国民が恐怖と警戒するようにさせることなどが必要である。またどの国制においても、ある人の勢力を不均衡に増大させず、栄誉は小さいものなら長期にわたって与え、大きいものは短期に与えるようにすることである。1度に多くのものを与えたならば、1度に取り上げず徐々に取り上げることである。また相容れない生活をする人を監視人にすることなどあるが、最も重要なことは法律および施政によって、役人たちが金銭を懐に入れないような仕組みにすることである。特に寡頭制に関してはこの制度が大切である。名誉を求めることに関しては、民主制のもとではすべての人にチャンスがあり、貴族制においては一部の人にチャンスがあるが、いずれの場合も形式的には金儲けには関係ないのである。人の欲望に際限がないのであるから、公金の横領を防ぐために、国の財産の引き継ぎは国民の目前ですること、財産の目録の写しはいくつかに分け保管すること、また評判のよい役人たちが法律によって定められた名誉を手に入れることができるようにすることである。費用のかかる奉仕的なものに関しては、一部の富裕者が望んでも妨害し、相続財産は血統によって相続させ、1人で2つ以上は相続させないことである。国制を左右することのない役職は民主制においては富裕者に、寡頭制においては貧困者に割り当てるのがよい。以上のようなことに配慮するならば国制は維持できるとアリストテレスはいう（第8章）。

　どんな国制においても、その国の主要な役職に就く者は、国に対する忠誠心、能力、適した徳と正義（国制が違うならば、正義も違うものであることを前提

して）を持っていなければならない。以上の3つのものがない者を登用するとき、問題がある。例えば、忠誠心がないが、軍事的に優れている者と、忠誠心はあるが、軍事的に優れていない者を登用するとき、将軍には徳よりも経験を、財産の見張り役や経理役には逆を重視しなければならない。このように人を役職に登用する場合、いろいろなことに配慮しなければならないが、より重要なのは、その国制を望む人々の数が多くなるように配慮することや中庸ある政策をとることである。最も重要なことは国制に応じての教育である（このことについては後に触れる）（第9章）。

　上述のことは王制や僭主制に関してもあてはまる。というのは王制は貴族制の系列であり、寡頭制と民主制とが合成したものが僭主制であるからである。アリストテレスの説明によれば、民衆を護るために、王には徳を持つ者が、その徳から発する行為の優秀さの故に、また優秀な家系の出身である優秀者の中から任命されるべきである。王制は個人の徳によってにせよ、血統の徳によってにせよ、あるいは善行によってにせよ、あるいはそれらと力との結合によってにせよ、ともかく人の値打ち（価値）によって存在するのである。これに対して僭主制は民主制の悪いところ、寡頭制の悪いところを共有している。即ち富を目的として、大衆を重要視しないという点で寡頭制と類似し、著名な人々を滅ぼすか、邪魔者として追放するという民主制と類似する。独裁者、つまり王と僭主は富と栄誉を持つ。誰でもその2つを入手することを望むであろう。一番簡単な方法はそのような独裁者を倒すことである。その直接的原因は怒りであるが、その怒りの背景には様々な傲慢、恐怖、軽蔑がある。アリストテレスは多くの例を挙げて説明しているがここでは省略する。さらに名誉を得るために独裁者を攻撃するという名誉心が原因となることもある。

　僭主制は相反する国制を持つ外国の影響、あるいは政権参与者の内輪もめや憎悪や軽蔑によって滅びることが多い。つまり王制は外からではなく、内部からの原因で滅びることが多い（第10章）。

　王制は適当なものであれば、保持される。つまり王の持つ権限が少なければ少ないだけ、専制へと傾くことはなく、被支配者から嫌われることが少ないから、長い期間その部分が存続する。これに対して僭主制は相反する2つの方法

で保持される。その1つはコリントスのペリアンドロスが考えたように、秀でた者を刈り取り、思い上がった者を片付けることで保持し、またシュラクサイのように、告げ口家といわれるスパイを用いることで保持した。被支配者を日々の仕事に忙しくさせ謀反を起こす暇を与えないこと（例えば、エジプトのピラミッド建設、オリュンポスの神殿建設、シュラクサイにおけるような税金の徴収）で保持する。もう1つの方法は、公共財産の保持のために努力しているように見せること。租税や寄進は施設のために、また戦時のために集めているように見せること。軍人として名声を作らせること。僭主ではなく、管理人のごとく国に設備を設けたり、装飾すること。神々に関しては常に真面目であるように見せること。優れた人には自分自身から進んで表彰し、罰するときは役人か裁判所で、つまり他人を介して行うこと。国は富裕者と貧乏人から構成されるのが普通であるから、この2つの層から嫌われることのないようにしなければならない。僭主は執事的であり、保管者として見えなければならないし、生活は過度ではなく、適度であること。名士からは歓迎され、大衆からはお世辞によって人気を獲得すること。いずれにせよ両層から感謝されること。以上のことを守るならば、僭主制は維持されるであろうとアリストテレスはいう（第11章）。僭主制は最も短命である。例えば、最も長かった僭主制はシキュオンにおけるオルタゴラスの僭主制であるが約100年であった。コリントスのキュプセロス一族の僭主制は73年と6ヵ月、アテナイのペイシストラトスの僭主制は何代か加算して35年であった。シュラクサイのヒエロンとゲロンの僭主制は18年であった。

　プラトンの『国家』によれば、国制はより善い方向へ向かうようになっているが、事実は違う。なぜならば、自然は時には劣悪であり、教育の手に負えない人々を生み出すことがあるからである。つまり教育されても立派な人間になることができない人が幾人かはいるということである。国制は民主制から寡頭制へ、または僭主制へ、独裁制へと様々に変化するのである。アリストテレスによれば、プラトンは寡頭制も民主制も多種であるにもかかわらず、いずれの国制も1つであるかのように見てその変革を語っている。

第六巻

　第五巻において国制の変化と保持が考察された。それに続いて、民主制と寡頭制がさらに考察される。民主制も寡頭制もそれぞれの変種を持っているから、ここでは模範的、つまり帰納的に抽出された民主制と寡頭制が考察される。

　民主的国制の根本原理は自由である。しかしここでの自由は政治上での自由である。民主制の「正しさ」は形式上の「等しさ」に基づき、内容（値打ち）の「等しさ」ではない。また大衆が主権者であり、最終の決定者であり、その決定が最高の権威を有し、「正しい」ことであるとすることが前提である。以上が民主制論者の言い分であるが、別の論者の中には「気儘に生きる」ことを主張する者もいる。というのは自由に生きることの許されない奴隷がいるからである。自由に生きることが、民主制の第2の目標である。支配されないことがかなえられないとすれば、順番に人々は支配したり、支配されることが要求される。これが「等しさ」であり、そのことによって自由が維持されるのである。

　より詳細に述べるならば、以上の前提からすべての人々の中から役人を選ぶこと。すべての人々が一方において個々の人を支配し、他方で個々の人が順番にすべての人々を支配すること。役職は籤引きによって決めること。財産を役職に就くための条件としないこと。同一の人が、戦争に関する役職を除いて、同一の役職に再任されないこと（もし再任されるとすれば、例外とすること）。任期はできるだけ短くすること（即ち役職は終身としないこと）。裁判はすべての人々によるか、もしくはすべての人々の中から選ばれた人々がすべてのことについて、執務報告審査、国制、私的契約、最も重大な事柄について裁定を下すこと。従って、民会はすべての事柄や重大な事柄に主権を持つが、役人はいかなる主権をも持たないこと、もし持つとしてもごく限定された者にする。次に、民会、諸役職、諸法廷に関わる者は報酬を貰うこと。もしできないならば、それぞれの役職の中で、あることで一緒に食事する必要のある者が報酬を貰うこと。ただしその額は少なくすること。そうでなければ、民衆はすべての

決定を自分たちの手に収めようとするからである。貧しい人々も、富裕な人々も数という点で平等に主権者であること。以上がアリストテレスのいう民主制である。しかし問題がある。それを考察することにしよう。

　その問題の中で最も難しいのが、貧しい人々と富裕な人々の扱いである。例えば、人々の評価財産を2つの組に分け、1000人の評価財産の総額が500人の評価財産に等しいものとして、1000人と500人と「等しい」力を持たせるものとするか。または1000人と500人とから同じ数の人を選び、これらの人々が選挙、裁判のことに関して主権を持つものとするか。このような扱いが本当に民主的であるかという問題がさらに生じる。アリストテレスに従うことにしよう。国民の中で多数の者による決定が最高の権威を持つことは確かであるが、無条件ではない。貧しい人々と富裕な人々の多数の者による決定が最高の権威を持つとすべきである。もし両方の人々が相反する決定を下したならば、評価財産の総額の多い人々を多数とすべきであるとする。例えば、富裕な人々が10人、貧乏な人々が20人がいて、前者6人と後者15人とが相反することを決定し、貧乏な人々の側に富裕な人々の4人が味方につき、富裕な人々の側に貧乏な人々の5人が味方した場合、双方の評価財産が合算され、勝っている方が権威を持つべきであるとする。もし双方の総額が同じになったとしたならば、例えば、籤引きとか何かの方法を考えるべきである。

　民主制には4つの変種があったことは前（第四巻第4章）に触れたが、民衆が農民である民主制は最高のものである。なぜならば、農民は農耕や牧畜によって生活しているところでは最善の民主制を構成するからである。農民は財産を持たないから暇がなく、しばしば民会を開くことができないが、必要なものを所有しており、政治に参加して役職に就くというよりも仕事で日々を送り、他人の財産を欲しがらないからである。農民は我慢強く、支配者が難題や難問を押しつけたり、彼らの財産を掠奪しない限り、僭主制や寡頭制を耐え忍ぶのである。農民を民衆とすることによって、国は土地の管理ができ、財産評価も容易になる。

　次に、よい民主制は牧人を民衆とする民主制である。牧人は農民に似ていて、戦争に関しては身体が鍛錬されており、戸外での生活に耐え得るのである。も

ちろん、他の民衆もできるであろうが、彼らの方が優れているのである。彼らの生活はほぼ農民と同じで、都から離れており、民会にあまり出席できず、また集会にも参加する必要がないのである。農民や牧人に比べると職人、商売人、日雇いから成り立つ民衆は、徳とは何ら関係を持つことはなく、市場や市街をぶらついているのである。従って、この人々による民主制は最下位に位置するのである。最下位の民主制のもとでは、国が法律や慣習によってよく構成されていなければ、無節操のことが行われることになり、保持が難しくなる。民衆扇動者が生じたり、奴隷が自由人と対等になったり、婦人や子供が好むままに、自由に生きることが黙認されたりする。なぜならば、大衆にとって節度のある生活より無秩序の生活の方が好ましいものであるからである。

　どのような国制であっても設立は最大のものではなく、保持の方が重要である。長い間保持する方策が民主制的なものか、寡頭制的なものかを考えなければならない。人口の多い民主制のもとでは手当てを支給するとすれば、国家財政に応じて支給しなければならない。そうでなければ富裕者の不満を招くことになる。しかし大衆があまりにも貧しくならないようにしなければならない。というのは民主制が腐敗する原因がここにあるからである。いずれにせよ長続きするように手段が工夫されなければならない。そうすることによって富裕者も満足し、貧乏人にも元手を与え仕事に就かせることができる。例えば、タラスでは、富裕者が貧乏人と財産を共有にし、それを利用することを許すことによって大衆の好意を得ている。民主制の考察は以上で終えることにして、次に寡頭制を考察することにする（第1〜5章）。

　寡頭制においては財産資格を2群に分け、一方を少額として、他方を多額とする。財産の少ない人々を低いが必要な役職に就けるが、高額の人々は重要な役職に与ることができるようにする。また財産資格を新たに獲得した者を国民権に与るようにしなければならない。国民権に与る人々の数は、国民権に与らない人々よりも優勢であるようにしておかなければならない。寡頭制のうちで最も閥族制的なもの、僭主制的なもの、より悪い国制は一層の警戒を必要とし、民主制とは逆に、保持するためには組織への配慮が必要である。民衆は農民、職人、商人、日雇いからなり、軍人は騎兵、重甲歩兵、軽装歩兵、水兵からな

っている。寡頭制は軍人と戦って破れることが多いから、軍勢の組織には十分に配慮しなければならない。組織化する場合、熟練者を当てなければならない。また重要な役職に就く者でも公共奉仕として就かせ、ある役職に就く者は高い代価を必要とさせる。とにかくその国制を存続させることがすばらしいことであると思わせることが大切である。しかし実際は寡頭制を支持している人々は、名誉や利得を求めているのである。

どんな国制であっても、秩序や組織を保つために役人が必要である。簡単にいえば、神事、軍事、収入と支出、市場、市街、港湾、地方、法廷関係事項、契約の登記、刑の執行、囚人の警備、会計報告とその検査、役人の執務報告審査、もし国家財政に余裕があるならば、婦人監督役、護法役、児童監督役、体育主事などがあるが、婦人監督役と児童監督役は民主制のもとでは不要である。また護法役は貴族制のもとで存在し、予備評議員は寡頭制のもとで存在し、評議員は民主制のもとに存在する役職である。以上で第六巻の考察を終えることにする（第6～8章）。

第七巻

アリストテレスによるこれまでの分析は、哲学者というよりも政治学者の分析であったということができる。しかしこの第七巻からは哲学者としての分析が行われる。

アリストテレスによれば、最善の国の定義は、最善の生活を前提にし、定義づけられなければならないとする。プラトンならば、まず最初に「善そのもの」が定義づけられなければならないとするであろうが、アリストテレスは「善きもの」の分析から始める。「善きもの」とは肉体の外にある善きもの、肉体の内にある善きもの、霊魂の内にある善きものというように3つに分けられ、この3つの善きものを所有する者こそ至福の者であろう。この3つの善きものの中の外的な善きものとは、有用性を基準することから、何らかの道具と同じく限界を有する。「大は小を兼ねる」ということがあるが、限界を超えてはむしろ害になるか、または何らの利益をもたらさない。同様に有用性という視点か

ら、「霊魂の内にある善きもの」を考察すれば、霊魂に関するものが過度になればなるだけ一層有用となる。人々が霊魂に関すること、つまり徳や思慮をもって、それらに則して行為するならば、より幸福になる。例えば、神は幸福でありかつ至福であるのは外的な善きものによってではなく、自己自身の持っている本性上の素質によってである。立派な行為をする人は、勇敢な人、正しい人、思慮ある人、節制のある人というように表現されるが、最善の国の幸福に欠くことのできないものである。立派な行為のできない人に、立派な行為を要求することはできないのである。以上のことから、最善の生活とは、個人にとっても国にとっても、徳に則した行為のための外的善を備えた徳（ここでアリストテレスは徳の多義性を暗示している）と結びついた生活であるとする（第1章）。続いて詳細に考察しているのでそれに従うことにする。

　アリストテレスによれば、個人の幸福と国の幸福は同一でなければならない。豊かさという点で一個人が善き生活をし、かつ国全体が豊かであるならば、幸福であるといえる。また僭主的生活をする人々は、国をできるだけ多くの人々が支配することを望み、もしそのようになるならば、最も幸福である。またある人が徳のゆえに幸福であると見なされるならば、その人をそのように認めた人々の国は幸福であろう。アリストテレスはこのように主張するのであるが、部分が全体になるかという問題がある。つまり個人はどこまでいっても個人ではないだろうか。部分が全体であるとか、全体になるということは、幻想ではないだろうか。幻想でないとすれば、絶対君主制のもとでの1人だけが満足するだけであろう。

　ところでどんな国制であっても、最善である国制は秩序を持たなければならない。個人は徳と結びついた生活をしなければならない。徳と結びついた生活には「政治的で実践的」な政治家の生活と、「観想的な」哲学者の生活という2種がある。前者の生活は時によっては戦争を目的とすることもあるし、敵を征服することを目的とすることもあり、最終的目的のための手段である。これに対して後者の生活は最終目的であり、そこでは国が立派に治められており、個人が政治的生活から離れて「観想的」であっても幸福である。しかしこのような生活を送る者であっても、政治から全く孤立するということはない。そのよ

うな人々が、どうすれば善き生活に与り、どうすれば可能な幸福に与るか、また他人との関係などを考えることも法律に関わることであるから、この人々も広い意味で立法術に、つまり政治に関わるのである。以上の最善の国の目的に関しては、後（第13・14章）に詳細に考察される（第2章）。

　徳のある生活が最も望ましいということで意見が一致するが、その仕方に相違（前章から続いて2種）がある。「善く為す」こと、つまり政治的に善い行為をすることを幸福であるとすれば、自然に反することは行われてはならない。即ち、妻が夫を、子が親を、奴隷が主人を支配するようなことがあってはならない（アリストテレスは夫が妻に勝り、親が子に勝り、主人が奴隷に勝っているということを前提している）。徳ということで勝る人が実践的行為をするならば、それに従うべきである。しかしながら行為とは政治的実践だけが行為ではない。アリストテレスによれば、観察や考慮の方が一層行為的である。なぜならば、その観察や考慮の目的は善き行為であるからである。アリストテレスは思惟によって指示する棟梁を例としている。自分だけ離れたところに位置を占める個人、また孤立的な生活を選んでいる者は必ずしも無為ではない。なぜならば、例えば、自分に固有な行為以外の他に何ら関係のない神や宇宙全体の存在意義を認めようとするからである。このようなことは、無意識的であっても、結果的に共同社会に参加しているのである（第3章）。

　アリストテレスは、ここで考察の方向を最善（理想）の国の備品へと向ける。備品とはまず人口と土地である。人口は国の機能を果たすのに、多からず少なからずの適当な数でなければならない。善き法律は善き秩序でもあるから、人口が多すぎては法的統治は不可能となる。また人口は少なすぎては自足的に存続し得ないのである（第4章）。

　土地、つまり国土は人口と同様に、そこに住む人々が閑暇を楽しみながら物惜しみしない生活と同時に節制のある生活を送ることのできるほどの面積があればよい。地勢は一目で見渡せる程度のもので、敵にとって侵入しがたく、自分たちにとって出て行きやすくなければならない。また陸に対しても海に対しても、つまり援軍を迅速に移動できること、農産物、原材料などの搬入と運搬に便利であることが条件である（第5章）。

自国の安全のためにも、生活に必要なものを供給するためにも海に通じている方がよい。従って、国の備品として港湾が必要であり、また軍事的には海軍があった方がよい（第6章）。

ここ（第7章）では備品として国民の素質が論じられる。アリストテレスのいう理想の国家の国民の素質は、ヨーロッパ（ケルト人）人とアジアの両者の長所を持ち合わせるのがよいとする。ヨーロッパ人は気概に富んでいるが、思慮や技術に欠けており、アジア人は思慮的であり技術的であるが、気概に欠けている。ギリシア人は両特性を持っている。しかしすべてのギリシア人のもとでバランスがとれているわけではない。

国にとって備品が存在しなければ、国として成り立たない備品がある。それは最初に述べた土地や人口であった。2次的条件として食料、技術、武器、国制維持するための費用（軍事費をも含めて）、神事、国事（国民相互の間における正しさを判定する仕事）などが挙げられる（第8章）。

民主制や寡頭制のもとでの国民のあるべき姿が論じられた。アリストテレスのいう最善の国においては国民のあるべき姿とは次のようなものである。国民は食料に関わる仕事、技術に関わる仕事、国制維持するための費用に関わる仕事に就いてはならない。というのはこれらの仕事は徳を所有していることを条件としないからである。それでは軍事、神事、国事に関する仕事にどのような人が就くべきであろうか。軍事には体力が必要であり、国事には思慮と成熟した経験が必要である。神事に関わる神官は軍事や国事に関わった者の中から、しかも高齢者を神官とすべきであるとする（第9章）。

軍人と農耕者の区別は、エジプトやイタリアにおいて古くから行われていた。また共同食事もエジプトやイタリアで行われていた。土地は軍人や国民権を所有する人に所属すべきである。土地は共有とすべきであるとはいわないが、国民が食料に不足するようなことがあってはならない。この意味で共同食事制度は有益である。しかし貧しい者が共同食事のための割り当てと自分の家族を養うことは容易ではないから、私有地と共有地が必要である。神事に関する費用は国費とする。農耕に関わる者は異なる種族の気概のない奴隷が最もよい。次いで異人種の農奴であり、私有地で働く者と共有地で働く者の違いがあるとし

ても褒美として自由を与えるのがよい（第10章）。

　国（ポリス）は陸にも海にも通じていなければならないことは前に述べた。さらに国民の健康のことを考えるならば、東に向かって斜面を有すること。つまり太陽の出る方向から風が吹き、北風を背にすることである。また前にも述べたことであるが、戦争のときに出て行きやすいが、敵が入りにくいことである。内部には貯水池を多く設けること。要塞地や個人の住宅地は国制によって異なるから、よく配慮すること。さらには投射機など様々の機械が発明されているから、それに対処できるような城壁を造ることなどが備品として必要とされる（第11章）。

　さらに他の備品の必要性が述べられる。それはいくつかに分けられて設置される共同食事場であり、城壁の上の見張り所、デルポイの神託によって定められた場所以外の適当な場所への神殿の設置、外国からの物品を扱う市場、物品が扱われることはなく、また職人や農夫などが入ることのゆるされない自由人の集まる自由市場、自由市場に集まる人のための体育所、役所の場所などが配慮されなければならない。また森林監視人や農地管理人のための見張り所、共同食事場などが設置される必要があるとする（第12章）。これでとりあえず備品の考察は、考えることは難しくはないが実行が難しいとして終える。次に教育が考察される。

　我々人間は幸福を熱望し、そのために善く生きようとする。つまり目的を措定し、その目的を達成するためには手段が必要である。幸福という目的は万人に共通するものであるが、手段は運か、生まれか、出発点か、過程においてかというように様々の次元において異なる。また国制においても異なる。ここでアリストテレスが問題にしていることは、「最善の国制」であるからそれに従うことにする。

　「最善の国制とは、それに基づくならば国が最も善く治められることのできるもののことであり、また国が最も善く治められることのできるのは、それに基づくならば国が最も多く幸福であり得る国制」である。アリストテレスのいう幸福とは徳の完全な実現と使用である。しかしその実現と使用には条件があるときと、ないときがある。例えば、「必要やむを得ず」報復するとか、懲罰

するというときは「条件つき」である。これに対して、名誉や富を授けることを目的とする場合は無条件に立派な行為である。つまり有徳な人は如何なる境遇にあろうとも立派な行為をすることができる。というのは有徳とは人の内面に存するものであって、我々の外にあるものではないから、直接的に幸福と結びついているからである。このような徳の要素は、生まれ、習慣、理(ことわり)である。生まれとは、肉体と精神と特性を持っていることで、これを変化させるものは習慣であり、理を持っているのが人間だけである。教育の仕事は習慣と理である。つまり慣れることによって学び、教わることによって学ぶからである（第13章）。

如何なる国制であっても国民は支配する者と支配される者に分けられる。アリストテレスによれば、年少の者が支配され、年長の者が支配することがよい。年齢に基づいて支配されるとき、不満を感じる者も、自分が優れていると思う者もいない。このことは最善の国にも妥当する。人は年をとったときに支配者となるためには、若いときに教育されなければならない。支配者としての国民の徳は、最善の人間の徳と同じである。従って教育は善い人間の形成を目的として組織されるべきである。霊魂は2つの部分に、つまりその1つは理を持っている部分、もう1つは理を持たないが、その理に従うことのできる部分に分けられる。理には実践的理と理論的理があり、それぞれが所属する部分が善い部分と悪い部分に分けられる。つまり4つに分けられるのである。それぞれの善い部分の活動が望ましい。政治家は、より善いものを考慮し立法しなければならない。政治家または立法家は、最善なるものが個人にとっても公共にとっても同一であることを教え込まれなければならない。また軍事訓練は、第1に自分が他人に隷属しないための訓練であり、第2に被支配者の利益のために指導権を求めるための訓練であり、隷属に値する人の主人になるための訓練でなければならない。軍事訓練は単に戦争のための訓練であってはならない。なぜならば戦争は一時的なものであって、支配権を獲得したあとは消滅するからである（第14章）。

最善の国の目的と最善の人の目的は同一でなければならない、というのがアリストテレスの言い分である。そのためには国が国民に暇な時間を与えなけれ

ばならない（アリストテレスはこれを国の徳という）。このことから「国は節制を持ち、勇敢で、忍耐強くなければならない」といわれる。アリストテレスのいいたいことを簡単にいえば、勇敢と忍耐は国の仕事のために必要であり、愛知心は閑暇のために必要である。その愛知心を向上させるためにまた閑暇が必要である。平和時において閑暇を享受しているときこそ節制と正義を必要とする。なぜならば戦争時は節制と正義が強制され、閑暇は人間を傲慢にするからである。しかしアリストテレスは人間には閑暇が必要であるとする。

上で述べたように、閑暇のためには愛知心が必要であり、教育のためには閑暇が必要であるとする。その教育は理と習慣の調和、換言すれば、理性と感性の調和を必要とする。先（14章）に、霊魂に2つの部分があることは述べた。それは霊魂と身体が別の部分であることを前提していたのである。生成において身体が霊魂に先立つものであるから、まず身体への配慮が必要で、次に欲求、最後に理知への配慮が必要であるが、前2者は理知のために行われなければならない（第15章）。

子供の教育が考察される前に、子供が生まれる条件が論じられる。まず結婚であるが、両性が生殖において夫婦喧嘩や不和が生じないように配慮され、法が立法されなければならない。両性が適当な年齢のときに子供を産まなければ、子供が不具で、女の子供が多く、身体全体が小さいし、出産時に女性が死ぬことが多い。これは他の動物から推論される。いろいろな状況を考えると、女性は18歳頃、男性は37歳頃に結婚するのがよい。また親と子供との年齢の差は、適当なものでなければならない。親の身体に関していえば、競技家の身体は親として好ましいものではない、またそうかといっても労苦に耐えられないほど弱いものであっても好ましくない。男も女も自由人に相応しいものであればよい。子供の不具者は育てられてはならない。子供の数は制限されなければならないし、法律に反して性交がなされ、子供ができたなら堕胎されなければならない。姦通した場合は男であろうが、女であろうが、国民権喪失ということで罰せられなければならない（第16章）。

子供の栄養としては母乳または乳分の豊富なものがよく、酒分の少ないほどよい。運動や寒気に慣らすことがよい。また遊戯（将来の仕事の模倣でなけれ

ばならない）も自由人に相応しいことであるから、子供監督役は5〜7歳まで遊戯ごと、奴隷と交わることのないようによく配慮しなければならない。さらに子供の聞く話、絵、芝居（喜劇）見物などにも配慮されなければならない。教育は7の倍数に基づいて行われるべきである。つまり7歳から思春期（14歳）まで、思春期から21歳までというように、自然の区別に従うべきであるとする。以上で第七巻は終わり、第八巻で教育論が詳細に考察される。

第八巻

如何なる国制であっても、それを維持するためには教育は不可欠である。従って教育は公のものでなければならない。しかし教育の内容に関しては様々な意見がある。有用なものの中で必要なものを教えなければならないが、しかしながら有用なものでさえ、一義的ではない。ただいい得るとすれば、消極的に身体や精神を駄目にしないものを教育するだけである。この原則に基づいて、一般に読み書き、体操、音楽、図画の4つが教育される。なぜならば読み書きと図画は生活に有用であり、体操は勇気に役立つのであるが、音楽だけが閑暇における高尚な楽しみにとって有用であるからである。アリストテレスはホメロスの言葉「すべての人々を楽しませんがために楽人を呼ぶ」とか「宴の客人たちが部屋の中に順序正しく座り、楽人の歌うのを聞き入る」という文を引用している。音楽を通じて多くの学習が可能となるから、音楽を子供たちに教育しなければならない（第1〜3章）。音楽教育に関しては第5章で考察される。

教育はまず体操をもって始められなければならない。しかし前にも述べたように、ラケダイモン（即ちスパルタ）におけるように、競技者になるための体操であってならない。思春期（14歳前後）に至るまでは軽度の鍛練にすべきである。無理な鍛練は子供の成長を妨げるからである。思春期から3年の間、他の学科を勉強してから、次の年齢期には十分に労苦や強制的共同食事に耐えられるから、厳しい鍛練も可能となる。このような段階を設けるのは、身体の労苦は精神を妨げ、精神の労苦は身体を妨げるからである（第4章）。

音楽の効力と目的の理解は容易ではない。音楽は睡眠や酩酊に与するように、

遊戯や休養のためのものか、また徳に関係するものか、体操が身体を変えるように、音楽が人の性格を変えるものなのか、また高尚な楽しみや知的な教養に貢献するものなのか。音楽は自分でするものなのか、それとも聞くだけでよいのかということは次章（第6章）で考察される。ここでまず人間の性格をより善くするものであるかどうかが吟味される。

　アリストテレスによれば、我々は音楽を介して「性格が変わる」のではなく、「ある性質のもの」になるのである。特に、オリュンポスの歌曲によって「ある性質のもの」になることは、万人が認めるところである。歌曲は霊魂を恍惚たらしめるが、その恍惚は霊魂の性格の感動である。性格が感動すれば、その現れとしての性質に変化が生じる（ここで性格と性質の違いが必ずしも明確ではない。性格とは不可視的なものであり、性質とは可視的なものと理解してほしい）。人々は音楽を聞くことによって、「同感的になる」のであるが、これは霊魂の性格の同一性、もしくは類似性に基づいているということができる。この意味で音楽は快いものの1つであるということができる。

　アリストテレスは、音楽を考察しながら、徳を喜び、愛、憎しみの判断基準とする。つまり「有徳な性格や立派な行為を正しく判断」するのが、徳であると実践的側面を強調するのである。人々はそのような徳を学び習慣づけることによって、有徳な性格や立派な行為を喜ぶのであるが、これほど重要なことはないとする。このように徳と音楽は、どのような理由で結びつくかといえば、リズムと旋律によってである。なぜならばリズムと旋律には、憤怒、穏和、勇気、節制と、反対のことが含まれ、倫理的性格における真実の本性と類似性もしくは親和性が含まれているからである。しかし他の感覚に依存する対象、つまり、視覚の対象を除いて、触覚とか味覚の対象には音楽との類似性はない。視覚の対象、つまり芸術によって表現された形態や色彩は、倫理的真理との「類似性」を表現するものではなく、性格の象徴性を表現する（例えば、イコン〔聖画像〕とか、仏像などを想起してほしい）。もし画家や彫刻家の中で倫理的に優れた者がいるならば、その人の作品ではなく、その人そのものを観察しなければならない。

　音楽に話を戻そう。旋律の中には性格の模倣物がある。つまり音階の本性に

は、物悲しく心を引き締めること、心を柔和にさせること、心を落ち着かせること、熱狂させることなどが属する。リズムに関しても旋律と同じく、安定したもの、動きやすいもの、俗衆的なもの、自由人的なもの（筆者は後者2つを理解できない）ものがある。音階（調和）やリズムには霊魂と一種の類似性を持つことから、智者たちは霊魂が調和であるとか調和を持つという。アリストテレスは、以上のことから、音楽は霊魂の性格をある性質のものとなし得るとする。人は音楽への指導を受け、教育されなければならない（第5章）。

　前章で残した問題、つまり音楽は自分自身で歌ったり演奏する必要があるか、という問題である。

　人はみずからあることに関与するならば、そのことに関して優れた批評家になる。音楽に関しても同じである。人は若いとき音楽に従事し、それから放免された後、それを批判し、それを正しく喜ぶことができなければならない。しかしここでまた問題が生じる。教育を受ける者が、どの程度まで音楽に関与しなければならないのか、どのような旋律やどのようなリズムに関与しなければならないのか、どのような楽器によって学習されなければならないのか、という問題である。ここでは最後の問題を考察する。アリストテレスは笛、竪琴、ペークティス（ギターのような楽器）、バルビトス（ペークティスのような楽器）、七弦琴、三角琴、四弦三角琴などの楽器を挙げ、例えば、笛は倫理的性格を表現するものではなく、秘儀宗教的興奮を表現するものであるとする。しかしここに挙げた楽器の教育はいずれも高度のものとなる必要はない。つまり専門的教育を必要としないとする。なぜならば音楽の専門的教育は競技を目的とし、聴衆の快楽、つまり俗悪な快楽のための演奏となってしまうからである（第6章）。

　ある哲学者によれば、旋律は倫理的なもの、行動的なもの、熱狂的なものと三分され、音階もこれに対応する。つまり倫理的音階、行動的音階、熱狂的音階があるとされる。教育のためには倫理的な旋律とそのような音階、つまりドリス様式音階が用いられなければならないという。しかし我々にはこの音階を理解する方法がない。

　以上でアリストテレスの政治学の考察を終えることにするが、もちろん、現

代の政治形態から見るならば、議論にも値しないと思われる箇所が多々あることは確かである。プラトンにおいて、「理想国家」は消極的意味で参考にするだけでよいとされたことを想起してもらいたい。アリストテレスのいう「最善の国制」も参考になる程度の意味しか持たないことは事実である。ただプラトンもアリストテレスも政治形態だけを考察することなく、その政治形態を支える人間とその思想を考察し、その形態を維持するために教育論まで考察したことは称賛に値する。ギリシアにおいて、初めて音楽の価値と調和を強調したのが、ピュタゴラスとその一派であるが、公的教育論まで考察することはなかった。この意味でアリストテレスは評価されてよい。

II 『経済学』
（Oikonomika）

　日常の生活が自給自足で営まれている限り、学問としての経済学を必要としない。如何なる学問であっても学問である限り、普遍性を持たなければならない。経済学でいえば、国や地域の特殊性、つまり内容が無視されて、普遍的形式だけが考察されなければならない。もちろん、現代の人々の生活が複雑化し、多種多様に分化しているから、それにつれて経済活動も複雑化しているから、学問としての経済学も多様化しなければ、対応することができない時代となっている。別な言い方をすれば、過去において個別的なものとして考察されることのなかったことが、普遍的なものとして考察されなければならない時代になっているのである（例えば、ある家庭における子供の教育費など）。現代のこのような状況から、約2300年前の、しかもギリシアの経済を考察することは、時代錯誤であることは疑いのないことである。アリストテレスの経済学が、政治思想と異なって消極的価値もないように思われる。ただ価値があるとすれば、アリストテレスが初めて経済（家政）を考察した人であり、その内容を知識として蓄えること以外にはないということができる。このような前置きをしなが

ら、アリストテレスの『経済学』を簡単に概観することにする。なおこの作品は偽書といわれている。

第一巻

　政治術は国家を初めに成立させ、それを運営し、その運営に多くの役人が関わる。これに対して、家政術は家を獲得し、運営するのであるが、1人が支配するだけである。

　国家は家と土地と財産との集合であり、幸福に生活し得るために自給自足するものである。家は国家の一部であり、家政があって国家があるから、つまり家政があって国政があるから、家が国家に優先しなければならない（第1章）。

　家は人と財産から構成される。ここでの人とは妻のことであり、財産とは、自然に則したこと、つまり農業である。生物が母から糧を与えられるように、人間の糧は土地から与えられる（第2章）。

　人間に関する配慮の中で、妻に対する配慮が最も重要である。男女の共同生活が自然であり、生命体の連続を維持するためには異性を欠くことはできない。子供を作るのは単に自然への奉仕のためばかりではなく、自己の利益にもなる。例えば、老後子供に世話をしてもらうとか。子供を作ることは自然への奉仕であるが、他方、自然は個々の人間の生命を必ずしも保証しない。しかし自然は人間を種（または類）として永続を保証する。人間はある同一の事柄を目的として、相反する方向から協力し共同生活するように、神意によって男女が定められている。子供に関していえば、女の仕事は養うことであり、男の仕事は教育することである（第3章）。

　妻に対する守るべき掟とは、まず妻に不正を加えないことである。夫が妻に不正を加えるならば、夫自身に不正が加えられるであろう。夫の不正の第1のものは、外で他の女と関係することである。次に、共有する習慣を創ることである。習慣の違いほど愛情を妨げるものはない（第4章）。

　財産の中で最も重要なことは有用な奴隷を手に入れることである。奴隷を入手したならば、ある奴隷を自由人に相応しい仕事を任せることのできるように

育てるべきである。他の奴隷は働き手として労働させるのであるが、仕事と懲罰と食物のバランスをとって取り扱わなければならない。また奴隷の数、供応、娯楽などにも配慮しなければならない（第5章）。

家の財産を管理する者には、財産を獲得すること、それを護ること、整頓し、利用を備えることが必要である。主人または管理を任された者は、日中は、もちろんのこと、夜半であっても管理を怠ってはならない。また主人または管理人は1年の支出と1ヵ月の支出を区別すること、使用する道具、家に住む人々の健康、収穫物、衣服、家の構造などにも配慮しなければならない（第6章）。

第二巻

経済は、王の経済、サトラップ（ペルシアの地方長官名）の経済、都市の経済、個人の経済と4種に分類される。それぞれを概観することにしよう。

① 王の経済力は無制限であるが、4つの部門を有する。つまり貨幣、輸出、輸入、支出についてである。詳細すれば、貨幣については如何なる貨幣を作るべきか、高価なものとすべきか安価なものとすべきか、輸出品と輸入品についてはいつ、またサトラップたちから受け取る現物税をどのようにして売買するか、支出に関しては、支払いの際、削減すべきか、貨幣にすべきか、現物にすべきかという問題がある。

② サトラップの経済は6種の財源を有する。土地、地方の国有地、取引地、課税、家畜、その他の収入の6種である。最も重要なものは土地からの収入で、第2は国有地からの収入、第3は取引地からの収入、第4は通行税と市場税、第5は家畜税、第6は人頭税とか手工業税である。

③ 都市の経済は、都市所有地からの収入、取引地税と通過税、その他の税収で成り立つ。

④ 個人の経済は、収入も支出も規模が小さいもので、多種多様である。主な収入は土地からのもので、次に他の財産からのものであり、第3は貨幣からの収入である。いずれの形態の経済であっても支出が収入を超えてはならない。

以上は第二巻の第1章までの概観である。第二巻の第2章には、具体的に例が挙げられている。最初に述べたように、現代の経済状況から見るならば、論ずるに値しないと思われるので省略することにする。

第3部

キケロ
(Cicero　B. C. 106 〜 43)

すべての道がローマに通ずるといわれた理由は、ローマ帝国が歴史的上比類なき帝国であったからである。そのローマは東西を含めて約2000年にわたる歴史を有し、政治的には実践的であり、現実的であった。つまり、軍事的勝利とともに、新しいものを躊躇することなく取り入れ、拡大していったのである。しかし、思想という範疇で見るならば、決して称賛するに値するようなものはなく（もちろん、思想家がいなかったというのではない）、またさらに幅を狭くして政治思想という次元で見るならば、キケロ、セネカ以外には見当らない。しかしもし政治は思想ではなく、実践であり、駆け引きであるとすれば、ローマの政治は一流であったことは疑いないことである。この本は政治の駆け引きを考察することを目的にしているのではない。あくまでも思想である。ここでキケロの政治思想を概観することにする。

イスタンブールの西、黒海への入り口、エーゲ海を臨むところにあったトロイの将軍の1人がイタリアに逃れ、その地の娘と結婚し、生まれたのが、ロムルスとレムスと双子であった。この2人は狼に育てられた。この2人がローマの創設者といわれ、後にロムルスが政治闘争に勝利し、紀元前753年に初代の王となったというのが、ローマの創設に関わる伝説である（史実的にはローマは紀元前600年ごろに成立したといわれている）。ローマのこの王政が紀元前510年、もしくは509年まで続き、その後は共和政体、つまり、元老院（創設はロムルスの時代に遡る）が中心となって政治は運営され、カエサル（紀元前100〜44）の甥アウグストゥスが紀元前27年に皇帝に選出されることによって、共和政体が終わり、帝政（ローマの皇帝は1人とは限らず、多いときは属州の皇帝も含めて8人いたといわれる）が始まり、476年にローマが滅びるまで続いたのである。これは西ローマのことである。313年に現在、ドイツのトリーア（当時ローマの属州であった）そこの皇帝コンスタンティヌスは勅令を出し、キリスト教を容認し、彼自身ローマに上洛したのであるが、そこで見たものは、かつての繁栄を失い、再興不可能と思われた都であった。彼は、それ故、新しい都、つまり、当時のビサンチン、現在のイスタンブールにコンスタンティノープルという都、330年に東ローマ帝国を建設したのである。東ローマ帝国は1453年オスマン・トルコ（トルコ人＝中央アジア遊牧民＝オスマン家という意味）によって滅ぼされるまで続くのである。

ローマについての概略的年表

紀元前

753年　伝説ではこの年にローマが建国された。

600年　この頃、ローマが成立する。

509年　ローマでエトルリア（現在のフィレンツェの辺り）系のタルクィニウス・スペルブス王が追放され、共和政治が始まる。

451年　ローマ最初の成文法（主に刑法）12表法（銅板）が制定される。

386年　ローマは一時ケルトに征服される。

367年　リキニウス・セクスティウス法が成立する。執政官の1人は平民から選出、公有地占有面積を500ユゲラに限定する。

343年　サムニテス人（中部イタリア）に対する戦争を始める。

298年　第3次サムニテス戦争でローマが中部イタリアを支配する。

287年　ローマでホルテンシウス法制定される。平民会の議決がそのまま国法として認められる。

272年　ローマが南イタリアを征服する。

264年　カルタゴ（現在のチュニジア、フェニキア語で「新しい町」を意味する）と第1次ポエニ（現在のシリア辺りに住んでいた人々から分かれたフェニキア人との間に）戦争を開始する。

241年　第1次ポエニ戦争が終わりシケリア（シシリー）島がローマに帰属する。

218年　第2次ポエニ戦争が開始される。カルタゴの将軍ハンニバルが象を連れてアルプスを越えて、北からイタリアに侵入したことは有名である。

216年　カンナエ（イタリア南東部の古代都市。アドリア海に面し、現在のバルレッタ付近）の戦いで、ハンニバルはローマ軍を殲滅する。

214年　第1次マケドニア戦争フィリッポス5世がハンニバルを支援する。

202年　ザマ（現在のチェニジアの古代都市）の戦いで、スキピオがハンニバルを破る。

201年　第2次ポエニ戦争が終わり、ローマが西地中海の覇権を握る。

200年　第2次マケドニア戦争でフィリッポス5世を破る。

192年　シリア戦争が開始される。マケドニアのアンティオコスを破る。

171年　第3次マケドニア戦争でマケドニア王ペルセウスを破る。

149年　第3次ポエニ戦争が開始される。

146年　カルタゴを破壊する。マケドニアを属州とする。

133年　ティベリウス・グラックスが護民官となり、貧民の土地を確保しようとするが失敗する。

123年 ガイウス・グラックスが兄ティベリウスの遺志を継いで諸改革をする。
107年 マリウスが執政官となる。
88年 マリウスとスラ（現在のトルコの西部ミトリダテス戦争の覇者となり、武力でローマを掌握する）との抗争が激化する。
78年 スラが死に、ポンペイウスが台頭する。
73年 奴隷のスパルタクスが反乱を起こす。
71年 クラッススがスパルタクスを制圧する。
60年 ポンペイウス、カエサル、クラッススの第1回3頭政治が開始する。
58年 カエサルがガリア（現在の北イタリア・フランス・ドイツに住んでいたケルト民族）遠征を開始する。
49年 カエサルがルビコン川（イタリアで最大の川であるポー川の南にあり、現在サンマリノの北にあり、アドリア海に注ぐ小さい川である）を渡りローマに進撃する。元老院では、カエサルはローマに帰還しないであろうと予想していた。
48年 カエサルがファルサロスの戦いで、ポンペイウスを破る。ポンペイウスはエジプトで暗殺される。
44年 カエサルが終身独裁官となるが、ブルートゥスらにより暗殺される。
31年 アクティウムの海戦、オクタウィアヌスが勝利する。
30年 アントニウス、クレオパトラが自殺する。
27年 オクタウィアヌスはアウグストゥスと改名し初代の皇帝となる。
23年 アウグストゥスは属州支配権を拡大する。

紀元後
14年 アウグストゥスが死ぬ。息子のティベリウスが即位する。
37年 ティベリウスが死に、カリグラが即位する。
41年 カリグラが暗殺され、クラディウスが即位する。
54年 クラディウスが妻アグリッピナに暗殺され、息子ネロが即位する。
59年 ネロが母を暗殺する。
68年 ネロが自殺する。
80年 コロッセウムが完成する。
96年 五賢帝時代が始まる。
98年 トラヤヌスが皇帝となり、ローマが最大となる。
106年 トラヤヌスがダキア（現在のルーマニア）を属州とする。
117年 トラヤヌスが死に、ハドリアヌスが即位する。
124年 パンティオンが完成する。
138年 ハドリアヌスが死に、アントニヌス・ビウスが即位する。
161年 アントニヌス・ビウスが死に、マルクス・アウレリウスが即位する。

180年　マルクス・アウレリウスが死に、息子コンモドゥスが即位する。同時に五賢帝時代が終わる。
217年　カラカラ大浴場が完成する。
270年　アウレリアヌスが即位し、帝国再建に努力する。
284年　ディオクレティアヌスが即位し、専制君主政治を開始する。
296年　（ケルト人の）ガリア帝国が最終的に崩壊する。
306年　コンスタンティウスが死に、息子コンスタンティヌス1世が即位する。
313年　コンスタンティヌスはリキニウスと会見し、ミラノ勅令を発布し、キリスト教を容認する。
330年　コンスタンティヌスは東ローマを創設する。
361年　コンスタンティヌスは死に、子供たちによる共同統治が始まる。
375年　フン族（匈奴の一部とされる）が西へ移動することによって、ゲルマン族全体が西へ、また南へ移動した。
380年　テオドシウス皇帝が正統派キリスト教の信仰のみを承認する。
395年　ローマ帝国が東西に分裂する（テオドシウス帝は、東ローマを長男のアルカディウスに、西ローマを次男のホノリウスに与えた。なおテオドシウスは392年にキリスト教を国教とした）。
415年　ヒスパニア（現在のスペイン）に西ゴート（ゲルマン族）王国が成立する。
443年　ローヌ川上流域にブルグント（ゲルマン族）王国が成立する。
449年　アングル、サクソン（ゲルマン族）がブリタニアに侵入し定住する。
452年　フン族がイタリアに侵入する。
476年　西ローマ帝国が滅亡する（ゲルマン人であった傭兵隊長オドアケルによって）。
481年　フランク（ゲルマン族）のクロヴィスが即位し、メロヴィング朝が成立する。
493年　イタリアの北東部に東ゴート（ゲルマン族）王国が成立する。
502年　東ローマ帝国がペルシアのササン朝と開戦する。
527年　東ローマ帝国ユスティニアヌス1世が即位する。東ローマ帝国は最盛期を迎える。
532年　コンスタンティノープルの人民が反乱する。
534年　ブルグント王国が滅亡し、フランク王国に併合される。
540年　東ローマ帝国がペルシアのササン朝と開戦し、シリア、メソポタミア、アルメニアが征服される。
553年　東ローマ帝国が東ゴート王国を滅ぼす。
638年　東ローマ帝国がサラセン（アフリカのイスラム教徒）人にエルサレムを奪われる。
717〜8年　アラビア人によってコンスタンティノープルが占拠される。これで東ローマが滅亡したわけではない。完全に滅亡したのが1453年である。

以上はローマに関する簡単な年表である。

人物像

　キケロはローマ共和制が最期を迎えようとしている時期の政治家、雄弁家、思想家であった。紀元前44年カエサルがブルートゥスらによって暗殺されたのち、カエサルの甥オクタウィアヌス（後にアウグストゥスと改名する）とカエサルの友人であったアントニウス（カエサルはエジプトのアレクサンドロスの家臣であったプトレマイオス王朝の第7代クレオパトラと結婚し、カエサリオンという一子に恵まれるが、暗殺されたのち、クレオパトラがこのアントニウスと結婚するのであるが、アントニウスがオクタウィアヌスによって滅ぼされる）との間に争いが生じる。キケロはオクタウィアヌスを高く評価し、味方するのであるが、オクタウィアヌスは政治的駆け引きによりキケロを裏切り、アントニウスに売った。キケロは殺害されたのである。なお、キケロの著作に関しては、日本語訳が1999年5月から『キケロー選集』として岩波書店から漸次出版されている。2000年1月末現在で、7・8・9巻の3巻を手に入れることができます。ここで筆者が取り上げる『国家について』（De Re Publica）は紀元前50年代の後半に書かれたといわれている。作品はプラトンの作品と同じように対話形式となっている。キケロはスキピオとか、アフリカヌスという名を借りて自分の考えを語っている。

『国家について』
(De Re Publica)

第一巻

　第7章の終わりに、ギリシアの7賢人（ソロン、タレス、ピッタコス、ビアス、ペリアンドロス、クレオブロス、キロン）は単なる学者ではなく、国政に直接関わったことが説明され、人間の徳は「新しく国を建設すること、あるいはすでに建設された国を守ること」によって神意に近づくとされる。

　これに続いて第8章で、私（キケロ）は、「国家の運営において世人の記憶に値するようにことを成し遂げ、また国政の原則を説明することができる能力を身につけたのであるから」、実務においても、学ぶこと、教えることにおいても自分は「熟達した者」であるとする。

　2つの太陽、つまり日蝕についての対話から、真理、「永遠の意味」を悟る必要性が説かれる。第17章で、「土地や建物や家畜や莫大な金銀が、享受するには取るに足らず、ほとんど役に立つこともなく、確保するには不安」なものであるとし、しかもそれは「忌むべき人間によって無限に所有されている」のを見る。しかしながら、そのような富に眼を向けることなく、それを「財産と呼ばない人は何と幸運な人であるか」といい、自分は富を求める者ではないという。また名誉職、つまり命令権や執政権は追い求めるものではなく、義務を果たすために引き受けるべきものであるとする。従って、キケロのいう国民、いや、人間とはこのような職務を無難に果たす人間のことであり、そのためには「人間性に固有の学術によって磨かれた」学識を必要とするのである。

　第19章では、対話は2つの太陽から飛躍し、2つの元老院、2つの党派に及ぶ。つまりキケロは、1つの国に1つの元老院、1つの党派の方が国政の運営がうまくいくに違いないとする。ここから対話は国政の考察へと展開してゆく。

国は「審議体」によって治められることが必要である。しかしその審議体を構成するのが1人（王政）か、複数（貴族政）か、すべての（民主政）人か、ということで国政の内容が変わる（第26章）。キケロは例として、ペルシア、マッシリア（マルセイユ）、アテナイを挙げている。それぞれの欠陥を次のようにいう。「王政においては、ほかの人々は共同の法および審議から除かれる。また貴族の専制においては、民衆は共同の審議や権限の一切から締め出されているゆえに、自由にあずかることはほとんどできない。またすべての国民によって運営されるとき、たとえその国民が正しく穏健であるにしても、平等そのものは、身分の段階をもたないゆえに不公平である」（27章）。キケロの理想とする国政は3つのいずれでもないことは明らかである。それはどのようなものであろうか。キケロは、「これら3つのものから適度に混ぜ合わされた、いわゆる第4の種類の国家がもっとも是認すべき政体だと考える」（第29章）という。しかしここで対話の相手がさらなる説明を要求する（第30章）。
　スキピオ（キケロ）は説明する。「あらゆる国家は、それを治める者の本性や意思と同じ様相をもつ」ものである。例えば、自由に焦点を当てるならば、王政にはいうまでもなく自由はない。民主政体においてはすべての人が自由であるとするが、国民の権限が公平でなければ、真の意味で自由は存在しない。また選挙された貴族政体においては、選挙人は必ずしも進んで被選挙人を選んでいるわけではないし、また「命令権、公の審議、選ばれた審判人による裁判から排除されているから」自由ではないし、真の意味で「市民は一人もいない」のである（第31章）。キケロは続けていう。王政または貴族政は「国民よりもより豊かになり、より有力になったとき」生成する。キケロによると、民主主義者たちが次のようにいう。「国民が権利を保持するならば、法律、裁判、戦争、平和、盟約、あらゆる者の生命と財産の支配者であるから、より優れた、より自由な、より幸福」であるという。彼らによれば、この国政こそ「国家、つまり国民のもの」と呼ばれ得るものである。確かにこの種の政体においても、「放埓な国民」とか「悪徳の国民」と呼ばれる得る人間は存在するであろう。しかし「国民が一致してすべてを自己の安全と自由に基づいて判断するとき、より不変的であり、より確かで」あり、「同じ物がすべての人の利益になる国

家においては合意がもっとも容易である。」このようなことは元老院のある王政や貴族政のもとでは不可能である（第32章）。しかし民主政にも問題がある。民主政ではすべての人が自由であるからといっても、能力は平等ではない。例えば、船客の中から、舵をとる者を選んで、その人に船の操縦をまかせることができないのである。

　このような民主政に対して、王政、貴族政はどうであろうか。国民が自己を委ねようとして、最善の人々を選び、その人々に従うことを望んだとしても、その最善の政体に関わる者はわずかな人々である。これは一般の国民は誤った判断に基づくことが多い。最善の人とか富める人々は、王、貴族という名に執着し、むしろその名に値しない。他人に「命令する者は、節度を欠くとき恥辱や向こう見ずな傲慢に満ち」ることがあり、また「もっとも富める者が最善の者とみなされる国の姿より醜いもの」はない。しかしながら、徳に優れた者が他人に命令を下し、「彼自身欲望の虜とはならず、市民に教え勧誘するところのものを彼自身所有し、彼自身が従わない法律を国民に課することがない」ならば、1人の王政の方がよいし、2人以上の支配者を必要としない。審議の困難（現実への対応の難しさ）から1人（王）より、多数（貴族）へと、また大衆の無分別（民主）から、少数（貴族）へと、権力は移動する。従ってこの貴族政が最も適性のものである（第34章）。しかしキケロは、あなたはこれら3つの政体の中でどの政体を選ぶかという質問に対して、理想ではないが、王政を選ぶとする。キケロの理想の政体は、「すべてから結合されたものを優れている」と見なすという。3つの政体にはそれぞれ長所があって、つまり「王政は敬愛によって、貴族は思慮によって、国民は自由によって、わたしたちのこころをとらえるので、比較するならどれがもっとも望ましいか選び出すのは困難である」とする（第35章）。以上でキケロの理想とする国政が明らかになった。次に国政の変化が考察される。

　スキピオ（キケロ）は、自分の是認する国政を述べたのであるから、「国家の変化についていっそうくわしく述べる必要がたしかにある」とする。「王が不公正になり始めたとき、その種の国はただちに消滅し、王は、最善の傍らにあるが最悪の種類である僭主となる。もし貴族が彼を失脚させたなら、……国

家は3つのうち第2の政体をもつことになる。それは王政に似るもの、即ち国民に正しい助言を行なう指導者たちによる長老的な審議体である。しかし国民が自分の手によって僭主を殺害し、あるいは追放したならば、それは、分別があり賢明であるかぎり、むしろ穏健であり、……自分の手によって設立した国家を守ることを望むのだ。」しかしこのような変革が思わぬ方向へ行くことが多い。用心しなければならない。キケロはプラトンの『国家』から引用し、自分の言葉で語る。「国民の飽くことを知らぬ喉が自由を求めて渇きを訴え、国民が邪悪な酌人を使って、自由を適当に水と混ぜずにまったく生のまま渇した口で飲み干したとき、彼らは役職者や指導者たちがきわめて優しく寛大で、彼らに惜しみなく自由を与えるのでなければ、これらの者を迫害し、非難し、告発し、権勢者、王、僭主と呼ぶのだ。指導者に従う人々はその国民によって迫害され、自発的な奴隷と呼ばれる。一方、彼らは公職にありながら私人のごとくありたいと欲する者や、私人と公職者とのあいだにいかなる区別もなくそうとする私人を称賛でもち上げ、名誉を授ける。その避け難い結果として、このような国家ではすべてが自由に満ち溢れるので、個人の家はどこであれ主人がいなくなり、この禍いは動物にまで及び、ついには父親は息子を恐れ、息子は父親をなおざりにし、恥を知る心はいっさい失われ、人々はまったく自由となって市民と居留外国人の区別がなくなり、教師は弟子を恐れて追従し、弟子は教師をあなどり、青年は老人の重々しさをわが物となし、他方、老人は彼らに忌み嫌われないようにへりくだって青年の遊戯を行うようになる。そのため、奴隷までがいっそう自由に振舞い、妻は夫と同じ権利を得、さらに犬や馬やついには驢馬までが自由になってまったくわが物顔で歩き回るので、彼らに道を譲らなければならないほどになる。したがってこの果てしない放埒の総計が集められると、市民の心は気難しく変わりやすくなり、ほんの少しの権力が行使されても腹を立ててそれに耐えることができなくなる。そのため彼らは法律をもなおざりにし始めて、まったく主人をもたなくなる」（第43章）。もちろん、これは極端な例であることはキケロも認めている。しかし極端に対立するものはその逆の極端である。要するに、ここでは自由が、国民を自由に隷属させているのである。キケロの説明を続けよう。「こうしてこの最大の自由から僭主

と、あのもっとも不公正でもっとも厳しい隷属が生じる。そのわけはこうである。この放埓な、むしろ残忍な国民の中から、すでに迫害され、地位から追われた支配者にたいするある指揮者がたいていの場合選び出される。彼は大胆で、卑劣で、国家にしばしば功績のあった人を臆面なく迫害し、国民には自分や他人のものをよろこんで与える。彼は私人のままであれば脅威に曝されるので、権力を与えられ、それが更新される。さらに……護衛に守られついに彼を引っ張り上げた人々自身の僭主となる。もし正しい人々がこの僭主を倒したならば、……国は復興する。しかしもし大胆な連中がそうするなら、僭主の別種である党派が生じる。それはさらにあの貴族の優れた政体から生じることも多い。ただし、ある不正が指導者たち自身を道から踏み外させたときであるが。このような国家の政体をあたかも毬のように、王から僭主が、また僭主から指導者たちが、あるいは国民が、これらの者から党派が、あるいは僭主が互いに奪い合い、国家の様式が比較的長いあいだ同一のまま保たれることはけっしてない」（第44章）。キケロによれば、1つの政体を維持することは難しい。制度には完全な制度な存在しないといわれる。特に国の制度となると、周りの国々の制度に応じて、また時代の状況に応じて国の制度を変えなければならないことは事実であろう。

　第一巻の最終に到達した。この最終で、キケロは次のようにいう。祖先が「わたしたちに伝えた国家に比肩できるものはまったくないことをわたしは確認し、信じ、断言する」とし、「その国家が、……どのような性質であるかを、同時にそれが最善であることをわたしは示そう」（第46章）。このようにして考察は第二巻へと移行する。第二巻ではローマの成立が考察される。

第二巻

　少し前に述べたように、西ローマは王政時代、共和政時代、帝政時代と大別される。キケロは共和政時代の末期に活躍した政治家、思想家である。キケロの触れるローマ史は王政時代と共和政時代の初期とに限定されている。王政時代は7人の王がいたといわれる。次のような順序になっている。ロムルス、ヌ

マ・ポンピリウス（ローマの北東のサビニ人）、トゥルス・ホスティリウス、アンクス・マルティウス（ヌマの孫）、タルクイニウス・プリスクス（コリントス人で別名ルキウス・タルクイニウスともいう）、セルウィウス・トゥリウス（ローマの南のラティウム地方の都市コルニクルムの出身）、タルクイニウス・スペルブス（タルクイニウス・プリスクスの一族）と呼ばれる王たちである。

　キケロに従ってローマの王政時代を概観しよう。キケロによれば、老カトーは次のように語っていた。つまりローマはギリシアの諸都市におけるように、「1人の者の才能によってではなく、多くの人々の才能により、また1人の人間の一生涯の間においてではなく、数世紀、数世代にわたって確立された」政体であるから、わが国の政体は優れている。このことを確認するために、スキピオ（キケロ）はカトーの著作『起源』の概要を語るのであるが、プラトンの『国家』のように架空の話ではないことを主張している（第1章）。

　ロムルスがマルスの双子（弟レムス）として生まれたとき、アルバの王アムリウスが不吉な前兆と見なし、ティベリウ河のほとりに捨てるよう命じた。ロムルスとレムスは狼に乳をもらったが、羊飼いに育てられ、青年になり、その素質のゆえ、人々は彼に進んで従った。彼は指揮官となり、当時堅固であった都市アルバ・ロンガを征服し、アムリウス王を殺害した（第2章）。

　ロムルスは都を建設することにしたが、海の面したところには建設しなかった。その理由として次のことが考えられる。「海に面した都市は多くの危険のみならず、予見し難い危険に曝される」が、陸からの攻撃は前兆を示し、敵か味方か、その規模を把握できる。この意味で彼の都市の建設は適切であった（第3章）。

　さらに海に面した都市は、他国の商品や習慣が輸入されるので、退廃と変化が生じるのは避けがたい。またギリシアの植民地の多くが海の波で洗われたことを考えると都市は海に面しない方がよい。もちろん、臨海都市には長所もある。なぜならば、「世界中いたるところに生じたものはあなたの住んでいる都市に海路でもたらされ」、またその逆も成り立つからである（第4章）。

　ロムルスは、「年中一定の流量を保ち、海の中へ広い帯となって注いでいる

河岸に都をさだめた。」ここは四面の切り立った岩によって守られ、入り口は防護壁で守られており、泉があり、風通しがよく、健康によい土地で、いくつかの丘がある（第5・6章）。

ロムルスは、すみやかに都市を建設し、自分の名にちなんでローマと名付けた。農耕神コンススのための祭りコンスアリア祭りのとき、競技を見るためにやってきた素性の正しいサビニ人の娘たちを掠奪し、有力な家の嫁とした。サビニ人とローマ人の間に戦争が生じたが、サビニ人の娘たちが仲介し、サビニ人たちをローマに受け入れ、王国を共同で統治した（第7章）。

ロムルスは、長老たちの権威と審議を重んじて（第8章）、戦利品を自分のものとはせず、市民を富ませた（第9章）。彼は元老院を開設し、37年間統治し、死後は神とされた。しかしこれは当時のことであって、現在のように学問が行われているので、誤りはすべて取り除かれている（第10章）。

ロムルスの死後、長老たちの元老院は王なしで統治しようとしたが、国民はロムルスを慕い納得しなかった（第12章）。そこで元老院は王に相応しい徳と知恵を持ったヌマ・ポンピリウスを王として選んだ。彼はクレース（サビニ人の都市）からローマへと招聘されたのであった。彼は自分の命令が民会（クリア）で承認された後効力を有すべきであるとする法律を作った。彼はローマ人が好戦的であるとして、その習慣を少し引き戻そうとした（第13章）。ヌマ・ポンピリウスは、初めに「ロムルスが獲得した土地を市民1人1人に分配し、掠奪や戦利品によらずとも、土地の耕作によってあらゆる便宜を満喫できることを教え、平穏と平和に対する愛を起こさせた。」また他方では、宗教的儀式を厳しく守らせたが、費用を節約し、市場や競技、大勢の人々が集まる機会を作った。こうして彼は、「野獣のように狂暴であった人々の心を人情と従順へと引き戻した。」彼は39年間このようにしてローマを統治した。彼は「国家の永続のためにもっとも著しく寄与する2つの事柄、宗教と寛容を確立した」（第14章）。

キケロは、ここでローマが偶然ではなく、思慮と陶冶によって確立されたとする（第16章）。ヌマ・ポンピリウスの死後、国民は民会においてトゥルス・ホスティリウスを第3代の王として選んだ。彼はヌマ・ポンピリウスと同じよ

うに、民会の意見を聞いた。彼は誉れが高く、軍事的業績は偉大であった。彼は集会所と元老院の建物を造り、また戦争の布告のための法律を作った。彼は市民の意向を重んじ、「国民の命令なしには王の標章すら用いようとはしなかった」(第17章)。

トゥルス・ホスティリウスの死後、国民はヌマ・ポンピリウスの外孫アンクス・マルキウスを第4代目の王として選んだ。「彼はラティニ人を戦争によって征服したあと、彼らを国の中に受け入れた。彼はまたアウェンティヌスとカエリウスの丘を都に合併し、その征服した土地を配分した。また彼が獲得した、海岸に沿った森をすべて公の財産となし、ティベリス河の河口に都市を建設して植民によって固めた。そして彼はこのように23年間統治したあと世を去った」(第18章)。

この頃になるとローマにギリシアから学問や学術が大量に入り込んできた。言い伝えによると、コリントスにデマラトスという人がいて、僭主のキュプセロスに我慢ができず、エトルリアの都市タルクイニイに行った。彼はタルクイニイ市民として受け入れられ(第19章)、その後、アンクス・マルキウスと友好を結び、やがて審議に参加するようになり、アンクスの死後、国民の投票によって第5番目の王に選ばれた。彼(ルキウス・タルクイニウス)はまず元老院の数を2倍にした。長老たちを「大貴族元老院議員」と呼び、彼が選んだ者を「小貴族元老院議員」と呼んだ。次に彼は騎士の数を2倍にした。そのことによって、ローマを脅かすアエクイ人(ローマ東方の山地に住んでいた好戦的な民族)を屈服させ、またサビニ人を征服した。「彼は最初にローマーニと呼ばれるきわめて盛大な競技を催し、またサビニ人との戦争において戦闘の最中にカピトリウムの丘に神殿を建てることを至善至高のユピテル神に誓約した。そして38年間統治したあと、彼は世を去った」(第20章)。

ルキウス・タルクイニウスの死後、セルウィウス・トゥリウスが王となったのであるが、彼は国民によって選ばれたのではない。というのは、ルキウス・タルクイニウスはアンクスの息子たちによって暗殺され、セルウィウス・トゥリウスはそれを公表せず、ルキウス・タルクイニウスが生きているかのように命令を出したのであった。ルキウス・タルクイニウスはセルウィウス・トゥリ

ウスを自分の息子のごとく愛し、この上ない熱心さで彼を教育したのであった。ルキウス・タルクイニウスの葬儀後に第6代目の王に承認されたのである（第21章）。「彼は投票が民衆ではなく富裕な者の支配下に置かれるようにこれらの階級を区別し、……最大多数の者が最大の勢力をもたないように配慮した」（第22章）。簡単にいえば、王政、貴族政、民主政が適当に混じり合い、国家が最善の状態で構成されるようにしたのであった。「3つの政体を合わせたものは、わが国とこれらの国民に共通であった。……より優れたものは他には存在しない。その特色についてより正確に追求することにしよう」（第23章）。

　キケロは第7代目の王タルクイニウス・スペルブスが、どのようにして王となったかということに関しては触れていない。ただ彼は不正で苛酷な支配者であったとする。ただし彼は幸運によって、ラティウムを征服し、その他の戦争で勝利し、莫大な戦利品を獲得し、父親ルキウス・タルクイニウスとの約束、つまりカピトリウムの建設を果たしたのであった（第24章）。しかし彼は傲慢であり、また息子たちも不正な者であったため市民によって国外退去を命じられたのである（第25章）。即ち、第7代目の王タルクイニウス・スペルブス王は僭主であったのである。ロムルスの優れた政体は、およそ240年間存続したのであるが、ここで終焉を迎えるのであった。

　以上がローマの王政時代に関するキケロまたはカトーによる概観である。続いて共和政が概観される。

　第31章で、共和政時代のいくつかの特色が考察されている。例えば、「いかなる政務官も上訴を無視してローマ市民を死刑や笞刑に処する」ことが禁止されたこと。神祇官の記録は王に対してさえ上訴が認められたこと。さらに12表法は、刑罰や判決について上訴ができるとしていることなどが考察されている。

　キケロ（カトー）は、第32章で王政、貴族政、民主政の混合がしたローマの政体を次のように論じている。「こうして元老院（前にも触れたが、ロムルスが設立したものである）は、その時代において国家を次の状態に保った。即ち、自由な国民のもとにおいてわずかの事柄が国民によって、ほとんどが元老院の権威と制度と慣習によって実行された。また執政官は、期間では1年限り

の、しかし性格および権利自体において王のごとき権限をもった。また高貴な者の権能を維持するためにまさにもっとも大切なこと、つまり貴族元老院議員の権威（元老院最終決議によって執政官に絶対的権限を与えるという）がそれを是認しないかぎり民会（ケントゥリア、クリア、トリプスの3種あった）は法的に認められないという方針が厳守された。また同じ頃、最初の執政官から10年後に、さらに独裁官（半年間最高の権限をもってその任務、特に軍事的任務に携わる）の制度が定められ、ティトゥス・ラルキウス（紀元前501年に独裁官に任命された）がそれに任命された。それは新しい種類の命令権とされ、王政にもっとも似るとみなされた。しかしすべては、国民の同意により、指導者たちの最高の権威のもとに置かれた。またその時代に独裁官または執政官として最高の命令権をそなえた、きわめて勇敢な人々は赫々たる武功をあげた。」
この第32章は、王政、貴族政、民主政の混合であり、ギリシアには、いや、今まで知られる限りでは、最上の政体であるとキケロはいう。ローマは、プラトンにおけるように架空の国家ではなく、現実の国家である。キケロはここで触れていないが、ローマには「護民官」という役人がいた。この護民官は平民の身分と財産を守ることが任務であった。以上のことを考え合わせると、キケロのいうように、ローマの共和政体は優れたものあったということができる。以後、キケロは第44章まで、対話を続けるが、ここの箇所ほどの内容のあることは述べていないので省略して第三巻へ移行することにする。第三巻では国家統治のための「最高の正義」が考察される。

第三巻

国家を統治するためには、法律が必要である。しかしその法律は、必ずしも徳に基づいているとは限らない。むしろ法律は「わたしたちの正義によってではなく、刑罰によって是認される」（第11章）ことが多い。というのは国家政体はそれを統治する人間に基づいているからである。スキピオの対話の相手ピルスは、「人間が人間を、階級が階級を恐れるとき、誰も自己を頼ることができないので、一種の協定が国民と権力者のあいだに結ばれます。……、国の混

合体というものが生じるのです」(第13章)。協定を作るには、知恵と正義が必要である。ピルスは続けて次のようにいう。「知恵はあなたに勢力を増やし、富を積み重ね、境界を広げるように命じます。……、さらに知恵は、できるだけ多数の者に命令し、快楽を味わい、力に溢れ、統治し、支配するように命じます。他方、正義はすべての者をいたわり、人類のためをはかり、各人に当然受けるべきものを与え、神聖なもの、公共のもの、他人のものに手を触れないように教えます。」(第15章)。このように、ピルスによれば、知恵と正義とは対立するものである。例えば、次のようなことが生じるのではないだろうか。「国が誤ってその正しい者を邪悪で放逸で非道とみなし、反対にもっとも不正な者を最高の正直と誠実をそなえている」と見なし、「正しい者が迫害され」、「反対にその不正な者が称賛され、尊敬される」ということが生じるのではないか(第17章)。この問いにもう1人の対話の相手であるラエリウスは次のようにいう。「真の法律とは正しい理性であり、自然と一致し、すべての人にあまねく及び、永久不変である。それは命ずることにより、義務へ召喚し、禁ずることにより罪から遠ざける。しかし、それは正しい者に命じ、あるいは禁じるとき無駄に終わることはないが、不正な者を命じることはまた禁じることによって動かせない。この法律を廃止することは正当ではなく、……。また法律はローマとアテナイにおいて互いに異なることも、現在と未来においても……拘束するだろう。……ただ1人の支配者、指揮官である神は存在する。……、彼がこの法の創始者、審判者、提案者である」(第22章)。このようにラエリウスは理性の普遍性、正義の根拠として神を挙げる。議論は続けられるが、それほど深く考察されるわけではない。というのは、ここでスキピオ(キケロ)は、議論が議論を招き、空論になりかねないとして、また国家は国民のものであるから、現実の国家から逸れてはいけないとし、議論を元に戻す(第31章)のである。正義は十分に定義づけられない。おそらくキケロはプラトンを意識したのであろう。キケロは第35章で、次のように述べることによって、第三巻を終える。「彼らはみなあるときは平民、あるときは元老院議員であり、交替を決めて数か月のあいだ元老院議員の義務を果たしていた。さらに彼らは両方の資格で会議出席の手当てを受け取り、また劇場においても元老院において

も同じ人々が死刑あるいは市民権掠奪にかんする裁判において、またそのほかあらゆる事柄について決定を下した。元老院は民衆と同じ権限をもっていた。」キケロによれば、政治的正義はこの引用文に含まれているのであろう。つまり、正義は、プラトンにおけるように、空論に含まれているのではなく、現実の政治に含まれているのである。

第四巻

ここでは国家の目的、つまり国民の幸福で正しい生活は、一部は制度によって、他は法律によって実現される必要があることがいわれ（第3章）、またプラトンの教育論（第4章）が批判されている以外には特にない。

第五巻

第四巻の第10章で、「わたくしたちは詩人の才能ではなく、政務官の判決や法律に基づく決定のもとに置かれた生活をもつべきである」として、国は慣習と人によって成り立つべきであるとする。キケロによると、ローマは「祖父の慣習そのものが優れた人々を用い、卓越した人が昔の慣習と祖先の制度を保持」したために「かくも広遠に支配する国家」となり、「長く維持」できたのである。しかし現在のローマにとって、「慣習そのものが人物の欠乏によって滅びている」、つまり「名目上は国家を維持しているものの、実際はずっと以前に失っているのである」（第1章）。それでは国の統治者、指導者はどのような者でなければならないだろうか。まず「法を理解するように努めなければならない」し、「最高の法にもっとも造詣の深い者として」、「国家をいわば財産のように管理する」（第3章）者でなければならない。「この国の指揮官にとっては市民の幸福な生活、即ち資力において固められ、財産において富み、栄光において偉大で、徳において誉れある生活が目標」（第6章）とされていなければならない。従って指揮官は、「栄光によって養われ」なければならないし、実際、「祖先は栄光を熱望したため驚嘆すべき多くのことを行った」し、指導者

に「すべての者から名誉が与えられるかぎり、国家は存続する」（第7章）であろう。キケロは第五巻でこのように人間の大切さを論じているが、しかし十分であると思われない。

第六巻

スキピオ（小アフリカヌス）が、アフリカに渡ったとき、執政官マニウス・マニリウスに出会った。この男はスキピオに会ったことに感激し、もっぱらスキピオの父大アフリカヌスのことだけを語った。その夜、スキピオの夢に父大アフリカヌスが現れて、語りかけるのである。

「アフリカヌスよ、おまえは勇気と才能と思慮の光を祖国のために捧げなければならなだろう」（第12章）。

「アフリカヌスよ、おまえが国家を守ることにいっそう熱心となるために、……、祖国を守り、助け、また興隆した者が、というのは天界においては場所が特定されているのであるから、その場所で永遠の生を享受できるように、心がけなさい」（第13章）。

「もしその神が、……身体の牢獄からおまえを解放したときでなければ、ここ［天界］の入り口はおまえのために開くことはない。……地球と呼ばれるあの天球を守るという掟のもとに生まれたきたのであり、……、魂を身体の牢獄のうちに止めて置くべきであり、また神によって課せられた人間の義務を避けたいと思われないために、おまえたちに魂を与えた者の命令によらずに人間の生から立ち去ってはならないのだ」（第15章）。

「スキピオよ、このおまえの祖父のごとく、おまえを生んだわたしのごとく、正義と義務を重んじるように。それは親や近親者にたいしても大切であるが、とくに祖国にたいして何にもまして重要である。そのような人生が天界へ、そしてすでに生を終えて身体から開放されてあの場所、おまえが見ている場所に住む人々の集まりへと導く道なのだ。……それをおまえたちはギリシア人から学んで乳の環［銀河］と呼んでいる」（第16章）。

「おまえはたしかに努力するように。そして死すべきものはおまえではなく、

この身体であることを心得るように。じじつ、その形が表すものはおまえではなく、各人の精神こそ各人である。指で指し示すことのできる姿ではないのだ。したがって、おまえは神であると理解すべきだ。もし生命力をもち、感じ、記憶し、予見し、ちょうど最高の神がこの宇宙に君臨するようにその監督する身体を支配し、統治し、動かす者が神であるならば。そして、不死なる神みずからが一部は死すべきものである宇宙を動かすように、不滅の魂が脆い身体を動かすのだ」（第24章）。

「つねに動くものは永遠である。しかし、あるものを動かしながらそれ自身のためのものによって駆り立てられるものは、動くのをやめるとき生をやめることが必然である。したがって、みずから自己を動かすもののみが、自己からけっして見放されぬゆえに、けっして動くことをやめない。そればかりか、他の動かされるものにとって、これが動くことの源泉であり、これがその始原である」（第25章）。

「みずから自己を動かすものは永遠であることが明らかになったいま、この性質が魂に付与されていることをだれが否定するだろうか。なぜならば、外からの衝動によって駆り立てられるものはすべて魂のないものであり、他方、魂をもつものは内からの、それ自身の動きによって動かされるものだからである」（第26章）。

以上の引用文からは、政治は現実であるとしたキケロの姿が消滅し、それにかわって形而上学的側面が顕現していることが理解される。プラトンの魂やアリストテレスの不動の動者が想起されるが、ここでは考察しないことにしよう。

祖国のために尽くすことは魂が救われることであるとするが、これはあくまでもローマという国家に尽くすということである。キケロの思想が後のローマの政治にどれほどの影響を与えたか分からないが、西ローマは紀元後476年まで続いたのである。

第4部

ニッコロ・マキアヴェリ
(Nicclo Machiavelli　1469〜1527)

次に、マキアヴェリの『君主論』を考察するが、マキアヴェリが関係したイタリアとはフィレンツェであり、メディチ家である。ここでフィレンツェとメディチ家との関係を簡単な歴史年表にすると次のようになる。

1115年　フィレンツェが自治都市として成立する。
1342年　フィレンツェが経済的な危機に陥る。
1343年　フィレンツェ市民が蜂起してアテナイの独裁政権を打倒する。
1378年　フィレンツェでチョンピが反乱する。
1389年　メディチ家にコジモ・デ・メディチが生まれる。
1393年　ジョヴァンニ・デ・メディチが独立して銀行を開業する。
1406年　フィレンツェ共和国がピサとリヴォルノを攻略し、服従させる。
1413年　メディチ銀行は教皇庁の両替業務を独占する。
1424年　ジョヴァンニ・デ・メディチが大使としてヴェネツィアに行く。
1429年　フィレンツェ共和国とルッカ共和国との戦争が始まる。ジョヴァンニ・デ・メディチが没する。
1433年　フィレンツェ共和国とルッカ共和国との戦争が終わる。コジモ・デ・メディチが逮捕され、追放される。
1434年　フィレンツェ政府の多数派をメディチ党が握る。コジモ・デ・メディチがフィレンツェに戻り、共和国の権力を掌握する。
1440年　アンギアーリの戦いで、フィレンツェはミラノ軍を破る。
1449年　ロレンツォ・デ・メディチが生まれる。
1451年　フィレンツェとミラノとの友好条約が成立する。
1455年　フィレンツェ、ミラノ、ローマ、ナポリ、ヴェネツィア5ヶ国の協定が成立する。
1464年　コジモ・デ・メディチが没する。
1469年　ピエロ・デ・メディチが没する。ロレンツォ・デ・メディチが当主となる。
1492年　ロレンツォ・デ・メディチが没する。
1494年　ピサがフィレンツェから独立する。メディチ家がフィレンツェから追放される。サヴォナローラの指導で神政的共和政治が始まる。
1498年　サヴォナローラが処刑される。ニッコロ・マキアヴェリがフィレンツェ共和国書記官長に就任する。
1509年　フィレンツェ軍がピサを攻略し、奪回する。
1512年　メディチ家がフィレンツェに復帰し支配者となる。
1513年　ジョヴァンニ・デ・メディチ2世の枢機卿が教皇に選ばれてレオ10世となる。

	マキアヴェリが『君主論』を著す。
1527年	フィレンツェ市民が蜂起する、メディチ家を追放し、民主共和制度を回復する。マキアヴェリが没する。
1530年	スペイン軍がフィレンツェを攻撃する。メディチ家がトスカナ公として復帰する。
1537年	トスカナ公のアレッサンドロ・デ・メディチが暗殺される。コジモ・デ・メディチ（コジモ2世）が公位を継ぐ。
1569年	コジモ・デ・メディチが大公となる。
1670年	トスカナ大公フェルデナント2世が没する。ゴジモ3世が後を継ぐ。

　イタリアルネサンスは、ドイツ・フランスに比較するならば、その比較を絶したものであった。その代表的なものとして、絵画、彫刻、建築物などに表れている。建築物として、ローマのサン・ピエトロ、ヴェネツィアのサン・マルコ、フィレンツェのサンタマリア・デル・フィオーレが挙げられる。イタリアルネサンスは、本当に人間復活であったかどうかは疑問である。フィレンツェを支配したのが、また支配しようとしたのがメディチ家であった。そのルネサンスに反対したのがサヴォナローラであった。サヴォナローラからすれば、ルネサンスとは、人間の堕落、つまり感性的欲望だけが顕現した時代であり、宗教的威厳が消滅した時代であった。そのイタリアにとって、ローマに教皇庁があることは、良かったのか、悪かったのか、簡単に判断できない。なぜならば、イタリアは、教皇庁が存在するために、より具体的にいえば、教皇庁が反対したため、1861年まで、統一国家を達成することができなかったからである。

人物像

　ニッコロ・マキアヴェリは1469年フィレンツェに、父ベルナルト・マキアヴェリ、母ベルトロメア・デ・ネーリの間の長男として生まれた。彼の家柄はトスカナ地方の貴族であったが、後にフィレンツェに移り住んだ。母方もトスカナの名門であった。マキアヴェリの幼年時代のことは、詳細には不明である

が、ローマの古典を読み耽っていたようである。マキアヴェリは1498年29歳でフィレンツェ政庁に就職した。外交と軍事関係の仕事をし、イタリアの諸都市、フランス、ドイツ、スイスと派遣されること15年間にわたる。1505年傭兵軍を廃止し、国民軍を創設するように政庁に進言するが、受け入れられない。1512年11月免職され、翌年反メディチ家の陰謀に加担したということで投獄されたが、メディチ家出身の教皇レオ10世の即位による恩赦によって釈放される。その後、山荘に閉じこもって著作活動をする。ここで創作されたのが、『君主論』であり『政略論』である。この2つの作品の他に、『戦術論』『フィレンツェ史』があり、喜劇作品として『マンドラーゴラ』『黄金のろば』『ベルファゴール』などがある。1526年フィレンツェの城壁防衛委員長に任じられる。1527年フィレンツェで反メディチ暴動が起こり、共和国となる。その年の6月この世を去る。

『君主論』
(Il Principe)

この作品はロレンツォ・デ・メディチに捧げられた。

第1章　君主国にはどのような種類があるか、またそれはどのような手段で獲得されているか

現在の国制は共和国か君主国かである。君主国は世襲君主国か新生君主国かである。新生君主国はミラノとナポリ王国があるが、後者は1人の君主が世襲の国を拡大したものである。国を獲得する方法は、他国の武力による場合と、自分の武力による場合がある。

第2章　世襲の君主国について

　世襲君主国は国の維持という点においては新生君主国に勝る。なぜならば先祖が行った方策を守り、不意の出来事に適切に対処するだけで制度を維持できるからである。世襲君主国においては民衆をしいたげる動機や必要性があまりないし、特別なことがない限り領民から好感を持たれる。

第3章　複合型の君主国について

　新生君主国の中で、新旧の国土を有する複合型君主国を考察する。新君主国においては、民衆は思い違いをしてますます良くなるであろうと考えるのであるが、実際は以前よりも悪くなったことを経験する。というのは新しい君主はやむを得ず民衆を傷つけ、民衆を敵にすることがあるからである。しかしまた強力な軍事力を持つ君主であっても、他国を侵略するとき、その地の民衆の支援を必要とする。例としては、フランス王ルイ12世のミラノ征服の失敗が挙げられる。また風習などが似ている場合、その国を征服する君主は、前の君主の血統を根絶し、法律や税制を容認することである。他方、言語も風習も制度も異なる地域の領土を手に入れる場合は、多種多様の困難があり、維持するためには幸運と努力を必要とする。この場合、最良の方策の1つは、征服者がその地に住むことである。例として、トルコのムハンマド2世（1430～1481）が、1453年に東ローマ帝国を滅ぼしコンスタンティノポリス（コンスタンティノープル＝現在のイスタンブール）をイスラム教国の首都として、彼自身そこに移り住んだことが挙げられている。次の方策として、征服地に多くの騎兵隊と歩兵隊を、できるならば屯田兵を派遣することである。これはローマの賢明な君主なら誰でも当然なこととして行ってきたことである。

第4章　アレクサンドロスが占領したダレイオス3世王国（アケメネス朝ペルシア）では、アレクサンドロスの死後、なぜ大王の後継者に対する謀反が起きなかったのか

　君主国の統治には2種類ある。1つはトルコにおける型で、1人の君主とその臣下からなる統治である。もう1つはフランスにおける型で、1人の君主と封建諸侯からなる統治である。前者においては君主は大きな権力を持ち、民衆たちは君主の臣下に対してさえ服従し特別な親愛感を持つことはない。しかし後者においては封建諸侯は各々が自分の領地と領民を持ち、領民は諸侯に特別な親愛感を持つことはあっても、君主に対しては特別な感情を持つことはないのである。
　アレクサンドロスがダレイオス王と全面的に衝突し、王が戦死した後領地を占領したが、アレクサンドロスの政治は安泰であった。またアレクサンドロスの後継者たちの間で内輪もめ程度のものがあったが、その政治は安定したものであった。

第5章　占領される前に、市民の自治制をとってきた都市や国は、どのように統治されるべきか

　民衆が自由な生活を送ってきた政体の国を統治しようとする場合の方法は3つある。第1は都市を滅亡させること。第2は君主自身が移り住むこと。第3は住民には元の法律で暮らすことを認め、税金を徴収し、寡頭制の国制を取り入れること。第2番の例は先に挙げた。第1の例は、ローマがカプア、カルタゴ、アマンティアなどでその国を滅ぼした。第2の例はスパルタ人がアテナイやテーバイを統治するとき、「30人制」という寡頭制を取り入れた。自由な生活を享受した民衆を統治することは難しい。例えば、100年前からフィレンツェ共和国の支配下にあったピサでもしばしば事件があった。君主の一族が絶えている国の民衆は、服従に慣れ、自由な生活もできず、武器をとって立ち向か

うこともないので統治しやすい。しかし共和国の民衆はより活発であり、憎悪、復讐の感情を捨てることなく、自由を忘れることがないから、統治するためには民衆を抹殺するのが一番よい。または君主が移住するかである。

第6章　自分の武力と力量とで手に入れた新君主国について

　マキアヴェリは運でなく、自分自身の力量によって君主となった人として、モーゼ（ユダヤの預言者）、キュロス、ロムルス、テセウス（ギリシア神話に出てくるアテナイの王）の4人を挙げているが、政治史上、実在した人物はキュロスだけである。キュロス2世（紀元前558～528）は古代ペルシア帝国の王であり、メディア（イランのテヘランの西部地域）、リュディア（トルコのアナトリア半島のエーゲ海を臨む地域、つまり小アジア）、新バビロニアを滅ぼして、ユダヤ人を解放し（ユダヤ人はエジプトを出国してカナンの地に王国を建設した。ダビデとソロモンを指導者としたときは最も栄えていた。ソロモンの死後、北のイスラエルと南のユダに分裂し、北のイスラエルは、メソポタミアの北にあった王国アッシリアの王センナカリブに滅ぼされ、南のユダはメソポタミアの中部の新バビロニア王国の王ネブカドザネルに滅ぼされ、ユダヤ人はバビロニアへ捕虜として連れて行かれていた）、エジプトを除く全オリエントを征服した人物である。自分の力量で君主になった者にとっては、国の征服は難しいが、維持することはやさしい。新秩序を持ち込むことは難しく、成功はおぼつかない。なぜならば常に恐怖感、猜疑心を伴うからである。この意味で君主は他人の援助を頼まず、自分の力のみで実行した場合は窮地に陥ることは少ない。危険を克服し、尊敬されるようになり、また、嫉みを抱く人々を滅ぼしてしまえば、勢力は強くなり、安定し、名誉に浴し、繁栄を見ることができる。このような君主としてシュラクサイのヒエロン王（紀元前265頃～215年　善政を行ったといわれている）がいた。

第7章　他人の武力または運によって手に入れた新君主国について

　現代（16世紀）では自分の力量で君主になった人としてはミラノ公になったフランチェスコ・スフォルツァがいる。他方、運によって君主となった人としてチェーザレ・ボルジア（ヴァレンティーノ公と呼ばれている）がいる。チェーザレ・ボルジア（1475〜1507）は1492年にヴァレンシアの大司教となり、1493年には枢機卿（教会の組織は上から枢機卿・司教・祭司・助祭の階級になっている）となったが、権勢欲が強く、世俗的名誉を求めてフランスのヴァレンティーノ公となり、ロマーニァ地方を征服して、ロマーニァ公となった。さらに中部イタリアに王国を作ろうとして、ウルビーノ、カメリーノなどを占拠した。そのためイタリアにおける教会領は、すべて彼の勢力下に収まる状態となった。しかし教皇アレクサンデルの死によって、彼の事業は挫折した。

　このようにチェーザレ・ボルジアは、父の運に恵まれて国を獲得したが、またその運に見離されて国を失った。マキアヴェリはボルジアに好意を示して次のようにいう。「ボルジアの場合は、思慮あり力量ある男としてやるべきこと、即ち、第三者の武力と運に恵まれて譲られた国において、しっかり自分の根をおろすためにやらなければならないことはすべて行い、努力を尽くしたのであった。」

第8章　非道によって君主の地位に就いた人々について

　一市民が、運とか力量に関係なく、君主になるには2つの方法がある。1つは非道で冒涜的な手段で君主の地位に就く場合と、もう1つは仲間の市民たちの支援のもとでその国の君主の地位に就く場合である。前者には古いものと、新しいものがある。

　古い例として、シケリア（シシリー）のアガトクレス（シュラクサイ僭主紀元前361〜289）は1人の市民の立場から、しかも低い身分からシュラクサイの

王となった。彼は一生非道な生き方をした。気概があったため軍隊に入り、軍司令官にまでなった。彼はこの地位を利用し、誰の援助もかりず、暴力によって掌握しようと画策した。カルタゴのハミルカルと通じ、その計画を了解させ、シケリアを攻撃させた。アガトクレスは国政に関する重要な審議をしたいとしてシュラクサイの市民と元老を召集し、元老議員と裕福な人々を残らず殺戮し、その後、町を占拠し君主の地位についた。

　新しい例として、教皇アレクサンデル6世が統治しているとき、フェルモのオリヴェロットという人がいた。彼は幼くして父をなくし、軍人の伯父に育てられ軍人となり、第一人者となるが、それには満足せず、フェルモを占領することを計画し、いろいろ画策し、フェルモの市民に取り入り、後に伯父や市民を虐殺し、また自分に逆らう市民は悉く殺戮した。しかし彼は1502年ボルジアの奸計にかかり処刑された。

　残酷さは権力を獲得するための、また統治するための手段であるから、上手に使うか下手に使うかによって結果に差異が生じる。上述のアガトクレスの方法は、自分の立場を護るために一度は使用したが、それに執着せず臣下に役立つ方法に転換した。その結果、神と民衆の助けを得て、自国を維持するために適切な対策を講じた。これに対してオリヴェロットの方法は残酷さを下手に使用した例である。

第9章　市民型の君主国について

　民衆の支持によって君主になる場合と、貴族の支持によって君主になる場合がある。なぜならば民衆が貴族から命令されたり抑圧されることを嫌い、貴族が民衆を抑えようとする場合があるからである。この結果、君主制、共和制、無政府状態が生じる。

　貴族から支持され君主になると、君主と対等であると思う貴族が多くいることから、地位の維持が難しい。他方、民衆から支持を受けて君主になった場合、独立した立場にあり、周辺の人々は服従する。君主が民衆を敵にしないようにしなければならない。なぜならば民衆は多数であり、貴族は少数であるからだ。

君主はいつでも民衆を味方にしておかなければならない。例えば、スパルタのナビス（紀元前206〜192在位）は、ギリシアの全軍と常勝のローマ軍の包囲攻撃によく耐えて、祖国とその領土を護ったのであるが、もし民衆を敵にまわしていたならば、自分の命を失っていたであろう。

君主が民衆に土台を置き、しかも指導的立場にあり、決断力を持ち、逆境にあっても取り乱すことなく、すべての準備を怠ることなく、かつまた民衆の支持を勇気と規律をもてしっかり掴んでいるならば、決して民衆に欺かれることはない。

第10章　君主国の国力について

ここで君主国を別の観点から考察する。つまり君主がある出来事に自己の力で対処できるか、それとも第三者の援助を必要とするのか、ということである。自力で対処できる君主とは豊富な人的資源や財力によって十分な軍隊を組織し、如何なる侵略者に対しても野戦をいどむことができる君主のことである。これに対して後者の君主は野に出て敵と対峙することができず、籠城し、敵を迎え打たなければならないような君主である。前者は問題がない。後者のためにマキアヴェリは次のことを助言する。君主自身の城市の防備を堅固にして、必需品を備えること、城外の領地を無視すること、さらには民衆から嫌われていないように見せることである。例えば、ドイツの諸都市は極めて自由であり、市外の領地も少なく、皇帝にも無条件に従うこともなく、近隣の有力君主を恐れることもない。また諸都市は堅固な城塞で固められていて、誰の目にも攻略が容易でないことがわかる。これらの都市にはその外にも様々な事柄にも対応できるように、すべての民衆のための備品を備蓄してある。

マキアヴェリによれば、人間はその本性上恩恵を受けても、また恩恵をほどこしても義理を感じるものである。城攻めにあったとき、食料や水にこと欠かず、防備も十分であるならば、民衆の気持ちを終始しっかり掴むことができるのである。

第11章　教会国家について

　教会国家は宗教に基づいた極めて強力で、特色のある古い制度に支えられているから君主がどんな態度で生活しようと、また活動しようと、国は維持される。ここの君主は防衛を必要としない国土を持ち、また臣民を統治する必要もない。なぜならば国土は奪い取られることもなく、臣民がそむくこともないし、その力もないからである。このような君主は安泰しており、幸せである。

　例えば、ユリウス教皇が就任したときは、ローマは隆盛していた。ユリウス教皇2世は1506年ボローニャを手に入れ、またロマーニャ地方全部を手に入れ、1508年のカンブレイ同盟でヴェネツィアをたたき、1511年神聖同盟でフランス軍を駆逐し、またローマの封建貴族たちの力をそいだ。教会国家とは簡単にいえば、教皇の所有地である。マキアヴェリの叙述を見る限りでは、教会国家には好意を持っていなかったように思われる。

　以上がマキアヴェリの『君主論』における君主国の考察であるが、官僚としてのマキアヴェリの個性が発揮されるのが、むしろこの後にある。そこでは軍隊の種類として、傭兵、外国援軍、混成軍、自国軍、軍に関わる君主の任務、君主の心得、城塞、秘書官、追従者の扱い方などが述べられる。いずれにせよその内容は政治思想というよりも政治家の処世術である。もしそうでないとすれば、愛国者としてのマキアヴェリがイタリアを、否、フィレンツェを外国の勢力から独立させるための諸君主のあるべき姿を述べたものであるということができる。そうすれば、第24章へとつながる。

第24章　イタリアの君主たちは、どのような理由で領地を失ったか

　例えば、現代のイタリアにおいて、ナポリ王（アラゴン家のフレデリック。スペイン王フェルナンドとフランス王ルイ12世の同盟軍により1503年、ナポリ王国を失う）と、ミラノ公（ルドヴィーコ・イル・モーロ。ルイ12世によ

り、1449年、君主の地位を失う）が国を失った理由を考察しよう。

第1に、軍事面において共通の欠陥があったこと、つまり軍事は傭兵に依存していたことである。

第2に、ある君主が民衆を敵にまわしたこと、またある者は民衆を味方につけて、貴族を封じ込めることができなかったことが挙げられる。この2つができていたならば、国を失うことがなかったであろうとマキアヴェリはいう。

そのマキアヴェリが『君主論』の最後で、イタリアを外国の勢力からの解放を説く。

モーゼの力量を知るためには、イスラエルの民がエジプトで奴隷である必要があったし（紀元前19～17世紀にアブラハムはユダヤ人を連れてウルを後にする。アブラハムはユーフラテス川に沿って北上し、ハランで地中海に沿って南西に方向をとった。現在のヨルダン川〔ガリラヤ湖から死海に注ぐ〕の西カナンに向かった。その地でヤコブ〔アブラハムの孫、父はイサク〕の子ヨセフが奴隷となり、エジプトに売られ、後にヨセフが父や兄弟をエジプトに招いた。しかし、その地ではユダヤ人は奴隷以上になれなかった。13世紀の中頃、モーゼ〔エジプト人であったといわれる〕に引き連れられて、エジプトを脱出した。紀元前13世紀の後半カナンの地に定着する）、またキュロス王の偉大さを知るためには、ペルシア人がメディアで支配されている必要があったし、テセウスの卓越した能力を理解するためには、アテナイ人が散々にされ、指導者はなく、秩序はなく、打ちのめされ、まる裸にされ、引き裂かれ、踏みにじられ、ありとあらゆる荒廃を耐え忍んでいる必要があった。まさに息もたえだえとなっている現在のイタリアは、自分の傷を癒してくれる人物を、ロンバルディア地方のたび重なる掠奪や、ナポリとトスカナ地方の搾取に終止符を打ってくれる人物を待ち受けているのである。マキアヴェリはロレンツォ・デ・メディチに向かって次のようにいう。

「現在のイタリアにおいては、運と力量を備え、神とローマ教会の支持を受け、今の教皇（メディチ家出身のレオ10世）を出している誉れ高いあなたの一族以外には見当らない。」

マキアヴェリはロレンツォを何とかして説得しようとしている。いろいろな

例を挙げて、ロレンツォはモーゼ、キュロス、テセウス以上に運と力量に恵まれており、救世主になり得るチャンスであるとする。また「止むに止まれぬときの戦いは正義であり、武力のほか望みを断たれたとき、武力もまた神聖である」としてロレンツォを説得しようとするのである。

　以上で『君主論』の考察を終えることにするが、マキアヴェリには政治的著作として『政略論』がある。この作品はローマの歴史を論じたものであるが、筆者の理解する限りでは君主の政略論、つまり処世術である。それ故、簡単に概説するだけにする。

付　『政略論』

　この作品は1513年頃執筆し始め1517年に完成した。この作品を通じてマキアヴェリは、共和主義を主張しようとしたものであるといわれる。『政略論』は国家を維持し、かつ発展させるための国制の考察が主題となっている。国制には君主制、貴族制、民主制があり、これらの国制が堕落して変化すれば、僭主制、寡頭制、衆愚制となる。しかしマキアヴェリによれば、どの国制にも一長一短があり、最も安定した国制ではない。マキアヴェリが理想とする国制は、君主制と民衆制が混合した古代ローマの共和制である。従って『君主論』におけるように、強力な君主の出現を期待している。この意味では『君主論』と同じである。マキアヴェリは国家を政治的側面から考察することはあっても、経済、倫理、教育の側面から国家および人間を考察することはなかったのである。

第 5 部

トマス・ホッブズ
(Thomas Hobbes 1588〜1679)

ホッブズとロックの時代のイギリスは、世界という舞台に台頭する前夜であった。18世紀後半から、産業革命が始まり、20世紀の初頭まで、世界という舞台で、イギリスだけが1人芝居を演じたということができる。ここでの年表は、ホッブズとロックの時代を中心にし、それを前後とした年表である。

1534年　イギリス教会がローマより分離する。
1536年　イギリスで修道院が解散する。
1554年　イギリス女王メアリーがカトリック教徒のスペイン王子と結婚する。
1555年　女王メアリーがイギリスをカトリック教に戻す。
1558年　女王エリザベス1世が即位する。
1559年　エリザベス女王が国王至上法を復活させる。
1560年　スコットランドの新教徒が長老派教会を組織してイギリス女王と結合する。
1564年　シェークスピアが生まれる。
1568年　スコットランド女王メアリーがイギリスへ亡命し、エリザベス女王に捕らえられる。
1585年　オランダがスペインと戦争し、イギリスがオランダを支援する。
1587年　スコットランド女王メアリーが処刑される。
1588年　イギリス海軍がスペインの無敵艦隊を破る。
1596年　イギリスとフランスがオランダの独立を承認する。
1597年　アイルランドでイギリスに対する反乱が起こる。
1600年　イギリス東インド会社が設立される。
1601年　エリザベス女王の救貧法が制定される。
1603年　エリザベス女王が没する。
　　　　スコットランド王ジェームス6世がイギリス王（ジェームス1世）として即位する。ステュアート王朝が始まる。
1606年　シェークスピアが没する。
1621年　イギリス下院がジェームス1世に抗議する。
1628年　イギリス議会が権利請願を提出する。
1629年　チャールズ1世が議会を解散させる。
1640年　イギリスで短議会と長議会が開催される。
1642年　議会軍と王党軍が対立し、内乱が始まる。
1646年　チャールズ1世がスコットランド軍に投降する。
1647年　スコットランドがチャールズ1世を議会軍に引き渡す。

1648年　イギリス議会から長老派が追放され、独立派だけによる議会となる。
1649年　チャールズ1世が処刑される。共和制度が宣言される。
1652年　第1次イギリス・オランダ戦争始まる。
1660年　王政復古　イギリス王チャールズ2世が即位する。
1662年　イギリスの統一法公布。清教徒の聖職者を追放する。イギリス王立学会が成立する。
1664年　非国教徒集会が禁止される。
　　　　第2次イギリス・オランダ戦争が始まる。
1672年　第3次イギリス・オランダ戦争が始まる。
1679年　人身保護法が成立する。
1687年　イギリス王ジェームス2世が信仰自由宣言をする。
1688年　名誉革命が起こり、ジェームス2世が亡命する。
1689年　権利章典が承認される。
1690年　ジョン・ロック『人間悟性論』が出版される。
1707年　大ブリテン王国が成立する。イングランドとスコットランドが合併する。
1727年　イギリスとスペイン戦争が始まる。
1756年　イギリスとプロイセンが同盟する。

　ある個人の命は誕生から死に至るまでの流れである。この流れを意識化することができる生命体は人間だけである。この流れに時間の表象を重ね合わせると線としての個人の命が理解される。また人類の流れが理解される。しかしこれは歴史ではない。歴史となるためには出来事を表象し、それを他人に理解させるために語らなければならない。つまりある出来事を主観化し、さらにそれを客観化しなければならない。語られた出来事の連続、もしくは出来事を連続して語ると歴史として表現される。以上から出来事と時間の表象は別のものであることが理解される。ある1つの出来事は時間の表象とは関わりなく、始まりから終わりまで至るのである。そのような出来事に区切りをつけるのが、それを語る人の主観である。
　人類の流れに区切りをつけ、ある出来事を抽象化し、表現すれば歴史の転換点となる。例えば、東ローマ帝国の滅亡を取り上げ、それを中世と近世との転換点とすることができる。しかし東ローマ帝国に何ら関係のない出来事は連続

している。中世も近世もない。なぜならば古代、中世、近世という術語は時間の流れを説明するための術語でしかないからである。

前にも述べたが、この本は政治思想を主題にするものであって、思想史ではない。次にホッブズ、ロック、モンテスキュー、ルソーの政治思想を考察するが、生まれた年代順である。

人物像

トマス・ホッブズは、イングランドの首都ロンドンの真西ブリストル近郊のマームズベリで、国教会牧師の子として生まれた。父が同僚と喧嘩をし、家出した。残された子供たちは伯父によって育てられた。1603年から1608年まで、現在のハートフォード・カレッジで学ぶことができた。ホッブズの生涯において特筆するに値すると思われることは、フランシス・ベイコンの秘書をしたこと、また3度の大陸旅行をしているが、その旅行においてガリレオ・ガリレイと対談していることである。また彼の友人として、血液循環を発見したウィリアム・ハーヴィがいた。ホッブズは経済を血液循環にたとえている。

政治思想家としてのホッブズの最初の業績は、ツゥキディデス（B. C. 460頃〜396、ギリシアの歴史家）の『ペロポネソス戦史』の翻訳であった。その他の著作として『法学要綱』（1640）、『哲学要綱第三部　市民について』（1642）、『自由と必然について』（1646）、筆者が考察しようとしている『リヴァイアサン』（1651）がある。

『リヴァイアサン』
(Leviathan)

　リヴァイアサンとは聖書の「ヨブ記」に出てくる象徴的人物で、高尚なるものすべてを否定する高慢な性格を持っている。この作品は4巻から構成されている。

　　第一巻　人間について（1～16章）
　　第二巻　コモン－ウェルス（common-wealth）について（17～31章）
　　第三巻　キリスト教のコモン－ウェルスについて（32～43章）
　　第四巻　暗黒の王国（44～47章）

　プラトンの『国家』、アリストテレスの『政治学』、マキアヴェリの『政略論』も詳細に考察すれば、それぞれ1年の時間は必要であろう。『リヴァイアサン』もそれらに劣らずの時間を必要とすることであろう。しかしそれが許されないので、概観することにする。

　　第一巻　人間について

第1章　感覚について
　対象と呼ばれるものは一般に物体である。その対象が人体の諸部分、つまり目や耳に作用し、作用は多様であることから、現象の多様性が生じる。この多様性の根源が感覚（sense）である。感覚の原因は対象であり、対象がそれぞれの感覚の固有の器官を、直接にまたは間接に圧迫する。この圧迫が、身体の神経、筋、薄膜を介して内部へ継続され、脳と心臓に至る。そこでは脳または心臓が自己を解放するために外へ向かって努力する。それは抵抗あるいは反対

圧力といわれる。それが外部の物質（matter）のように見える。脳または心臓の外へ向かっての努力が、外見（seeming）とか想像（fancy）となり、感覚と呼ばれるものである。圧迫も運動であるならば、感覚もまた運動である。

　ホッブズは当時キリスト教世界で一般的であったアリストテレス哲学に反論する。例えば、視覚の原因に関して、見られるものが、ある可視的な種（visible species）、可視的な印（shew）、現れ（apparition）、相（aspect）、見られるもの（a being seen）などと表現されるものを送り出す。それを目に受け取ることを、見ることであるという。また理解（understanding）の原因として、理解されるものが、可知的（intelligible）な種、即ち可知的に見えるものを送り出し、それが知性（understanding）に到達して我々に理解させる。このような説にはホッブズは納得できないとする。反論は後にするという。

第2章　造影（imagination）について

　運動するものは、何か他のものによって阻止されない限り、永遠に運動し続ける。人間の内部における運動も同じである。一度見られた対象の影像（image）は、対象が除去されるか、または目が閉じられても、見ているときより曖昧であるが、運動がある限り、造影作用が続く。しかし造影作用は衰えつつある感覚である。

　目覚めている人における感覚の衰えは、感覚における運動の衰えではなく、感覚の内容が消えてなくなることである。つまりそれに勝るものが感覚の内容になるのである。なぜならば、人間の身体の継続的変化が、感覚において動かされたもの、つまり内容を消滅させるからである。そこでは時間的距離と空間的距離が必然的条件となる。衰えつつある感覚の内容自体を表現しようするとき、それは造影と呼ばれ、感覚が退化しつつあり、古く、過ぎ去ったものの衰えを表現しようとするとき、記憶と呼ばれる。このような区別を前提にしてホッブズは、記憶、夢、幻または幻影、理解を詳論する。

　「記憶」

　衰えつつある1つの感覚内容を異なった仕方で表現するのであるが、表現する術語が造影と記憶である。ホッブズは造影と記憶を作用として使用している

ことは理解される。その違いはそれほど明確ではないが、ホッブズに従うならば、記憶とは経験であり、「対象全体を、その対象が感覚に提示された通りに造影すること」であり、単純造影と呼ばれる。これに対して、複合造影と呼ばれる造影がある。その造影とは、「かつて全部一度にまたは一部ずつ数回にわたって、感覚に受け入れられた物事だけについてのもの」であるとする。ここまででは造影と記憶は同じものであるが、造影はいろいろな記憶の複合を可能にするという。例えば、人と馬の記憶を複合してケンタウルス（半人半馬）を造影する。このことから造影とは複合造影である。造影は仮想（fiction）でもあり、数学における線や角も造影によるものである。従って造影は記憶と比較すると、はるかに広い意味で使用されるのである。次章でまた考察される。

「夢」

眠っているときの造影は夢と呼ばれる。睡眠中の造影作用と覚醒時の造影作用には大差はない。しかし夢の中では、目覚めているときのように、同じ人物、場所、対象、行為を考えることもなく、長い筋の通った思考の系列を想起することはない。ホッブズの叙述は明解さを欠いている。

「幻または幻影」

眠っているときの夢も、覚醒時の幻影も共に造影作用である。従ってその区別は難しい。ホッブズによると、幻影の原因は無知に基づくとし、その無知を取り除くことがスコラ学派の仕事であったはずであるが、ある人々は諸造影はおのずから生じるから原因はないという、また他の人々は意志から生じるという、また、善良な思考は神によって人間に吹き込まれ、邪悪な思考は悪魔によって人間に吹き込まれたという、また、ある人々は諸感覚が物事の種を受け取り、それらを共通感覚に引き渡し、共通感覚がさらに想像に引き渡し、想像が記憶に、記憶は判断力に、次々と引き渡すという。しかし多くを語るが、何も理解させない。

「理解」

言葉や他の意思に基づく印（voluntary）によって、生じさせられる影像は理解（understanding）と呼ばれる。言葉や他の意思に基づく印というだけでは、人間以外の生命体にも妥当する。人間に特有な理解は彼の意思だけではな

く、彼の概念や思考を、つまり物事についての諸名辞を、連続と組み立てによって肯定や否定その他の言葉の形式にすることによって、理解するのである。

第3章 影像の連続あるいは系列について

諸思惟の連続または系列（consequence or traynce）とは、ある1つの思惟が他の思惟に継続することである。思惟の継続が偶然か必然かまた何か別のものかが、つまり「導きのない思惟系列」「規制された思惟系列」「慎慮」「しるし」「過去についての推察」などが吟味される。

「導きのない思惟系列」

ここでいう系列は、導きもなく、企図もなく、不変的でもない。思惟の継続には意欲もないし、ある方向への情念もないので、さまようだけで、夢のごとく相互に関連しない思惟、つまり造影作用である。

「規制された思惟系列」

ここでの系列は、ある意欲および企図によって規制されて（regulated）いるので不変的である。意欲や恐怖心に基づく印象（ホッブズは印象というが、筆者だったら意志または感情に基づく動機であるというであろう）は強力で永続的であることから、ある目的に向かって、思惟作用は連続する。さまよい始めるとすぐ引き戻される。

この思惟系列には2種類がある。1つは人間にも他の存在者にも共通するもので、ある造影された影像の原因、もしくは結果を生む手段を探す場合の系列である。もう1つは人間にだけ特有なものである。あることを造影して、生み出されるあらゆる可能な結果を探す場合、つまりある造影された影像で何をすることができるかを造影する場合である。これは好奇心、つまり知的関心に基づいて企図に統治されているときは、探求（seeking）と呼ばれ、発明の能力である。これはラテン語で、洞察力（sagacitas）とか洞見力（solertia）と呼ばれる。これは現在また過去のある結果の諸原因、あるいは、現在また過去の原因の結果を探すのである。また失ったものを空間と時間とを駆け巡って探すのである。これは回想（remembrance）または思い出し（calling to mind）と呼ばれ、ラテン語で想起（reminiscentia）と呼ばれる。

「慎慮」

人はある行為の成果（event）を知りたいと意欲するとき、また似た諸行為の諸成果を想定するときがある。その場合は、予見（foresight）、慎慮（prudence）、先見（providence）、知恵（wisdome）と呼ばれる。しかしこれらを区別することは困難である。現在だけが自然の中にあり、過去は記憶の中にあり、来らんとすることは存在しない。従って、最良の預言者は最良の推測者である。彼は推測のためにしるし（signe）を持つ。

「しるし」

しるしには2つの意味がある。1つは帰結（consequent）の前提事象（event antecedent）を表し、もう1つは前提の帰結を表す場合がある。しばしば観察されるならば、確かなものとなる。

「過去についての推察」

慎慮とは過去の諸経験から集約し、未来を仮定し、造影することであった。人間は過去の出来事を仮定することもある。

我々が造影するもの、つまり影像（表象）は必ず限定（finite）されている。しかし我々の造影作用は限定されていないので、不定的（infinite）といわれる。我々が神の名を用いるのは神を概念化するためにではなく、神に名誉を与えるためにである。なぜならば神は我々人間が包み込むことができないもの（incomprehensible）であり、神の偉大さと権力を概念化できるものでないからである。

第4章　言葉について

第2章の最後のところで述べたことであるが、我々は物事についての諸名辞を、連続と組み立てによって肯定あるいは否定、その他の言葉の形式にすることによって、理解するのであるとした。

「言葉の起源」

神話で文字をギリシアに持ち込んだのが、フェニキア（現在のシリアおよびレバノンの辺り）王アノーゲル（ポセイドンとリビアの子でカドモスとエウローパの父）の息子カドモス（テーバイを建設し、アルファベットを齎したと

いわれる）であった。

　人間が発明したものの中で、最も高貴で有益なものは、名辞（names）または名称（appellations）とそれらの結合から成り立つ「言葉」の発明である。人間は言葉を介して自分たちの思惟を記録し、相互の意思疎通を可能にすることができるのである。

「言葉の効用」

　言葉の一般的な効用は、意思や思惟を口で表現したり、思惟の系列を語の系列に還元することである。2つの利益をもたらす。1つは我々の思惟の連続の記録であって、符号としての語を介して思惟を想起することができるということ。つまり言葉、名辞の最初の効用は、回想の符号（markes）または記号（notes）として役立つことである。もう1つは、多くの人が同じ語を使用し、ある事柄に関して、何を表象し、意欲し、恐れているかということを、しるし（signes）として明らかにすることができることである。

　さらに言葉の特殊の効用として、4つ挙げられる。第1は学芸（arts）の獲得。第2は取得した知識を相互に示すことができる。第3は意志と目的を提示することによって、援助を得ることができる。第4は言葉を操ることによって、他人を楽しませ、喜ばせることができる。

「言葉の悪用」

　言葉には長所があるが、また短所もある。第1は、人が言葉を不明確なまま、また間違って使用することがあり、結果として自分を欺くことがある。第2は、比喩的に、また定められている以外の意味で使用し、他人を欺くことがある。第3は、自分の意志でないことを自分の意志として表明する場合がある。第4は、言葉を介してお互いに傷をつけ合うことがある。

「固有名辞と共通名辞」

　個物または特殊を表現し、固有（proper）と呼ばれるものと、多くのものに共通（common）する名辞がある。共通名辞から「普遍的」という術語が生成するが、これは名辞にだけあるのであって、個別にはない。

　普遍名辞は多種多様であり、外延と内包関係も多様である。2つの名辞が結合されて、1つの帰結（consequence）または断定（affirmation）となる。例

えば、「人間は生きた被造物である」とか、「もし彼が人間であるならば、彼は生きた被造物である」という命題において、もし前の名辞「人間」が、後の名辞「生きた被造物」に内包されるならば、その断定は真実であり、そうでなければ虚偽である。真実と虚偽は言葉の属性であり、物事の属性でない。人が期待したり疑ったりするところに誤謬が生じる。

「定義の必要」

正確な真実を探求する人は、使用する言葉の意味を定義（definitions）しなければならない。定義の誤謬は人々を矛盾へと導く。名辞の正しい定義に言葉の効用があり、それが学問の獲得となる。間違った定義もしくは定義の欠如は言葉の悪用であり、虚偽および間違った説が出る。真の学問と間違った説との間に無知がある。感覚と造影には矛盾がない。自然それ自体は誤謬を犯すことはない。しかし人間は言葉なくしては賢くなることもないし、愚かになることもない。

「名辞の種類」

名辞には4種類ある。第1は、生きている、熱い、冷たいというように、物体もしくは物質の名辞。第2は、物体もしくは物質から切り離された抽象名辞。第3は、耳から入って来たものに基づく想像の名辞。第4は、一般的、普遍的という名辞の名辞、もしくは命令、三段論法、演説という言葉の名辞。ホッブズは続いて「肯定的名辞の効用」と「否定的名辞の効用」とに触れているが、これは省略する。

「無意味な語」

無意味な語には2種類あり、1つは定義よって説明されていない語であり、スコラ学者と哲学者によって使用される場合が多い。もう1つは「無形の物体（incorporeall body）」とか「まるい四角」とか「そそぎこまれた徳性」などである。

「不確定名辞」

この名辞は感情を表現するもので、不確定（inconstant）である。その他に、話し手の本性、性向、関心、徳、悪徳、他人のいう恐怖、正義、残酷、度量など。これらは理性推理（ratiocination）にとって、決して真の根拠とはなり

得ないものである。

第5章　推理と学問について

「推理（reason）とは何か」

推論の典型的な例は、算数における加減乗除である。さらには2つの名辞からなる断定、三段論法における論証などである。政治学の著作における諸約定（pactions）から演繹された人々の義務も推論であり、法律家における法と事実から引き出される正・不正などが推論である。

「推理の定義」

推理は、我々の思惟にしるしづけ（marking）をし、表す（signify）ために同意された一般的名辞の連続の計算（算数でいえば、加減乗除）にほかならない。

「正しい推理はどこにあるか」

ある計算に関して論争が生じた場合、当事者たちが従うべき仲介者、つまり裁判官の推理を正しい推理としなければならない。もし裁判官の推理を正しい推理として要求しながらも、自分の推理が他人によって決定されてはならないとすれば、それは人間社会には許されないことである。

「推理の効用」

推理の効用と目的は、1つの帰結から他の帰結へ進むことである。なぜならば、最終結論の確実性はその基礎であり、推論の出発点であるすべての肯定と否定の確実性なくしてはあり得ないからである。

「誤謬と不条理（背理）について」

因果関係（因果律ではない）において、我々が間違った推理をすることがある。それが誤謬（error）と呼ばれる。また一般的意味を持つ語に基づいて、虚偽の一般的結論に到達した場合も一種の誤謬であるが、むしろ不条理（absurdity＝背理）と呼ばれる。我々が一般的断定をする場合、それが真実でなければ、それが存在し得ることを概念化できないとき、それを不条理で無意味であるという。ホッブスによれば、哲学者たちの書物の中に見いだされるほど不条理なものはない。その理由は理性推理を行う際に諸名辞の定義または説

明していないという。

「不条理（背理）の諸原因」

① 理性推理を定義づけから始めないとき、混乱と不適当な結合から不条理（背理）が生じる。

② 物体の名辞を偶有性に、偶有性の名辞を物体に与えることから生じる。例えば、日本語でいえば、「りんごは赤い」また「栗毛」は馬だけに使用される。

③ 我々の外にある物体の偶有性の名辞を、我々自身の身体の偶有性に帰することによって生じる。「色は物体の中にある」とか「音は空気の中にある」など。

④ 物体の名辞を、名辞または言葉に帰するときに生じる。「普遍的なものごとがある」とか「生きた被造物は属である」など。

⑤ 偶有性の名辞を、名辞または言葉に帰するときに生じる。「物事の本性はその定義である」とか「人の命令は彼の意志である」など。

⑥ 比喩、隠喩、その他の修辞によって生じる。「その道がここまたそこへ行くことを導く」とか「諺がこれやそれをいっている」など。

⑦ スコラ学派に由来する名辞から生じる。基体的（hypostatical）、変質させる（transubstantiate）、永遠の現在（eternal-Now）など。

以上がホッブズのいう不条理（背理）の生じる諸原因である。ホッブズの唯物論的かつ経験論的立場を想起するならば、当然の結果であるということができる。

「学問（科学）の成立」

推理（reason）は、勤勉によって獲得される。その勤勉には2つある。1つは名辞の適切な使用、もう1つは諸名辞の中の1つと他の名辞との結合によって作られる断定へ、その断定と他の断定と結合し、三段論法へと進んで、諸名辞のすべての帰結、つまり学問に到達するための勤勉である。学問（科学）はある事実と他の事実の依存関係（諸帰結）を知ることである。

結論として、学問に至るためには、経験に関わる慎慮（prudentia）と学問（科学）に関わる学識（sapientia）に分けられなければならない。学問とは学

識によって正確な定義をし、曖昧さを除去すること、換言すれば、正確な推理によって人類に貢献することが最終目的である。

第6章　普通に情念と呼ばれる、意志による運動の、内的端緒についておよびそれらが表現される言葉ついて

「生命的運動と動物的運動」

　動物（animal）には2種類の運動がある。1つは生命的（vitall）と呼ばれ、出生で始まり、全生涯途絶えることなく継続する運動である。つまり血行、脈拍、呼吸、消化、栄養、排泄などの運動で、造影（imagination）の助けを必要としない。もう1つは霊魂（anima）的運動であって、意志（voluntary）による運動とも呼ばれ、初めに我々の心の中で想像されたような方法で、我々の肢体のどれかを動かす運動である。

　感覚とは我々が見たり聞いたりする物事の行為によって引き起こされる、人間の身体の諸器官と内的諸部分の運動である。想像とは感覚の後に残った、同一の運動の遺物である。行くことや話すことなど意志による行為は、常にどこへ、どの道で、何をということについての先行する思惟に依存するから、造影が意志による運動の、最初の内的な端緒である。

　わずかな運動で感覚されないとしても、また概念化されないとしも運動は存在する。人間の身体の中にある小さな運動の端緒が、歩くこと、話すこと、その他見えるという諸行為に先立つ状態を努力という。

　ホッブズはここから諸名辞の定義を行う。まず項目だけを挙げて、筆者の関心ある項目を概観することにする。欲求・意欲、嫌悪、愛好・憎悪、軽視、**善・悪**、美・醜、快楽、悲嘆、希望、絶望、恐怖、勇気、確信、不信、憤慨、仁慈、貪欲、野心、小心、度量、勇敢、気前のよさ、惨めさ、親切、自然の情欲、悦楽、愛の情念、復習心、好奇心、宗教・迷信、恐慌、驚嘆、得意、失意、突然の得意・笑い、突然の失意・泣くこと、恥・赤面、生意気、哀れみ、冷酷、競争心・羨望、熟慮、**意志**、**情念における言葉の諸形態**、**至福**、称賛が考察される。

「善悪」

誰かの欲求または意欲の対象は、彼自身にとって善である。あるいは彼の憎悪と嫌悪の対象は悪である。善悪という術語はそれを使用する人の人格（person）との関係で使用されるのであるから、対象それ自体の本性の属性ではないし、また善悪についての共通の規則もない。ホッブズはこのように言うのであるが、数学の論争に決着をつけるのが、裁判官であったように、仲介者もしくは裁判官には共通の規則があるとする。つまり相互に一致しない人々が同意によって設置し、その判決に従うべき規則は裁判官にあるとする。

「美醜」

ラテン語には美醜を表す語は2つある。美（pulchrum）と醜（turpe）である。我々の国語（英語）にはこれに相応しい言葉がない。ただ美醜は善悪と近い意味で使用されている。善には3種類ある。約束における善、意欲された結果における善、喜ばしいというような手段における善の3種であるが、ある意味では「美しい」のである。もちろん、逆の悪に関しても3種類ある。

「宗教・迷信」

心によって仮想され、あるいは公共的に認められた物語から造影された、見えない力への恐怖は宗教と呼ばれる。公共的に認められない物語から造影されたものは迷信と呼ばれる。造影された力が、我々が造影する通りのものであるならば、真の宗教である。

「意志」

意欲、嫌悪、希望、恐怖の総体は熟慮（deliberration）といわれる。その熟慮において、行為またはそれの回避に直接的に結びついている最後の欲求、または嫌悪は意志（will）である。従って熟慮する生命体は意志を有するであろう。スコラ学派の人々は意志を理性的欲求であるとするが、これは間違いである。もしそうでないとすれば、理性に反する意志的行為（voluntary）はあり得ないであろう。意志的行為は意志に基づくのであるから、意志とは熟慮における最後の欲求である。意志に基づかない行為は意向（inclination）に基づくといい、途中での中断が可能である。

「情念における言葉の諸形態」

言葉の形態とは、現在の英語、ドイツ語、フランス語などで法といわれるものは、直接法、命令法、接続法（仮定法）の3つであるが、ホッブズは希求法（optative）と疑問法（interrogative）を加えて5つであるとする。

「至福」

至福（felicity）とは意欲するものの継続的成功、つまり継続的繁栄である。生命自体は運動であるから、精神の永遠の静寂というようなことはあり得ない。神の至福とはどんなものかを我々が経験できるまでは知ることはできない。例えば、スコラ学派の人々は天国的幻影（beatificall vision）という語は、現在では理解できないことが楽しみであるとされる。

第7章　論究の終末、即ち解決について

知識への意欲に支配されたすべての論究（discourse）において、最後には、たとえ中断されることはあっても、獲得または放棄による終末がある。論究が仮定でとどまっている場合は意見（opinion）と呼ばれる。これに対して、熟慮における最後の欲求、つまり意志による真実の探求における最後の意見は、判断（judgement）もしくは決定的（resolute）で最終的な判決（finall sentence）と呼ばれる。

しかし、過去と未来の出来事に関して絶対的な知識をもって終結することができない。なぜならば、事実についての知識は第1に感覚に基づいているからである。それ故、論究は、まず言葉が定義され、言葉に還元され、断定へ至り、諸断定から三段論法となり、学問となる。もし言葉の定義づけがなければ、瞑想から始まることであるから、結局のところ意見以上にはなり得ないのである。

第8章　知的と呼ばれる徳

知的（intellectuall）徳性（vertue）とは、よき知力（good witte）と呼ばれる。この徳性には2種類ある。1つは自然の徳性であり、もう1つは獲得された徳性である。

① 自然の知性（naturall wit）つまり徳性

ホッブズのいう自然の徳性とは、方法、訓練、指導なしに経験によって得られる知力のことである。これには2面がある。つまり迅速な造影作用（imagining）と遅鈍もしくは愚鈍な造影である。迅速な造影作用とは、1つの思惟から他の思惟へのすみやかな運動である。これがよき知力といわれるもので、思惟された諸々のものが、どこで相互に類似しているか、類似していないのか、何の役に立つのか、どのように役立つのかなどを観察することであり、別名、よき想像力（good fancy）と呼ばれる。このよき想像力は、難しく見分けが容易ではない事柄に関して、区別し、識別し、判断するとき、よき判断力といわれる。

② 獲得された知性つまり徳性

　獲得された知性とは、方法と指導によって獲得された知力であり、理性推理に他ならない。知力の差異は情念に基づく。情念の差異は部分的には身体の違いから、また教育の違いからも生じるが、むしろ力と財産と知識と名誉に対する意欲の大小から生じることの方が大きい。「意欲を持たないことは死んでいることである。」しかしながら情念の異常は狂乱を生じさせる。

第9章　知識の種類

　知識の種類には2つある。1つは事実についての知識である。もう1つは断定から断定への帰結（連続＝consequences）についての知識である。前者は感覚と記憶によるもので絶対的な知識である。後者は条件的であり、推理をする人にとって欠くことのできない知識である。

　事実についての知識の記録は歴史と呼ばれ、2種類ある。1つは自然史であり、自然の事実または効果の歴史であり、金属、植物、動物、地誌などに関わる知識、つまり学問である。もう1つは、政治または社会史またはコモン－ウェルス（直訳すれば、共通の富ということになるが、むしろ市民的または政治的および教会的権力と訳した方がよいといわれる）の中の人々の意志に基づく行為の歴史についての知識である。ホッブズは次に学問の分類しているが、ここでは省略する。

第10章　力、価値、地位、名誉、相応しさについて
第11章　様々な態度（manners）について
以上の2章は省略する。

第12章　宗教について

宗教の種子は、人間以外の他の生命体に見いだすことのできない特殊な性質である。

その第1原因は、人間の本性に特有な性質、つまり出来事の原因を探求しようとすることにある。特に自分自身の運命に関しての探求心は旺盛である。

第2には、因果律から因果関係を推論し、実際に始まったとき、始まることを決定したと考える。

第3には、善悪に関して、その原因を自分自身の想像が暗示する通りのものを想定するか、または自分の味方であり、自分より賢明であると思う他人の権威を信用し、その人と同じことを想定する。

以上の理由から、すべての物事の最初にして永遠の原因、つまり第1起動者が想定され、神と名辞され、無形とされ、すべての異常な出来事の原因とされる。このようにして育成され、2つの宗教に大別される。1つは、人々が彼ら自身の創意に従って、つまり人間の政治（humane politiques）の一部であり、地上の王たちがその臣民たちに要求する一部分を教えるものである。もう1つは、神の政治であり、神の王国の臣民となった人々に対する戒律を含んでいる。異邦人のコモン－ウェルスの創設者および立法者の行為は前者に属する。アブラハム、モーゼおよび祝福された救世主（イエス・キリスト）は後者に属し、彼らを通じて神の王国の法がキリスト教徒の間に導入された。

神が超自然的な啓示によって、宗教を植え付けたところでは、その内容は政策と市民法となり、我々の住む世界と神の世界の区別は存在しない。神は大地全体の王であり、総指揮官であり、選ばれた国民との契約（covenant）を介して王となったのである。

第13章　人類の至福と悲惨に関する自然状態について

人間を肉体的視点から見るならば、多少の強弱はあるとはいえ、自然は人間を平等に造っている。また精神の諸能力に関しても、極めてわずかな人がわずかな物事に関して差異を有するが、肉体以上に平等に造っている。

複数の人々が同一の物事を意欲し、その物事を享受できないときに能力の平等から相互不信、つまり争いが生じる。人間の本性の中に争いを起こす3つの原因がある。第1は、利益を求めての競争であり、第2は安全を求めての不信であり、第3は評判を求めての誇りである。第1は、自分たちが他の人々の人格、妻子、家畜の支配者となるために暴力を使用し、第2は、自分たちを防衛するために、第3は、違った意見、直接的に自分と関わるが些細なこと、間接的であるが親戚、友人、国民、職業、名称などで暴力を使用する。従って共通に支配する権力のない場合は、人々は常に戦争状態にある。つまり各人が各人に対する戦争である。

各人が各人に対する戦争の状態においては如何なる不正もない。つまり共通の支配権力がないから、正邪（right and wrong）の観念がなく、また法もないから正と不正（justice and injustice）の観念（概念）もない。戦争においては強力と欺瞞は主要な徳である。しかしながら人間は死への恐怖、快適な生活への意欲を持つ。理性は平和の諸条件を示し、人々は協定へと導かれる。その帰結として平和を獲得する。これらの諸条件は自然法と呼ばれ、次の第14・15章で詳細に考察される。

第14章　第1と第2の自然法について、および契約について

自然権（jus naturale）つまり自然の権利（right of nature）とは、各人が、彼自身の生命を維持するために、彼自身の意志に従って、つまり彼自身の判断力（judgment）と理性（reason）の枠の中で、彼自身の力を使用する際に、最適の手段を駆使する自由である。それでは自由とは何か。自由とは、外的障害がないことであるが、あったとしてもその障害は判断力と理性の指示を前にしては無力であることである。

自由に続いて、自然の法（law of nature = lex naturalis）とは、理性によっ

て発見された戒律、即ち、一般法則である。この法則を文章化すれば、「各人は、平和を獲得する希望がある限り、それに向かって努力すべきであり、そして、彼がそれを獲得できないときは、彼は戦争のあらゆる援助と利点を、求めかつ利用してよい」こととなる。これが第1の基本的自然法則であり、簡単にいえば、「平和を求めよ」ということである。この第1法則から、第2の法則が演繹される。その法則とは、「人は、平和と自己防衛のために彼が必要だと思う限り、他の人々も同じ場合、すべてのものに対するこの権利を、進んで捨てるべきであり、他の人々に対しては、彼らが彼に対して持つことを彼が赦すであろうのと同じ程度の自由を持つことで満足すべきである」ということである。ホッブズはこの法則の背景として、マタイ伝の7.12、ルカ伝の6.31における「他人が自分に対してしてくれるように、あなたが求めるすべてのことを、あなたが他人に対して行いなさい」ということを考えている。またこの法則を消極的法則に言い換えると、「あなたに対して行われるのを欲しないことを、他人に対してやってはならない」という（アレクサンデル・セウェルス伝51章）ことになる。

　平和も防衛も自分と他人との関係で成り立つ。そこでは契約（contract）を欠くことはできない。契約とは権利の譲渡である。これには2つある。つまり、あるものに対する権利の譲渡とそのものの譲渡がある。ホッブズはこの契約を詳論しているが、省略し、神との信約（covenant）に触れる。

　ホッブズによれば、神と信約を結ぶことは、超自然的な啓示によるか、もしくは神のもとで神の名において統治する神の代理人によるか、つまり神が語りかける者の媒介によるのでなければ不可能である。この2つの方法以外には我々の信約を確認する方法はない。しかし、我々の側から見て、我々の神との信約は自然法の枠内のものでなければならない。ホッブズは、契約と同じように、この信約をも詳論しているが、省略する。

第15章　その他の自然法について

　上に挙げた自然法以外に、ホッブズは17の自然法、即ち、正義、報恩、相互の順応、許容、反自慢、反尊大、公正などを挙げているが、第3番目の自然

法だけを考察することにして、最後にホッブズのまとめを概観することにする。

人類の平和を妨げるような権利を譲渡するように促す第2の自然法から、第3の自然法則が演繹される。それは「人々は、結ばれた信約（必ずしも神との信約ではない）を履行すべきである」という法則である。

この自然法には、正義（justice）の源泉と起源がある。信約を前提することによって、権利の譲渡、行為の不正が成り立つ。もし信約がなければ、戦争状態であるから、権利の譲渡も行為の不正もない。もし信約がなされるとき、それを破棄することは不正（unjust）であり、一度結ばれた信約を履行しない場合、不正義といわれる。

相互信頼による信約は、一方が不履行、またその可能性がある場合は、無効となり、正義の源泉でも起源でもなくなるから、不正義はあり得ない。従って、信約を履行するよう強制させる権力を必要とする。そのような強制させる権力がないとすれば、所有権も保証されない。ホッブズはその保証する機関をコモン－ウェルスという。コモン－ウェルスのないところでは、所有も不正もない。ホッブズのいうコモン－ウェルスとは結局のところ政治権力であり、所有権も信約の有効性もコモン－ウェルスの設立と共に始まるのである。これに続いて、正義は理性に反しないこと、信約を結んだ相手の人物の悪徳によって解除されないこと、人間の正義および行為の正義、態度の正義と行為の正義、交換正義と分配正義などが考察される。

第1自然法は「あなたが自分自身に対して、してもらいたくないことを、他人に対してしてはならない」ということであった。この自然法は内面の法廷において（in foro interno）義務づける。しかし、人間は内面の法廷における法則に拘束されるとしても、外面の法廷において（in foro externo）は、それに従うとは限らない。例えば、殺人は死刑に相当するとしてとも、殺人は一様ではないからである。さらに自然法は不変であり永遠である。かつ自然法に関わる学問は道徳哲学である。道徳哲学は人類の交際と社会の中で、善悪を明らかにする学問である。善悪は人々の気質、習慣、学説によって異なる。私的な欲求が善悪の尺度である限り、自然状態にある。その結果、人は平和が善であり、

そのための手段、つまり正義、報恩、謙虚、公正、慈悲などが善であること、つまり道徳的徳（morall vertues）であること、その反対のことは悪徳であることに同意する。このように徳と悪徳に関わる学問は道徳哲学である。換言すれば、自然法についての真の学説は、真の道徳哲学である。

第16章　人格について

　人格（person）とは、「彼の言葉または行為が、彼自身のものと見なされるか、あるいは他人に基づく言葉または行為を、または何か他のものの（人間であるとは限らない）言葉または行為を代表するものと見做される」ことである。

　上のことから、人格には2種類ある。1つは言葉や行為が彼自身のものと見做される場合で、自然的人格（naturall person）といわれ、もう1つは他人の言葉や行為を代表するものと見なされる場合で、仮想（feigned）もしくは人為的（artificiall）人格といわれる。以上に続いて、人格という言葉の由来、行為者と本人、人格化された無生物、虚偽の神々、真実の神、人間の群衆がどのようにして1つの人格となるか、各人が本人である、行為者は意見の多様性によって1つにされた多くの人々であり得る、否定的意見などが考察されるが、ここでは虚偽の神々と真実の神とを概観する。

　虚偽の神々とは、偶像、つまり単なる虚構は異教徒の神々が皆そうであったように、人格化され得る。それらの神々は、国家が任命した役人たちによって人格化され、人々が次から次へとそれらに献納した。それらは財産やその他の財貨と権利を保有した。偶像の権威は国家に由来した。国家が成立する以前には、異教徒の神々は人格化され得なかった。

　真実の神とは、人格化され得る。例えば、第1に、モーゼによって人格化されたのであり、彼は、神に名において、「これを神がいう」といって、イスラエル人を統治したのである。第2に、人の子であり、神自身の子であり、我々の祝福された救世主であるイエス・キリストによって、人格化されたのであり、彼はユダヤ人たちを彼の父の王国に復帰させ、すべての国民をそこへ導くために、彼の父によって遣わされたのである。第3に、聖霊によって使徒たちも人

格化されたのであり、その聖霊も遣わされたのである。ホッブズはこのような論理でもってキリスト教を真実の宗教とする。

第二巻　コモン－ウェルスについて

コモン－ウェルスとは直訳するならば、共通の富または財産となるが、ホッブズの意味するところは、最終的には政治権力を所有する国家機構を考えている。第一巻は、政治思想からかなりかけ離れていた。第二巻こそは、ホッブズの主題とするところである。その第二巻は第17章から第31章までである。

第17章　コモン－ウェルスの諸原因、発生、定義について
蜂や蟻は、理性や言葉を持たないが、共同生活を営んでいる。これらの被造物と人間の違いを考察する。
① 人々は絶えず名誉と地位（dignity）を求めて競争し、羨望や憎悪が生じ、最後には 戦争となる。しかし、蜂や蟻は競争しないし、戦争になることはない。
② 蜂や蟻の間では、共通の善と私的な善は一体である。しかしながら、人間は自分と他人とを比較し、優越している物事を楽しむのである。
③ 蜂や蟻は、理性を持たない故に、自分の共同体の長所短所を反省することはない。これに対して、人間は自分が他人より優れており、有能であると見なし、それ故共同体をよりよく統治できると考える。各人がそのように考え、それぞれの違った方法で、共同体を改革しようと努力することから、混乱と内乱を引き起こす。
④ 蜂や蟻は、意欲や感情（affection）を伝達するために音声を使用することはあって も、言葉を使用することはない。人間は言葉を使用することによって、思い通りに表現できることから、平和を乱すことができる。
⑤ 蜂や蟻という被造物は、侵害（injury）と損害（dammage）とを区別することができない。それ故、安楽である限り、問題が生じない。これに対して、人間は安楽であるときこそ、問題が生じる。なぜならば、人間は自分

の知恵を示し、コモン-ウェルスを統治する人々の行為を批判しようとするからである。

⑥　蜂や蟻という被造物の一致は、自然的である。人々の一致は、信約である。信約は人為的である。この信約を継続させるためには、人々を共通の利益へ向かわさせるためのもの、つまり共通の権力（コモン-ウェルス）が必要である。

共通の権力、つまり機構を設立するためには、人々のすべての権力と強さを、1人の人間、否、1つの合議体（assembly）に与え、意志を統一しなければならない。この合議体は、すべての人々の人格を1つの人格に人格化したものであり、権威づけ（authorize）されたものである。これがホッブズのいうコモン-ウェルスである。定義づけるならば、「1つの人格であって、彼の諸行為は、大群衆がその中の各人の相互の信約することによって、大群衆の各人の諸行為はすべてと同一となる。この人格は、平和と共同防衛にとって好都合であり、大群衆のすべての強さと手段を利用し得るようにするためのものである。」この人格を担うものは、主権者と呼ばれ、主権者権力（soveraigne power）を持つ。他の人々は臣民と呼ばれる。

主権者権力の獲得には2つの方法がある。1つは獲得（acquisition）と呼ばれるもので、自然的な力によるものである。例えば、戦争の際に、敵を服従させることによって生命を助ける場合などである。もう1つは、合議体を信頼し、合議体に人々が自ら進んで保護を求め、服従する場合などである。これは設立（institution）による政治的コモン-ウェルスと呼ばれる。

第18章　コモン-ウェルスにおける主権者の諸権利について

合議体が設立されたならば、たとえ反対であったとしても、人はその権威に従わなければならない。ホッブズは主権者の権利と能力（facultyes）として12の権利と能力を挙げている。ここでは箇条書きにする。

①　臣民たちは統治形態を変更できない。
②　主権者権力は掠奪され得ない。
③　多数派によって宣告された主権設立に対して、抗議することは、不正義で

ある。
④　主権者の諸行為が臣民によって、正当に非難されることはあり得ない。
⑤　主権者がすることは何であろうと、臣民によって処罰され得ない。
⑥　主権者は、彼の臣民たちの平和と防衛に必要な事柄に関する判定者である。
⑦　主権者には、臣民が誰からも妨げられることなく、享受し得る財貨とは何か、また行うことができる行為とは何か、などということを知り得るような規則を作る権利が属する。
⑧　主権者には、論争に関するすべての司法と決定の権利が属する。
⑨　主権者には、和戦を行う権利が属する。
⑩　主権者には、和戦に関して忠告者および代行者を選ぶ権利が属する。
⑪　主権者には、規則がない場合に、恣意的に報酬を与える権利、また処罰する権利が属する。
⑫　主権者には、名誉と序列を決定する権利が属する。

　以上のことをまとめると次のようになる。これらは主権の本質であり、伝授不可能であり、分離不可能である。もちろん、主権者によって譲渡可能な権利もある。例えば、貨幣を鋳造する権利とか、市場で先買する権利などであるが、しかし決して譲渡することのできない権利、もしくは義務もある。例えば、臣民を保護する権利である。この権利を譲渡することは自己否定につながるからである。主権者が自分の権利を放置することがあるならば、譲渡されることはあるかもしれないが、これもまた自己否定につながる。従って、いかなる事情があろうとも、主権者の権力の前では、臣民の権力と名誉は何ら力を持たない。ここで君主制や民主制のもとで生活している人々が、権力は主権者の情欲や状態に基づくとして、コモン－ウェルスを誤解するのであるが、如何なる国制においても、その国制が人々を保護するという点で完全であるならば、権力は同一である。

第19章　コモン－ウェルスの種類と主権者権力の継承について

　コモン－ウェルスの形態には3種類がある。合議体の代表が1人のときは、

君主国制であり、意志を持った人々がすべて集まって作る合議体は民主国制であり、一部分の人々の合議体は貴族国制と呼ばれる。

　ホッブズによれば、僭主制（tyranny）とは君主制であり、寡頭制（oligrachy）とは貴族制である。民主制のもとで苦しめられていると思う人々は無政府状態（anarchy）と呼ぶ。

　上述の3種類のコモン－ウェルスの違いは、権力にあるのではなく、設立の目的である人民の平和と安全保障とをもたらすための、便宜性と適合性にある。比較しながら考察しよう。

　第1は、公共の利益と私的利益との関係で見れば、君主制においては、公共の利益と私的利益とは同一であるが、民主制と貴族制においては、公共の繁栄は、不誠実な助言に、裏切りの行為に、または内乱に、つまり野心的な人の私的財産に役立たない。

　第2は、君主制のもとでは君主は、人、時、場所に関係なく、助言を受けることはできるが、複数からなる合議制のもとでは、一定の人々からのみ助言を受けるだけである。

　第3は、君主の決意は一貫しているが、複数からなる合議制のもとでは、数による不定性が生じる。

　第4は、君主が、羨望や利害関心によって、自分自身に同意しないということはないが、合議体では主権者は自分の意に反して決議されることがある。

　第5は、君主制のもとでは君主は、特定の寵愛者とか追従者のために、政治を行う可能性がある。同じように複数からなる合議制のもとでもこれはあり得る。もちろん、寵愛者と追従者は複数である。

　第6は、君主制のもとでは、主権が未成年者や善悪の判断することができない者に伝えられる可能性がある。大きな合議体における主権が、例えば、和戦および法律の作成に関して、多数派の決議に対して、それが善くても悪くても、異議をとなえる自由がない。決着がつかないときは、一時的な君主の役割を果たす者を必要とする。

　以上は君主制と民主制および貴族制との相違であるが、ホッブズによれば、それほど差異はない。例えば、選挙された君主であるならば、その君主は制限

されており、単に代行者でしかない。統治される者は、如何なる制度であっても、権力に従わなければならないのである。ホッブズは詳細に考察しているが、結局のところ君主制を肯定しているということができる。

第20章　父権的および僭主（専制）的支配について

　ここで問題になることは、支配の形態に関してである。その仕方が父権的（paternal）か、母権的（maternal）か、また専制的かということである。コモン－ウェルスは父が作ったものであり、契約があるときは父権的であるが、契約がないときは母権的となる。なぜならば、子供に対する支配の権利は母の意志に基づくからであり、母は子供を養育することも、また遺棄することもできるのである。

　上述の2つの支配方法に対して、専制（僭主）的支配は、征服や戦争の勝利によって獲得された支配で領主（lord）や主人（master）によるもので専制的（despotical）と呼ばれる。この支配をよく観察すれば、勝利者と敗者との信約があって成立している。敗者の生命と自由が与えられている限り、彼は召使（servant）であり得るのである。

　政治制度は如何なるものであっても、コモン－ウェルスの主権者の権利は、人々が作る限り、絶対的である。様々な短所が想像されるが、むしろ長所が多い。

第21章　臣民の自由について

　自由（liberty or freedom）とは反対（対立するもの）の欠如を意味する。これは非生命体にも妥当する。自由な人とは「彼の強さと知力によって、彼がなし得る物事の中で、彼が意志し、行うことを妨げられない人のことである。」自由という語が誤用されないように注意しなければならない。例えば、「道が自由である」というような場合である。また自由意志とは、意志の、意欲の、性向の自由でなく、人間の自由そのものが推論される。

　ホッブズによれば、人間の行為は意志から生じるものであるから、自由から生じ、しかもある原因から生じるから、必然的でもある。人間が自分の意志す

ることを行う自由は、神の意志することを行う必然性に伴われている。人間は、神の意志を原因とする事柄以外に如何なるものも、持ち得ないのである。もしそうでないとすれば、人間の自由は、神の全能と自由と対立することになる。

　人間は平和と自己保存のためにコモン－ウェルスを作った。当然のことであるが、同時に市民法という首枷（鎖）を作った。この鎖でもって、つまり信約によって合議体、つまり権力と結びついているのである。この制約のもとでのみ臣民の自由がある。換言すれば、主権者が黙認、もしくは見逃した事柄にのみに臣民の自由がある。例えば、互いに売買したり、彼ら自身の住居、職業の選択、子供の教育の選択などは自由である。主権者は神の臣民であり、また一般の臣民の代理人にすぎないのであるから、主権者の行為は不正義とか侵害ということはないのである。従って主権者の権限と一般の臣民の自由は対立することはないのである。ここだけの論理に従えば、臣民には服従しかないように思われるが、ホッブズによれば、生命を維持する自由を有する。ホッブズは臣民の自由を考察しているのであるが、結局のところ、コモン－ウェルスの自由、主権者の自由を主張しているにすぎない。この意味では、ホッブズが今までの自由論は主権者の自由論であったというように、ホッブズの自由論は、君主を肯定する立場にあったということである。

第22章　政治的および私的かつ臣民の組織について

　ここではコモン－ウェルスの諸部分が考察される。例えば、属州、植民地、都市などの統治論、貿易論、商人の団体について、他の私的な団体、臣民の集会について考察される。

第23章　主権者権力の公共的代行者について

　公共的代行者（public minister）とは、経済、軍事、司法、その他臣民の指導に関わる人々のことであり、政務を執行する人々のことである。

第24章　コモン－ウェルスの栄養について

　栄養（nutrition）とは経済のことであり、生活に役立つ諸素材の豊かさと分

配である。栄養的物質とは、動物、植物、鉱物などであり、さらに財貨と呼ばれるものがある。財貨とは国産のものと外国産のものがある。これらは交換可能であり、また人間の労働も交換可能な財貨である。

諸素材の分配、つまり所有権（propriety）を設定する権限は市民法にあり、その市民法を立法する権限は主権者に属する。ここでホッブズはキケロから引用している。「市民法がひとたび破棄されるならば、あるいは軽視されるならば、どのような人でも、何かを先祖から受け取ったり、子孫に遺したりすることについて確信を持ち得ない」とか、「市民法を除去すれば、誰も、何が彼自身のものであり、何が他人のものであるかを知らない」として市民法の大切さをホッブズは主張する。

この後ホッブズは、私的財産としての土地が主権者よって分配されてきたこと、臣民の所有権が主権者の支配の干渉は受けるが、しかし他の臣民の支配を排除するものであること、貿易の場所と内容は、その分配と同じく主権者に属すること、所有権の譲渡に関する諸法も主権者に属することを主張する。

この章で貨幣についての考察が注目される。金と銀は、世界のほとんどすべての国で高く評価されているので、すべてのものの価値の尺度となっている。金と銀は、個々のコモン－ウェルスによって変更され得るようなものではなく、あらゆる場所で通用する共通の尺度である。しかし、コモン－ウェルスにおいては、貨幣が価値の尺度である。貨幣によって動産や不動産が評価され、貨幣は人から人へと通過し、栄養を与え、循環する。ホッブズによれば、貨幣は血液循環である。人体の心臓と動脈と静脈との関係に等しいとされる。

第25章　忠告について

ここでは忠告、勧告、命令が区別され、適当の忠告や不適当な忠告が考察され、またその能力など考察される。

第26章　市民法について

市民法（civil lawes）とは、あるコモン－ウェルスに所属する者が護るように拘束される法である。ホッブズの定義によれば、市民法とは、「臣民各人に

対する規則であって、その規則とは、コモン-ウェルスが言葉や書面やその他の十分な意志の印によって、彼に命令したものであり、それは正邪の区別、即ち何がその規則に反しているか、何が反していないかを区別するために利用するためのものである。」この定義から推論される帰結はすべて正しい。

① 主権者は立法者である。これは制度に関わりなく妥当することである。また廃止できる者も主権者だけである。
② 主権者は市民法に服従しない。服従の状況に陥ったときは法を廃止し、別の法を立法することができるのである。
③ 長い慣行（use）が法として効力を獲得するのは、主権者の黙認によって可能となる。しかし主権者は慣習（custom）を吟味できる立場にあることから、悪い慣習は廃止できる。
④ 自然法と市民法は同一のもので、文章となっているのが市民法（実定法）であり、文になっていないのが自然法である。コモン-ウェルスにおいては、信約によって主権者と臣民が結びついているので、公正、正義、徳を判断するのが主権者であり、その判断に従うのが臣民である。
⑤ 属州を統治するのは勝利者であり、属州の法は主権者によって立法される。
⑥ 立法に関して、法律家が間違った意見を述べることがある。即ち、立法権力が裁判官に依存するという意見である。
⑦ 法とは、単なる文字ではなく、立法者の意図に従う理性的なものである。
⑧ 法とは命令である。命令は、命令する者の意志を十分な根拠をもって、公表されなければならない。如何なるコモン-ウェルスであっても、コモン-ウェルスの命令はそれを知る手段を持っている人々に対してのみの法である。

以上が市民法の定義づけから帰結されることであり、また補足説明である。市民法と自然法は同一であるとはいえ、市民法はコモン-ウェルスでの人々に必要なことに関して法律化、つまり実定法とされているとは限らない。そこでホッブズは、明文化されていない自然法をまとめていう。つまり「あなた自身に対して他人がしたら、あなたが不合理だと思うようなことを、他人に対して

するな」ということである。この定義は、個々のものが文章化され、公布されていないものであっても、法として認められるならば、その法が効力を有することを保証するものである。

　法（実定法）は書かれ公布されるだけでは十分ではなく、主権者の意思に由来するという権威を示す印がなければならない。権威の印、つまり証拠とは、公共の記録、公共の会議、公共の代行者、公共の印鑑などである。

　自然法の公正に関わる判断は裁判官に従うのであるが、裁判官は人々に法の本質を教えなければならない。しかし実定法に関しては、まず公共の記録によって、次に公開証書および公共の印鑑によって判断されなければならない。

　ホッブズは続いて、法の解釈者は裁判官であること、裁判官の判決は同一である必要がないこと、法の文字と趣旨の違いなど考察される。ついで裁判官の能力が考察される。

　裁判官の能力とは、証人から事実を知ることと主権者の法令と勅令だけから法を知る能力である。優れた裁判官とは、第1に、自然法の1つの要素である公正を正しく理解することであり、これは裁判官の自然理性と考察との優秀さによるのであるが、考察のための閑暇と性向を所有しているであろう。第2に、不必要な財産と昇進を欲しないこと。第3に、判決する際に、感情、つまり恐怖、怒り、憎悪、愛、共感などに左右されないこと。第4に、審理についての忍耐、注意深さ、秘密の保持、十分な記憶力などを所有していることが必要とされる。

　ここでホッブズは、ユスティニアヌス（483〜565、527〜65在位）の法典 (the Justinian Code) における7つの市民法を分類する。

① 王侯、即ち皇帝の布告、勅令、書簡などである。人民のすべての権力は彼にあったからである。イングランドの王の宣告がこれに似ている。

② ローマの全人民（元老院を含む）の諸告示が法である。皇帝によって破棄されないものは存続する。イングランドの議会の法令がこれに相当する。

③ 元老院を除く一般人民（the common people）の諸告示が法である。これも皇帝によって破棄されないものは存続する。イングランドの庶民院の命令が相当する。

④　元老院の諸命令が法である。これは顧問会議（consul）の法令に似ている。
⑤　司法長官、公安官の布告が法である。イングランドの法廷の裁判長に相当する。
⑥　皇帝から権威を与えられた裁判官による判決文も法律である。これはイングランドにおける判決記録と似ている。
⑦　書かれていない慣習も、自然法に反しないならば、法である。自然法とは道徳法とも呼ばれ、正義、公正、平和、慈善に役立つ精神的慣習などである。

以上がホッブズのユスティニアヌスの法典の分析である。ホッブズは続いて、実定法を分析する。実定法は、過去から未来へ永劫なるものではなく、主権者権力を入手した人々の意思を法としたものである。実定法は人間的なものと神的なものとに二分される。前者の人間的実定法はさらに分配的なものと刑罰的なものとに二分される。分配的な実定法は臣民の諸権利を決定するものであり、土地や財貨の所有権、行為の権利、自由を獲得させものが何かを示す。他方、刑罰的な実定法は法を破る人々は如何なる刑罰が科せられるべきかを示す。

神的な実定法（divine positive lawes）は、神の掟（特定の一国民、特定の人格だけに 告げられるもの）である。しかし、人々は宣告者が受け取った啓示（掟）をどのようにして確信するであろうか。それはただ信仰（belief）以外には方法がない。つまり人々は自然理性によって認識することはできないのである。それでは人々は宣告者（神のお告げを告白する者）のいうことをどのようにして信頼するのか。それはコモン－ウェルスの主権者が、法を神の法として宣告した場合は臣民はそれに従うことが自然であることと同じである。

以上のように、法を自然法と実定法とに分ける方法があると同時に、基本法と非基本法という分け方がある。基本法とはそれなくしてはコモン－ウェルスが解体するという法である。君主であれ、合議体であれ、主権者に与えられる権利である。例えば、和戦権、司法権、役人選任権、その他主権者に必要とおもわれる権利である。他方、非基本法とはそれがなくてもコモン－ウェルスが解体しないもので、例えば、臣民と臣民との争いなどに関する法律である。

次の2章は省略する。

第27章　犯罪、免罪、および軽減について

第28章　処罰と報酬について

第29章　コモン－ウェルスを弱めるもの、また解体させるもの

コモン－ウェルスの弱点（infirmity）として第1に挙げられることは、不完全な設立（institution）から生じることである。コモン－ウェルスの不完全な設立とは絶対的権力の欠如である。コモン－ウェルス内に権力がないということは、国外から干渉ないし介入されやすいということである。これは歴史上しばしばあることで、コモン－ウェルス内のある一部の臣民が外国の権力に援助を求めて、自分の属するコモン－ウェルスを転覆させようとするとき、このようなことが生じるのである。隣のコモン－ウェルスが弱体化するのを、どのコモン－ウェルスも待っているのである。

第2は、コモン－ウェルスの病気である。1つは「各人が善悪の諸行為の判定者であるということ」である。また1つは「人が自分の良心に反してすることは、すべて罪である」ということである。これは第1の病気に基づく、つまり自分が善悪の判定者であるという思い上りにある。

第3は、「信仰と神聖さは、研究と理性推理によって得られるべきではなく、超自然的な霊感または注入（inspiration or infusion）によって得られるべきである」ということ が挙げられる。

第4は、「主権者権力を有する者は、市民法に臣従する」という意見である。この意見は逆転した意見である。

第5は、「すべての私人（臣民）が自分の財貨について、主権者の権利を排除するような絶対的所有権を持つということ」である。確かにコモン－ウェルスにおいては臣民は所有権を有するが、それで主権者の権限が制約されることはない。

第6は、「主権者の権力が分割される」という意見である。これはコモン－ウェルスの解体以外を意味することはない。

第7は、隣接する諸国の民が違った形態を求め、自国の制度を改革しようと

する。人は新しいものを意欲する傾向があるが、隣国の制度は必ずしも模範となるものではない。

　第8は、古代ギリシア人やローマ人の書物から影響を受けて、国家形態の模倣とする場合がある。ここでは現実の世界と霊魂の世界に分け、現実の主権に対応するものとして至上権（supremacy）、法に対応するものとして宗規（canon）、市民的権威に対応するものとして霊的権威（ghostly authority）を措定している。しかしこの霊的世界を措定すると、そこに王を設定せざるを得ないから、臣民はその王と現実の主権者（君主）の2人に従うことになる。これは政治権力を分散することになり、コモン－ウェルスの解体を招くことになる。

　第9は、貨幣の徴収が合議体に、指揮と命令が1人に、立法が別の人にというように、権力が分散した場合、第8の場合と同様に、コモン－ウェルスの解体を招くことなる。

　第10は、コモン－ウェルスの主権者が危険を予見し、その危険を予防しなければならない。主権者が金銭に関しては、常に特に戦争のために蓄えておかなければならないのに、それを怠っていた場合、わずかの額を獲得するために人民と争うことになる。

　第11は、独占が度を過ぎた場合、または税の徴収が過度になったときも、コモン－ウェルスの解体を招く。

　第12は、ある特定の臣民が他の臣民たちから人気を得ることは危険である。例えば、野心のあるカエサルが元老院と人民との双方の主人になったことは、ある意味で反乱であった。

　第13は、コモン－ウェルスの主権者が、十分に統治できないほどコモン－ウェルス大きくなった場合も解体へと向かう。

　第14は、コモン－ウェルスで養育され、虚偽の説に基づき、権力に論争をいどむ人々は、コモン－ウェルスの基本法に干渉し、コモン－ウェルスの解体を招く。

　第15は、最も明らかなものとして、戦争による解体である。戦争に破れることは、合議体が絶滅することであるから、主権は回復することはない。

以上がコモン－ウェルスの解体を招く要因であるとされる。それではコモン－ウェルスを維持するためにはどうすればよいであろうか。それが次章で考察される。

第30章　主権的代表の職務について

ここではコモン－ウェルスを維持するために、積極的方策は考察されるが、しかし筆者は2つだけを取り上げる。大学の効用と税に関してのホッブズの考察を概観する。

前章で、コモン－ウェルスを解体へと招く様々な意見を取り上げたが、それらは学問に関する事柄における真理の研究が十分ではなく、深い考察に欠けていた。解体へと招く様々な意見を述べた人々は、自分より賢く見え、学んでいると思われる人々、つまり聖職者や隣人から知識を得ていたのである。聖職者や近くの知識人は、大学と法学校から、また公表された書物から得たものである。人民を指導するためには、大学における青年の正しい教育が必要であるが、しかしながらヘンリ8世（1491〜1547、英国王1541〜47、英国教会を確立した）の終わり頃、法王（ローマ教皇）の権力が主として大学で教育を受けた聖職者たちによって弁護され、英国のコモン－ウェルスの権力が否定された。大学が虚偽の学説を創造したかどうかは不明であるが、この意味で人々は十分に指導されなかったことは事実である。

裁判はすべての階層の臣民について平等に運営されなければならない。臣民の不平等は主権者権力の法令に由来する。上流階級へのえこひいき、つまり放免は不遜をつくり、不遜は憎悪をつくり、憎悪は上流階級の打倒しようとする意思をつくるのである。このようなことが起こらないように、臣民の教育が必要である。その働きをなすのが大学である。

次に税の公平の問題である。平等な正義には税の賦課がある。人は自分の生命を維持するために働くだけでは十分ではなく、労働の安全が保障されなければならない。主権者は税を賦課するのであるが、賃金は臣民に身体と労働の安全のために当然支払わなければならないである。それによって各人は生命を享受する。生命には貧富の差はない。賦課の平等は消費されるものの平等にある。

多く労働して、わずかに消費する者と、ほとんど働かず獲得したものをすべて消費する者と比較すると、前者が多く賦課されなければならない理由がない。しかし人々が消費するものに賦課されるならば、彼が購買し使用するものについて平等に支払いをするのである。ホッブズのいう税は現代風にいうならば、物品税か消費税である。第30章の考察はこれで終えることにして次章に移る。

第31章　自然による王国について

前章までにホッブズの国家形態、制度、つまりコモン－ウェルスの考察は終了している。この第31章の最後で第二巻の結論が述べられるが、その前に我々が神にどのような態度をとるべきか、つまり神の王国とはどのようなものかが考察される。それはこの現実の世界にとって積極的意味を持つものではなく、プラトンにおけるように、消極的意味を有するにすぎないのであるが、知っておく必要があるとされる。ホッブズは、この著作の第三巻で『キリスト教のコモン－ウェルスについて』が考察するのであるが、第二巻の第31章は、序論であるということができる。

以上で第二巻の概観を終えることにする。蛇足であるが、第四巻で『暗黒の王国』が考察され、特に第46章は「空虚な哲学および架空の言い伝えから生じた暗黒について」考察される。この章は哲学批判でもあるので、後で概観してみたいと思っている。

ここでホッブズにおける中世キリスト教の政治思想を考察することは有意義であるが、章の小見出しを記するだけにしておく。

　　第三巻　キリスト教のコモン－ウェルスについて
　第32章　キリスト教の政治学の諸原理について
　第33章　聖書の章の数、古さ、意図、権威および解釈者について
　第34章　聖書の章における霊、天使および霊感について
　第35章　聖書における神の国、神聖で神に捧げられた聖礼の意味について
　第36章　神の言葉について、および預言者について
　第37章　奇跡とそれの効用について

第38章　聖書における永遠の生命、地獄、救済、および贖罪の意味について
第39章　聖書における教会という言葉の意味について
第40章　アブラハム、モーゼ、祭司長たちおよびユダ（ヘブライ人が紀元前922年頃ユダとイスラエルに分裂）人の王たちにおける神の王国の権利について
第41章　我々の祝福された救世主の役割について
第42章　教会権利について
第43章　人が天の王国に受容されるために必要な物事について

　第四巻　暗黒の王国
第44章　聖書の間違った解釈からくる霊的暗黒について
第45章　魔物および他の異邦人の宗教の遺物について
第46章　空虚な哲学および架空の言い伝えから生じた暗黒について
第47章　暗黒から出る利得について、それが誰に帰属するのか

　先に述べたように、第46章だけを概観することにする。

第46章　空虚な哲学および架空の言い伝えから生じた暗黒について

　ホッブズによれば、哲学とは「或る物事の生成の仕方からその固有性に至り、またはその固有性からそのものの生成の或る可能な経路に至ることを、理性推理（reasoning）によって獲得することである。その知識は、物質と人間の力がゆるす限り、人間生活が必要とするような効果を、生み出すことができることを目的とする」のである。例えば、幾何学者は諸図形の構成から、固有性を見いだし、そして推理によってその固有性から、諸図形を構成する新しい筋道を見いだし、ついには水陸の測量ができるようになったのである。
　推理する能力は、言葉の使用の帰結であるから、ほとんど言語と同じくらい古く、推理によって発見された若干の一般的真理がなかったとすれば、それは不可能であった。しかしこれもコモン－ウェルスが成立することによって可能となったのである。なぜならば、哲学研究のためには余暇が必要であり、余暇のなかったときには哲学もなかった。繁栄した都市、つまりコモン－ウェルスが成立して初めて、哲学が可能となった。コモン－ウェルスは平和と余暇と哲学との母である。哲学はインド、ペルシア、カルデア（新バビロニアともいわ

れ、古代アッシリアが、エジプト、カルデア、リディア、メディアに分かれるが、紀元前6世紀に再びアケメネス朝ペルシアに統一される)、エジプトに始まったのであるが、まだギリシアに哲学はなかった。ギリシアでは7賢人で哲学が始まり、道徳的かつ政治的なものであった。これに対して、カルデア、エジプトに始まったものは、天文学と幾何学であった。

アテナイがペルシア軍を撃破することによって、哲学が始まった。プラトンのアカデメイア、アリストテレスの逍遥学派、ゼノンのストア学派、またユダヤ人のシナゴーク(ユダヤ教の教会)などであるが、ホッブズによれば、必ずしも称賛に値するものではない。それでは現在(ホッブズの時代)の大学はどうであろうか。

大学と呼ばれているものは、多くの公共的な学校をローマの統治のもとで、1つにまとめられたものであり、3つの職業、つまりローマの宗教、ローマの法律、医術のためのものとして設立されたものである。ここでは哲学はローマの宗教の侍女である。しかもアリストテレス学である。宗教の立場、つまりスコラ哲学からアリストテレスの『形而上学』を誤解した。即ち、アリストテレスは自然哲学の後に書かれた本を超自然哲学に解釈した。

アリストテレスの『形而上学』と聖書と混合することによって、スコラ神学(schoole divinity)が作られた。この形而上学は、この世には物体から分離された本質があることを主張し、それを抽象的本質とか実体的形相と呼ぶ。これは戯言である。なぜならば、この世界は有形であり、つまり物体であって、長さ、幅、深さを持つからであり、物体でないものは宇宙の部分ではなく、宇宙がすべてであり、宇宙の部分でないものは無でありどこにも存在しないからである。しかしながらこのことから、聖霊が存在しないことにはならない。なぜならば、聖霊は諸次元を持ち、実際は物体であるからである。聖霊は無形であるとされるが、それは名誉ある名称で呼ばれ、一層の敬虔さをもって神に帰属するのである。我々は理解を超えた神の本性を考察するのではなく、神に名誉を与えようとする我々の欲求をどのようにしてよく表現すればよいかを考察するのである。

ホッブズはスコラ哲学に対して徹底して反論するのであるが、キリスト教そ

のものには反対しない。ホッブズは続いて抽象的本質と実体的形相の考察をする。

　我々は言葉を介して我々の思惟の結果、つまり思惟されたものと概念を記録するとか、また他の人々にそれを伝えるために言葉を使用する。言葉はあらゆるものの、つまり物体・非物体の名辞であり、ある言葉は構想力 (imagination) に印象を残す。また他のものは 構想されたものそれ自体の名辞であり、また他のものは名辞の名辞である。例えば、普遍的、複数、単数などである。これに対して、定義、肯定、否定、三段論法などは言葉の一定の形態の名辞であり、またある名辞の他の名辞に対する連続とか断絶を表す。例えば、「人間は物体である (Ein Mensch ist Körper)」という命題において、この命題を口にした人は、「ist」という述語動詞を介して「人間」という名辞に「物体」という名辞が必然的に連続するというのである。たとえ述語動詞がない場合でも同じである。また言葉の名辞でなくても、印ないし記号であっても同じであるとする。

　抽象的本質また実体的形相は分離された本質であり、スコラ哲学者たちは、このような名辞を使用し、国の法律から人々を遠ざけ、法律をないがしろにする。これは、簡単にいえば、ひとかけらのパンの形と色と味とが、パンがないところで、存在するということと同じである。アリストテレスは自分の哲学が虚偽の哲学であることを知っていたであろう。彼がソクラテスと同じ運命になることを恐れて書いたであろうとホッブズはいう。

　この後ホッブズは、運動、停止している今、多くの場所に存在する1つの物体と1つの場所に同時に存在する多くの物体、重さの原因が引力であるというような自然哲学における諸背理、作られた物体の中に入れられる量、現出の偏在、意志することの原因である意志、神秘的な原因となる無知、一方で物事の一致、他方は不一致を作るもの、私的欲求が公共的善についての規則、合法的な結婚が不貞であること、民衆的でないすべての統治は圧政であること、人ではなく法が統治するということ、良心を支配する法、法の私的解釈、スコラ神学者の言葉、伝説から由来する誤謬、理性の抑圧などを考察する。この中から、運動、民衆的でないすべての統治は圧政であること、人ではなく法が統治する

ということ、理性の抑圧を簡単に概観することにする。

運動は場所の変化であり、無形の実体は場所を持つことはできない。それにもかかわらず、霊魂が天国、地獄、練獄へとどうして運動できるのであろうか。また人々の霊魂が夜に教会や教会の庭やその他の墓地をどのようにして歩くことができるかを説明するのに努力している。これに対する答えをホッブズは知らないという。

彼ら（スコラ神学者）は、アリストテレスの政治哲学から民衆（民主）政治以外のコモン－ウェルスはすべて圧政（tyranny）であると呼ぶことを学んだ。すべての王を圧政者と、スパルタの30人の統治者の貴族政治を圧政政治と呼んだ。また形容に困ったときは、民主政治を無政府と呼び、貴族政治を寡頭政治とか少数者の圧政と呼ぶ。しかし、自主的政府は言葉と約束によって維持されるのではなく、兵士と武器が法の力と権力を作るのである。

このことから、よく秩序づけられたコモン－ウェルスは、言葉と紙切れによって維持されるのではなく、人（兵士）によって統治されなければならないとする（この46章が第1章への反論の結果である）。

総括と結論

私（ホッブズ）の考察が神の言葉にも善良な風俗にも反するものではなく、また公共の平穏を乱すものではない。従ってこの作品が印刷され、公表されることは有益であろう。そして諸大学の人々がそのように考えるならば、その内容が教えられることはより一層有益であろう。なぜならば、大学は政治的および道徳的な学説の源泉であり、異教徒の政治家から、欺く霊たちの呪文から、コモン－ウェルスを護るために、大学で学んだ説教師や 紳士階級（gentry＝貴族階級の下にあって、経済的に裕福な階級）の人々がその内容を臣民に広めることのできる場所であるからだ。

第6部

ジョン・ロック
(John Locke 1632〜1704)

人物像

ジョン・ロックは1632年に生まれ、1704年に亡くなった。彼の時代のイギリスは最も波乱に富んだ時代であった。即ち、1649年のピューリタン革命、1689年の名誉革命があり、前の革命で王を処刑し、国王不在が11年が続いた。つまり絶対主義王政から共和政治へと移行したが、反動から王政が復興（1660年）し、名誉革命で国民主権を獲得したが、君主制という従来になかった政治形態を作っていた。このような時代状況の中で、ロックは執筆活動をしている。その中から、3つの作品を考察することにする。その作品とは、Two treatises of government（中央公論社　世界の名著　では『統治論』、岩波文庫では『市民政府論』）とAn essay concerning human understanding（『人間知性論』）で、同じ1689年に出版されている。更にA letter concerning Toleration『寛容についての書簡』である。

I　『人間知性論』
(An essay concerning human understanding)

ロックもホッブズと同じように、あらゆるものを研究するためには、まず我々人間とは如何なるものであるかを理解する必要があるとする。ロックは次のようにいう。「私たちは、……、自分たち自身の才能を調べ、私たちの知性が取り扱うのに適した対象と適さない対象とをみる必要がある。」筆者はこの説に同意する。『人間知性論』の構成は次のようになっている。
　　第一巻　生得観念について
　　第二巻　観念について
　　第三巻　言葉について
　　第四巻　真知と臆見について

第一巻　生得観念について

第1章　序

人間が最高の存在者であることを保証するものは知性であるから、その知性は研究の労に値する。しかし知性を知性の対象それ自体とするためには技術と努力が必要である。技術とは方法である。その方法とは、第1に、観念、思念など自分の内にあると自分だけが意識するものの起源を研究し、知性にそのようなものが供給される過程を研究すること。第2に、それらの観念を通じて知性が持つ真知ならびにその絶対的確実性、明証性、範囲を明確にすること。第3に、所信あるいは臆見の本性と根拠を研究することである。

第2章　心には生得の原理はない

ある人々は、我々の霊魂が生得原理、原思念、共通思念、つまり捺印された文字を携えて生まれてくると主張する。しかし生得的なものの助けを借りることなく、絶対的確実性へ到達できることを証明するならば、上述の説が間違っていることを立証できるはずである。例えば、捺印された文字を携えて生まれてくるということは承認でしかない。承認は普遍的とはなり得ない。同様に、「およそあるものはあると同じものがあってあらぬことはできない」という同一原理や矛盾原理も普遍的には承認されない。なぜならば、子供や白痴はこれらの原理を理解しないし、それ故生得原理に必要な普遍的同意を欠くからである。普遍的真理に至る方法は2つある。即ち、理性を自ら働かせる場合と他人の導きを介する場合である。しかしこれは生得性を表現するのではない。ロックによれば、如何なる真理であっても、我々の認識能力を離れて存在するものではない。それでは我々の認識はどのようにして成立するであろうか。

ロックは簡単に次のようにいう。「まず初め、いろいろな感官が個々の観念を取り入れて、それまで空室だった心へ備えつける。そして、心は観念のあるものに徐々に慣れ、そこで観念は記憶に宿り、これに名前がつけられる。その後さらに進んで、心は観念を抽象し、一般名の使用を徐々に学ぶ。こうして、

心はその推論機能を行使する材料の観念と言語を備えるようになる。そして、理性が使われるこうした材料が増えるにつれ、理性の使用は日ごとに顕著になる。けれども、一般観念を持つことと一般語や理性を使うことは通常同時に進むが、どうしてこれが一般的観念の生得を証明するのか、私には解らない。」

ロックはイギリス経験の立場に基づき、このように普遍的認識の生得性を否定するのである。我々の認識は理性を真理発見への正しい道へ向けるならば、絶対的確実性を獲得するのである。

3章　生得の実践的原理はない

理論的公準（maxim）でさえ普遍的同意を得られないとすれば、実践的原理はより一層普遍的同意を得られることはない。

正義や契約は普通の社会では遵守される。しかし詐欺と強奪が横行する社会では正義や誠実をどうして生得原理であると言い切ることができようか。このように主張するロックは、一般に道徳法則の根拠と見なされる神をどのように見ていたであろうか。

「神の存在はいろいろな面で明白であり、神に対して我々のなすべき服従は理性の光に全く合致するので、人類の大部分は（道徳の基本である）自然法をたからかにいう。しかも私は容認しなければならないと思うが、道徳規則の中には人類が道徳性の真の根拠（神）を知らずに、あるいは認めもせず、たいへん一般的に推奨する規則がいくつかあるのである。」

理性による認識には真理の離在性を認めなかったロックは、実践（道徳）的根拠として神の離在性を認めるのである。ロックのいう生得性は我々が生まれながら持っているものでもない。指導（教育的訓練）を受けた理性の働きによって我々は普遍的認識を獲得する。従って、我々の認識能力だけが生得性を持つことになる。このことから神の離在性は認められることになる。もし神の離在性を認めないとすれば、神が生得的なものとならざるを得ない。神が生得的なものとなるならば、人間の自由は認められないことになる。ロックはこの問題をどのようにして解決するか、今後の課題である。

第4章は、第2・3章の付論となっているので省略する

第二巻　観念について

第1章　観念一般とその起源について

　人間は思惟している間、心が向けられる対象は心にある観念である。前に述べたように、心は空室である。ロックはここでタブラ・ラサ（tabula rasa ＝ ぬぐわれた書板）といっている。ロックによれば、思惟作用が始動するのと同時に、観念が生じることになるのである。ロックは心が理性的推論と知識の材料を経験から獲得し、「我々の一切の知識は経験に根底を持ち、この経験から一切の知識は究極的に由来する」というが、心とはどんな能力であろうか。また経験とはどんなものであろうか。

　第一巻の2章でロックのいう認識過程を考察した。ここでさらに詳細に考察することにする。

　第1に、我々の感官は個々の可感的事物に関わって、それら事物が感官を感触する様々な仕方に応じて事物のそれぞれ違う知覚を心に伝える。感官を介して知覚されたものが知性になることを感覚と呼ぶ。

　第2に、経験が知性に観念を与える別のものとは、知性がすでに獲得してある観念に働くとき、換言すれば、心の内なるものに働くとき、内感の知覚である。より具体的にいえば、考えること、疑うこと、信じること、推理すること、知ること、意志すること、つまり我々自身の心の一切の働きである。ロックはこれをまとめて内省と呼ぶ。

　ロックのいう「心」はなお理解しがたいのであるが、さらに「霊魂」という概念を持ち出す。ここでその差異を考察しよう。

　霊魂は、延長が物体と同時に存在するように、思惟作用から離れることができないと主張する人がいるが、ロックによれば、霊魂はいつも思惟する必要がない。観念の知覚と霊魂との関係は、運動と物体との関係と同じで本質ではなく（運動していない物体が存在しないという現代の物理学の立場ではなく、物体と運動とは別のものという視点にある）、作用の1つ（つまり霊魂は本質で、知覚は作用ということになる）であるとする。続いてロックはいう。思惟する

には覚醒していることが条件であり、覚醒している限り、霊魂が働くのである。このことから、感官が霊魂に観念を与える前に霊魂が作用し始めることはないのである。

　ここでの課題は霊魂と心の差異を明らかにすることであった。ロックの「心」についての表現を引用する。
① 　心が知覚、想起、考察、推理などと呼ばれる作用である。
② 　心が感覚によって得られた観念に関係する。
③ 　心の外の外部対象が感官に作用する。
④ 　心は本来の固有な能力から生じる心自身の作用であり、この作用も心が内省すると……。
⑤ 　心の熟考の対象となって、……あらゆる知識の起源である。
⑥ 　心のさまようあの大きな領域のどこにでもある。
⑦ 　心を超越すると思われる思惟でもある。
⑧ 　心は感官と内省の提供する観念を越え出ることはない。

　上述した霊魂と心を比較してみるならば、大差はなく、ほとんど同じ意味で使用しているように思える。アリストテレスにおいて、感官を介して入ってきた情報は、受動理性と能動理性、換言すれば、精神的霊魂（霊魂は1つであるが、三分割され、この部分は人間だけに属し、他に栄養的霊魂と感覚的霊魂の部分がある）の働きによって、消極的なものから積極的なものに変わった。ロックにおいても、消極的なものから積極的なものに変化させるものは霊魂もしくは心であるということができる。

第2章　単純観念について

　観念には単純なものと複雑なものとの2種類がある。感官を感触する事物のいろいろな性質は、それぞれが分離することなく混じり合っているが、心に生じる観念は単純である。この単純観念は明晰判明であり誰にでも明白である。知性が単純観念をひとたび蓄えると、それを多種多様に繰り返し、比較し、統合し、新しい複合（複雑）観念を創造することができるが、知性は観念を消去することはできない。

第3章　感官の観念について

我々には5つ感官があり、それぞれが受け取る観念がある。次の4つに分けられる。

第1は、ただ1つの感官だけによって心へ入ってくる観念。

第2は、1つ以上の感官によって心へ伝えられる観念。

第3は、内省だけから得られる観念。

第4は、感覚および内省のすべての道によって、心に示唆される観念。

第4章　固性（固さ）について

固性とは、不可入性とも呼ばれる。固性観念は物体が空間を満たしているという観念である。固性観念は抵抗も運動もあるはずのない純粋空間ではない。固性観念によって物体の延長と空間の延長が区別される。物体の延長は固性を持ち、分離でき、運動できる部分の密着ないし連続にほかならず、空間の延長は固性を持たず、分離できず、運動もできない部分の連続である。

プラトンの国家論を考察して以来今まで空間を考察したことはない。プラトンにおいても空間は重要な概念であった（特に『テマイオス』を参照）。哲学において古来、現代においても空間と物体との関係は重要な関係である。ここで空間を考察することはせず、提起するだけにしておく。

第5章　複数感官の単純観念について

1つ以上の感官によって獲得する観念は、空間ないし延長、形状および運動の観念である。後に（第13・14章）また考察する。

第6章　内省の単純観念について

内省でよく覚知されるものは思惟することと意志することである。思惟する能力は知性と呼ばれ、有意の能力は意志と呼ばれる。詳細には第10・11章および第四巻の第1・14・15・17章で考察される。

第7章 感覚と内省の双方の単純観念について

心に伝えられる観念には今まで考察したのとは違うものがある。大きくは2種類に分類される。それは快さと不快である。前者には満足、心地よさ、幸福などが属し、後者には悩み、苦痛、苦悶、不幸などが属する。

次に、我々が1つの事物と考えることのできる事物はすべて、実在するものであっても観念であっても「1」という観念を知性に示唆する。

自然における事物は瞬間ごとに感官に現れ、それを受け取る能力も1つの単純観念である。

我々が目覚めているとき、観念が列をなして切れ目なしに過ぎ去る。従って、継続も単純観念である。

第8章 単純観念への補足

ロックは観念を定義づけて、「およそ心が自分自身のうちに知覚するもの、つまり知覚とか思惟とかの直接対象であるもの」を観念という。そして「観念を産出する能力」を性質という。しかしロックはその能力を働かせる物体も性質を有するという。その性質には2種類ある。

「物体がどんな状態であれ、物体から全く分離できないようなもの、物体がどんな変更や変化を受けようと、どんな力が物体に加えられようと、それらを通じて物体が不断に保有するようなもの、知覚されるに十分な大きさの物質分子のすべてに感官が不断に見いだし、またたとえ単独では感官が知覚するのに小さすぎる物質分子であっても、すべての物質分子から分離できないと心が見いだすようなもの」が1次性質また本源的性質と呼ばれる。このような性質に対して、2次性質とは、「事物自身にあって、その事物の1次性質によって、つまり、事物の感覚できない部分の大きさ、形状、組織、運動によって多種多様な感覚を産出する能力、例えば、色、音、味」などである。このような物体の性質が我々の内でどのようにして観念を生み出すのであろうか。

物体が作用すると考えられる唯一の道は衝撃である。我々が物体の本源的性質を知覚するとすれば、ある運動がこの物体から脳へ、つまり感覚の座まで神経もしくは動物精気（animal spirit）を介して至り、特定の観念を心に産出す

るのである。

物体の1次性質の観念は物体の類似物であり、その範型は物体自身に実在するが、2次性質によって我々の内に生み出される観念は、物体に少しも類似しないのである。このような観念に対して、物体の性質は3つある。

第1は、我々の知覚とは関係なく存在するもの、つまり1次性質と呼ばれるもの。

第2は、ある特定の仕方で我々の感官のどれかに作用する。つまり2次性質と呼ばれるもの。

第3は、物体の1次性質が形状、組織、運動を変形させ、つまり最初の観念とは違う観念を惹起させる性質、例えば、太陽が蝋を白くするとか、火は鉛を溶かすという能力（作用）である。

第9章 知覚について

知覚とは思惟一般ともいわれるもので、最も単純なものであり、それだけに確実である。内省から考えるならば説明する必要がない。ただ言い得るとすれば、外からの刺激は内部で覚知されなければ、知覚は成立しないということである。従って、外からの刺激が単純でなかったり、不明確であったりすれば、判断によって変化し得るのである。しかし知覚は知識への第一歩であり、知識の全材料の入り口である。

第10章 把持（retention）について

把持とは「心が感覚あるいは内省から獲得した単純観念を保存することである。」その観念を眺め続けることを熟考（contemplation）という。保存されている単純観念を再生する能力を記憶（memory）と呼ぶ。この能力は「心がかつて持っていた知覚を、前に持っていたという知覚をつけ加え、結びつけて、再生する能力」である。注意と反復によって記憶に観念を固定するのであるが、最もよく固定される観念は快不快の感情を伴っている観念である。しかし再三繰り返され、その都度新しく記憶される観念は明晰で長くとどまる。再生される観念は「2次的知覚」ともいわれ、ロックはここに単に受動性だけではなく、

心の能動性を認める。ロックは記憶を再生の能力と定義し、さらに喪失の能力であるとする。「完全な無知」を生むとする。さらに記憶の働きが遅くて、記憶に蓄えられている観念を、必要に応じて心に役立てるのに早く取り出せないときがあるという。

第11章　識別その他の心的作用について
心は上述した以外に、観念を範囲、程度、時、所などを比較、関係づけ、構成し、拡大し、複合観念を創造する作用を有する。

第12章　複合観念について
心が能動的に単純観念から複雑観念を創造するのであるが、その方法が3つある。第1は、単純観念を複合観念に集成し、複雑観念を作る。第2は、2つの観念から関係の観念を作る。第3は、ある観念から観念を分離する、つまり抽象し一般観念を作る。

複雑観念には、様相（mode）、実体、関係がある。様相には単純様相と混合様相がある。実体の観念は第1の主要な観念である。最後の関係の観念は、ある観念と他の観念とを考え合わせ、また比較する観念である。

第13章　単純様相について
2つの事物の間の長さだけに注目したとき生じる空間は距離である。長さと幅と厚さで考えれば、容積である。延長はどのような空間にもあてはまる。この意味で空間は単純様相である。空間の観念をどのように変容させても、単純様相である。例えば、幾何学における図形は、形状といわれ、無限の多様性を心にもたらす。場所の観念も空間の一種と見なされる。ロックはこれに続いて、物体と延長の差異を考察する。

それによれば、第1は、延長は物体のように固性を持たず、物体の運動に対する抵抗を持たない。第2は、純粋空間の部分は相互に分離できない。第3は、純粋空間の部分は運動できない。

さらにロックは真空を認める。物質なき空間を認めなければ、物質の任意の

部分を消滅させる神の力を否定しなければならない。

第14章　持続

　距離または長さを表すものとして、不断に消えゆく部分から獲得されるものとして持続がある。これも単純様相であって、日、月、年など時間および永遠のような明白な観念である。また観念の継続が持続を支えるのであるが、継続は運動である。つまり運動が「連続的系列」を生むのである。

　持続の尺度は時間であるが、この時間は太陽の日々および年々の回転に基づいている。この回転は自然のそもそもの初めから恒常不変で規則正しく、全人類があまねく観察でき、毎回等しいと思われる。この基準となる時間の観念から永遠という観念が生じる。

第15章　広がり

　距離ないし空間を抽象化することによって広がりが生じる。延長とは物質の固性があるときだけ使用する術語である。

第16章　数

　「1」の観念は我々が持つ最も普遍的な観念である。この数の観念を反復することによって複雑観念が獲得される。数の様相は明晰判明である。

第17章　無限

　無限とは空間、持続、数の観念に生じる。空間の無限は、部分的空間を加えて拡大することによって獲得される。同様にある持続の長さを加えることによって、永遠の観念を獲得する。数の無限こそ判明な観念である。しかしながら無限の観念は消極的でしかない故に確定（実定）的ではない。

第18章　その他の単純様相

　運動の様相は延長の様相に応じる。時間的距離と空間的距離から構成される複雑観念である。

音と色は多種多様である。味と匂いは感官の単純様相から観念であるが、明確な名前を持たない。

第19章　思惟の様相

心が自分自身を熟考するとき、まず現れるのが思惟である。心は多種多様な変容を思惟のうちに観察する。感覚は感官によってある観念が知性へ現実に入ることであり、それが再び出現すると憶起（remembrance）といわれ、心が苦しみ努力して見いだすならば、想起（recollection）と呼ばれる。心がそれを注意深く考察すれば、熟考（contemplation）といわれる。その他に夢想（仏語＝reverie）といわれるものがある。

第20章　快苦の様相

快苦の様相を表すものとして、善悪を軸として諸々の情緒が生ずる。情緒とは、愛、憎しみ、欲望、喜び、悲しみ、希望、恐れ、絶望、怒り、羨望などがあるとされる。詳論は省略する。

第21章　能力

能力は可能性を介して理解される。つまりある事物ついての観念が変化させられる可能性、変化させる可能性が考えられることによってである。

能力は運動であり、変化させる「能動的能力」と変化させられる「受動的能力」の2種がある。すべての観念はこの2つの能力から獲得される。

我々が我々に命令することがある。これが心の働きで意志と呼ばれる。

知覚の能力は知性と呼ばれ、3種類ある。①我々の心での観念の知覚。②記号の意味表示の知覚。③観念間に存する結合もしくは分離、一致もしくは不一致の知覚。選択する能力と知覚する能力、つまり意志と知性は心の2つの重要な能力である。

選択する意志を反省すれば、自由と必然があることが理解される。つまり人間が自分自身の心の選択ないし指示に従って考えたり考えなかったり、動かしたり動かされなかったりする能力を持つ限りにおいてである。人間は自由であ

る。行為する人間が、意志に従って行為しなければ、その行為は必然性のもとにある。思惟、意志のないところには自由があるはずがない。しかし自由のないところにも思惟と意志があるかもしれない。例えば、自然が我々の自由を圧倒する場合を考えるならば、納得できるが、しかしロックのこの説明は不十分である。

　ロックはまとめていう。

　第1、自由は、ある行動の存在もしくは非存在が我々の意向に左右される点に存するのであって、ある行動もしくはその反対が我々の選択に左右される点、つまり結果に存しない。自由は我々が選択するままに、行えたり、行えなかったりするところに存する。

　第2、意向もしくは意志とはある行動を生む方向へ思惟を向け、それによってこの行動を生む能力を発動させる心の働きである。

　第3、意志とは、人間を運動させたり静止させたりする人間のいろいろな作用機能が心の指示に従う限り、そうした機能を指示する心の能力である。意志を最終的に決定するものは心であるという。その心が落ち着きを失う理由は、欲望が原因となっているときである。従って、意志を最終的に決定するのが欲望なのである。その欲望を動かすのが幸福である。幸福は快であり、不幸は苦である。ここに善悪が区別される。

　上で述べたように、心に落ち着きを失わせるものは欲望である。我々はその欲望を停止させる能力を持っている。様々な欲望を自由に考察し、相互に比較する。ここに人間の自由があり、自由意志と呼ばれる。ロックによれば、「自由とは心の指示に従って行ったり行わなかったりする能力である。」

第22章　混合様相

　単純観念は受動的であるが、心は能動的に混合様相を構成する。むしろあるものが自然に存在する通りのものであるかどうか検討することなく、構成することができる。我々人間は思惟と運動とそれらに属すると思われる能力によって単純なものから複雑なものを構成するのである。

第23章　実体の複雑観念

今までの考察から理解されることであるが、ロックはあくまでも客体から離れることはない。実体の観念といえども同じである。実体の複雑観念は次のように定義される。

第1に、各種の実体観念はすべての事物、即ち単純観念がそれに属し、その内に存立すると想定され集められたものにすぎない。従って明晰判明な観念ではない。

第2に、1つの共通な基体（ロックは述べていないが、事物と想定された観念を結びつけるもの）に統合されて、各種の実体の複雑を作る単純観念は、感覚もしくは内省から受け取っておいたものだけである。

第3に、実体の複雑観念を作る単純観念の大部分は、確実な性質であるとされたものであっても、実際は能力の様態である。

第24章　実体の集合観念

ロックは複雑観念の他に集合観念があるとするが明確ではない。ロックによれば、集合観念とは人工的な事物の大部分から、少なくとも別個な諸実体から作られるものであるとする。

第25章　関係

観念には観念相互の比較から獲得される観念がある。心がある事物を考えて、この事物を他の事物のところへ持ってきて、後者によって前者を位置づけ、両者を比較するとき関係とか関連という観念が生成する。

関係の観念は次のような特性を有する。

第1に、ある事物と他の事物と関連させて考察できる事物は無限にある。それ故、大部分の思想や言葉がこのようにして作られる。

第2に、関係は事物の実在に含まれないから、事物の観念以上に明晰判明な場合がある。

第3に、（ロックによれば）関係の観念は、感覚または内省に基づく単純観念である。

第4に、関係はある事物と他の事物とを考察することであるから、それを表現するものは言葉である。すべて関係語である。

第26章　因果関係

事物の絶え間なき変転が覚知されることによって、単純観念であろうが、複雑観念であろうと、生み出すものを原因として、生み出されたものを結果として我々は獲得する。

我々が、1度因果の観念を獲得するならば、事物の2つの起源を獲得する。

第1に、事物が全く新しく作られ、従ってどの部分も前に存在しなかったとき、例えば、前に少しも存在しなかった新しい物質分子が自然界に存在し始めるときであり、これを創造という。

第2に、ある事物がすべて前から存在する分子で作られているが、その事物が前に存在しなかったというときである。その事物のある内的要因によって、自然の成り行きの中で生み出されるとき、生成と呼ぶ。また原因が外的要因によって結果が生み出されるとき、作成と呼ばれる。以前はなかった単純観念が生み出されるとき、変更と呼ばれる。

このような因果関係とは違う関係を表すものとして、時間と場の関係があるが、有限な存在者は時間と場に関係づけられている。

第27章　同一性と差異性

ある事物について、心がある一定の時間と場に存在するとし、さらに他の時間と場に存在するその事物自体と比較することによって、同一性と差異性の観念を形成する。

人格とは理知と内省を持ち、自己自身を自己自身として認識する英知的な存在者である。この存在者、つまり人間の意識だけが、違ったときに違った人格を作ることができるであろうが、かけ離れた存在を同じ人格として構成できる。人格とは自我でもあることから、人格性は現在の存在を越えて過去と未来の存在に拡大可能である。

第28章　他の関係

上で述べた関係以外に、比率、自然、制定、道徳関係が挙げられるが、最後の道徳関係を考察しよう。

道徳関係とは、人々の有意行動と規則、即ち行動について判定する規則との合致もしくは不一致という関係である。規則に合致することは道徳的に善であり、合致しないことは悪である。規則には3種がある。つまり神法、市民法、世論もしくは世評の法である。

第1は、神が自然の光によって人々に広めたにせよ、啓示にせよ、人々の行動の規範としての法である。この法は道徳的公正の唯一の真の基準である。つまり道徳的善悪の判断基準である。

第2は、国家が、属する市民の行動が罪悪かどうかを判断するために、立法した規則である。

第3は、世論の法の基準は徳または悪徳である。この基準は、国や社会で好評または不評の行動に属する。徳は、どんな国また社会においても、公衆の称賛に値するとされ、尊敬されるものである。

第29章　明晰な観念と不明瞭な観念、判明な観念と混乱した観念

単純観念は対象自身に基づき、秩序ある感覚ないし知覚で提示される限り明晰である。しかし時とともに不明瞭なものとなる。複雑観念であっても単純観念から構成される限り明晰であり、また数と順序が確定的で絶対確実であるときも明晰である。

しかし他方、観念が混乱するときがある。その原因は3つある。

第1は、複雑観念を構成するとき、単純観念が数が足りないときに生じる場合である。

第2は、単純観念の数が十分であっても、混乱して収集されたことが原因となる場合がある。

第3は、観念のある部分が不確実で生じる場合である。

第30章　実在的観念と空想的観念

観念そのものの様相は、次の3つの視点から考察されなければならない。第1に、実在的か空想的か。第2に、完全であるか、不完全であるか。第3に、真か偽であるか。

実在的観念とは自然にその根拠を持ち、事物と合致する観念である。これに対して空想的観念とは、自然に根拠を持たず、実在する事物と合致しない観念である。観念の実在性を根拠づけるものは3つある。

第1に、単純観念は実在する事物と一致するとき、実在的であるが、しかしすべてが実在的であるとは限らない。例えば、第8章で述べたように、1次性質を除いては実在的ではない色、音、味などである。白さ、冷たさは雪のうちにはないが、外に実在する事物の内に存するのであり、その能力の故に、その観念が我々に生じ、我々に事物そのものの諸性質を我々に識別させる実在的観念である。

第2に、(認識対象の)混合様相と関係は、人々の心にある実在性を有する。ここで成立する観念は、人間自身が原型であるから、また様々な観念を寄せ集めない限り幻想的とはなり得ないから、実在的である。

第3に、実体の複雑観念は我々の外に存在する事物と関連して作られ、その事物と共存する単純観念の集成であるときだけ、実在的である。

第31章　完全な観念と不完全な観念

観念と関連させる原型を完全に表象するような観念を完全と呼ぶが、関連する原型を部分的または不完全にしか表象させない観念を不完全と呼ぶ。これもまた3種ある。

第1は、単純観念はすべて完全である。

第2は、有意的複雑観念は、実在する事物の模写ではなく、心の作った原型であり、何も欠けていないから完全である。

第3は、実体の観念は心の中で二重の関連を持つ。①事物のそれぞれの種の実在的本質と想定されるものと関連する。②存在する事物に見いだされる諸性質の観念によって、心の中の像はこれらの存在する事物の写像もしくは表象だ

とされる。原物または原型の模写は不完全である。

第32章　観念の真偽

真偽は命題だけに属するが、時によっては観念も真偽が問題にされる。そのときは判断が働いている。判断が働かない限り観念は真でもなければ、偽でもない。このような観念を他の観念に関連させるとき真偽が生じる。その生じ方が3つある。

第1に、観念の真理性は他人が持つ観念と同じ名で呼ばれ、合致するとき成立するのであるが、偽の観念として成立する可能性がある。従って、複雑観念においてはその可能性が増える。

第2に、事物の関連で真偽が問題となるとき、単純観念であることから、すべて真理である。

第3に、実在する事物の本質と関連してする観念は真理である。しかし事物の知られていない本質の表象と見なされるとき、偽となる。

第33章　観念連合

観念には自然と相互に対応し、結合するものがある。その観念を辿って、その独自なあり方に基づく結びつきと、対応したまま観念を一緒に保持することが理知の働きである。しかし理知には受動的側面、つまり観念連合される能力もある。これは偶然あるいは習慣に起因することが多い。従って、人が違えば、心的傾向、教育、関心などに応じて違う。習慣は、意志決定や知性にまで影響を与える。習慣によって作られる観念連合はすべての人に内在することは疑い得ないことである。

この巻の考察の結論としていうことができることは、観念と言葉の間には緊密な関連があり、知識はすべて命題にならざるを得ないから、言葉の考察を避けることはできない。ロックは次巻で言葉を考察する。それに従うことにする。

第三巻　言葉について

第1章　言葉ないし言語一般

　神が人間を創造するとき、仲間になりたいという心的傾向を与え、共通の道具として言葉を人間に備えつけた。これによって観念は他人に知らされ、人々の思想は人から人へ伝えられる。

　音を観念の記号とすることができるというだけで、その記号がいくつかの事物を包括するように使われなければ、記号としての言葉はまだ不十分である。個々の現象を表現する言葉もしくは記号が必要であるが、他方それらをまとめる一般名辞も必要である。

　言語効用と力とをさらによく理解するために、次のことを考察する必要がある。

　第1に、言葉を使用する際に、名辞が直接にあてはめられるものは何か。

　第2に、（固有名詞を除いて）一切の名前（名辞）は一般的であり、従って、個々の事物を表すことなく、種（sort＝species）とか類（kind＝genus）を表す。それらがどのようにして創造されるかを考察する必要がある。

第2章　言葉の意味表示

　社会は言葉を介して成り立つ。人間は自分の思想、つまり観念を他人に伝達できる外的可感的記号を見いださなければならなかった。言葉の効用は観念の可感的記号であり、言葉の表す観念こそ言葉の本来の意味表示である。

　人が言葉を使用することによって自分の観念を表示するのであるが、そのとき2つのことを前提している。つまり1つは、自分の思想を他人にもある観念の印であると想定している。もう1つは自分の言葉が実在の事物を表すと想定している。この想定がなければ、言葉を用いる理由はない。

　言葉についてさらに2点考察されなければならない。

　第1は、言葉は人々の直接の観念の記号であり、相互に思想や想像を表現し伝達する道具である。人々は言葉だけで観念を想起することができるのであ

る。

　第2は、人間は幼少の頃より言葉に慣れているが、言葉の意味表示をいつも吟味しているわけではないから、吟味したり検討しようとするとき事物から往々にして離れがちである。

第3章　一般名辞

　言葉の多くの部分は、理知と必要性から成り立つ一般名辞である。個々の事物は、それぞれ固有の名前を持つとしても、言語の目的から見れば必ずしも有効ではなく、知識の進歩にも同じく有効ではない。

　言葉は記号化されることによって一般的となるのであるが、個別的存在者に限定される観念から切り離されることによって、つまり抽象されることによって一般的となる。

　一般とは普遍であり、知性が自分自身のために使用する案出物または創造物である。一般性もしくは普遍性は多数の個別的なものを表意し、代表する能力である。

　言葉で事物の本質を理解できないという説が古くからある（中世における普遍論争である。第4巻6章で触れる）。ロックはここで本質という言葉を考察する。

　第1に、本質とは、ある事物をその事物とさせる事物のあり方である。従って事物の内的で知られていない組織が本質であるともいうことができる。これを実在的本質という。

　第2に、本質という言葉は、その根源の意味表示を失い、事物の実在性の代わりにゲヌスとかスペキエスという言葉を使用する。これを唯名的本質という。

第4章　単純観念の名

　単純観念の名、混合様相の名、自然の諸実体の名にはそれぞれ特有なものがある。

　第1、単純観念の名前と実体の名前は、直接に表現する心の抽象観念と一緒に、その観念の範型の根拠としてのある事物の実在を暗示する。

第2、単純観念の名前と様相の名前は、その種の唯名的本質だけではなく、実在的本質をも表す。しかし自然の諸実体の名前は単にその種の唯名的本質だけ表す場合がほとんどである。

第3、単純観念の名前は定義されるものではないが、複雑観念は定義可能である。定義とは1つの言葉の意味を同意義でない他の語によって示すことである。

第4、単純観念の名前は最も確実なものである。

第5、単純観念の名前は最低種を表すが、最高種になることはない。

第6、単純観念の名前は完全に事物の存在から獲得されるため、人為的ではなく、単純様相の名前は単純観念の名前とほぼ同じである。

第5章、6章、7章、8章は直接に言葉の問題として考察していないので省略する。

第9章　言葉の不完全性

言葉の使用目的は2つある。1つは我々自身の思想を記録することであり、もう1つは我々自身の思想を伝達することである。この伝達にも2つある。1つは市民的使い方で、人間社会の日常生活において相互の行う普通の会話などに役立つもので、思想を伝達する。もう1つは哲学的使い方で、事物の的確な思想を伝達するもので、この場合、絶対確実で疑いのない真理を一般的命題で表現するように使用しなければならない。

言葉は語る者と聞く者との間に成立する、いや両者を結びつけるものであるから、同じ観念を成立しなければ、十分に役立たない。言葉が不完全と思われる場合は4つある。

① 言葉の表す観念が非常に複雑で、多数の観念を集めて作られたとき。
② 言葉の表す観念が自然には絶対確実な結合を持たず、またその観念を修正または調整する基準が自然に存在しないとき。
③ 言葉の意味表示が基準と関連する場合、その基準が明白ではないとき。
④ 言葉の意味表示と事物の実在的本質とが一致しないとき。

ロックはさらに詳細に考察しているが、上述のことで大体が理解されるので、ここで終える。

第10章　言葉の誤用

言葉を使用する際に避けがたき不明瞭と混乱に加えて、また思想伝達の際に故意による除去や怠慢などがある。

第1に、明晰判明な観念なしに言葉を使用すること、次いで表示する内容がない記号を使用することである。このような言葉の使用は特に哲学や宗教の言葉に見られる。

第2に、言葉の使用が一定しないこと。

第3に、古い言葉に新しい意味表示をあてはめたり、新しい曖昧な名辞を定義もせず持ち込んだり、まごつかせるように言葉を使用すること。

第4に、言葉を事物と間違えること。

第5に、言葉が表意しない事物あるいは決して表意できない事物の代わりに、言葉をおくこと。

第6に、慣れからくる早とちりをすること。

第11章　言葉の将来への不完全性とその救済

言葉は社会の進歩を世代から世代へ伝える共通の導管である。その内容が正確に伝えられるためには、次のことが注意されなければならない。

第1に、意味表示または観念なしに言葉を使用しないこと。

第2に、単純観念は明晰判明であり、複雑観念は確定されていなければならない。

第3に、特に道徳の言葉は、観念と適合するように使用されなければならない。

第4に、言葉の意味表示が変化もしくは違っていると思われるときは、明確にする必要がある。

第5に、言葉は常に同じ意味で使用されること。

　以上でロックにおける言葉の考察を終える。

第四巻　真知と臆見

第1章　真知一般

真知とは観念だけに関わり、観念の結合、一致不一致、矛盾の知覚にほかならない。一致不一致には4種類、つまり①同一あるいは差異、②関係、③共存ないし必然的結合、④実在である。

① 同一あるいは差異について、我々が観念を知覚するとき、その観念が何であるかを知り、そのことによって観念の違いを知覚し、つまり観念の同一性と差異性を知る。
② 関係は観念間の関係であり、観念の相互の一致不一致を知覚できないとすれば、我々は真知に到達できない。
③ 共存ないし必然的結合は同じ主体における実体の観念の共存または非共存である。
④ ある観念に現実的実在が一致する場合であるが、これは同一と共存の関係であり、観念の特別な一致不一致の仕方である。

真知には2種類ある。1つは現実的真知であり、これは観念間の一致不一致、もしくは相互の関係を実際に今眺めていることである。もう1つは慣習的真知であり、ある命題をかつて考えたことがあって、その命題を組成する観念の一致不一致を明白に知覚し、これを記憶としてとどめ、この命題を再び省察し、その真理性を確信するとき、生ずるものが慣習的真知と呼ばれる。しかしこれには程度差があることは事実である。

第2章　真知の程度

真知の程度を問題にするならば、真理の完全性を否定することになる。ロックはもちろんこのことを自覚していたのであろう。ロックは真知を直観的、論証的、感覚的とに分類する。

直観的真知とは、2つの観念の一致不一致を他の観念の介在なしに、知覚される場合である。この真知は確実であり、直観に依存し、次に考察する論証的

真知にも欠くことができない。

　論証的真知とは、他の観念の介在によって一致不一致を発見する方法であり、推理と呼ばれる。ある2つの観念の一致を明らかにするための介在観念は論拠と呼ばれる。このような方法によって一致不一致が明晰に知覚されるとき、論証と呼ばれる。この真知には数学的知識が属するが、その他の知識も属する。ロックは詳論しているが省略する。

　感覚的真知とは、外的事物から受け取る観念であるが、心にある観念よりも不確かである。しかし真知の中に入る。ここでロックは観念が明晰であっても、真知は明晰であるとは限らないという。なぜならば、真知とはある2つの観念間の一致不一致から成立する知識であるからだ。

第3章　人間の真知の範囲

　真知は観念間で成立するのであるが、次のようなことがいえる。

　第1に、我々は自分の持つ観念以上に真知を持つことはできない。

　第2に、観念の一致不一致の知覚を持てる以上に真知を持てない。一致不一致の知覚は、

① 　直観、つまりある観念の直接的比較によって

② 　2つの観念の一致不一致を他のある観念の介在によって検討する推理によって

③ 　個々の事物の存在を知覚する感覚よって

以上の3通りによって可能となる。

　第3に、我々は観念間の相互関係をすべて直接検討できない。それ故、すべての観念に及ぶ直観的真知を知覚できない。

　第4に、推理（理知）的真知も観念の全範囲に到達できない。なぜならば、演繹のすべての部分にわたって観念相互を直観的真知で結合できるような媒介観念を、我々の検討しようとする2つの違った観念の間にいつも見いだせるとは限らず、そして、見いだせないときはいつも論証的真知に到達しないからである。

　第5に、感覚的真知は、現実に感官にとって現存する事物の存在より以上に

至ることはないから、前述の真知よりは狭い。

　この後ロックは第1章で挙げた同一性、差異性、共存、関係、実在などを詳しく考察し、最後に普遍性を考察する。

　ロックによれば、「もし一致不一致の知覚される観念が抽象観念であるならば、我々の真知は普遍的である。」この抽象観念はすべての特殊的に真である。このような観念が一度知られたならば、永久に真である。

第4章　真知の真実性

　我々の観念と真実の事物との間に合致がある限り、真実がある。観念と事物の合致を確認することは容易ではないが、確認できるものとして2通りある。1つは単純観念であり、もう1つは複雑観念である。後者は事物の模写ではなく、我々の心自身が作る原型であり、外的原物と関連させる必要がない。ロックはこのことから、道徳的知識と数学的知識は真実であるとする。この他にも複雑観念がある。つまり外の原型と関連する実体観念である。ただしこれは単純観念から作られたものでなければならない。

第5章　真理一般

　真理とは、言葉によって表意される物事相互が一致または不一致に従って、記号を結びつけたり、分離したりすることを表意することである。簡単にいえば、命題であり、真理は命題に属する。記号には、観念と言葉の2種類あり、命題にも、心的命題と言辞的命題があるとするが、しかし思想の真理と言葉の真理を別のものとして扱うことが難しいとする。

　心的命題とは、知性のうちの観念が、その一致不一致を知覚ないし判断する心によって、言葉を使わずに結合させるか分離させる命題である。言辞的命題とは、観念の記号である言葉を肯定したり否定したりすることによって結合させるか分離させる命題である。

　上述のように、真理とは観念の一致不一致をそのまま言葉で表現することであるが、ロックはここで精神的真理と形而上学的真理を新たに提示する。

　精神的真理とは語られる命題が事柄の真実と一致しなくとも、我々自身の心

の信条に従って事柄を語ることである。形而上学的真理とは、物事がその名前に結びつけられた観念と合致して真実に存在することであるが、暗黙の命題を含んでいる。

第6章 普遍的命題とその真理性と絶対的確実性

中世の普遍論争は存在の本質に関わるものであった。実念論（Realismus）と唯名論（Nominalismus）の論争であった。実念論の立場は現象に先立ってそれを可能ならしめるものが存在するというのに対して、唯名論の立場は名前を獲得することによって、個別が存在となるというのである。もちろんロックはこのことを知っていたであろうが、単純観念においては実在的本質と唯名的本質とは同じであるといい、中世における実念論と唯名論から離れている。そのロックによれば、唯名的本質とは別な実在的本質が種を構成し、限定し限界づけると想定される実体では、一般的な言葉の範囲は不確実である。それ故、実体について疑うことができない絶対的確実性を伴う一般的命題は極めて少ない。

一般的命題において、使用される観念の一致不一致が我々によって命題に表現されている通りに発見できるような観念を表すときだけ、絶対的確実性を持つことができる。一般的絶対確実性は我々の観念の内以外には決して見いだされない。

第7章 公準（maxim）

ロックは生得的観念を一切認めないのであるから、公準や公理（axiom）にも離在性を認めない。スコラ学派において、「すべての推理はあらかじめ知られたものとあらかじめ承認されたもの」であるということから、公準また公理を他のあらゆる知識の根拠としたが、ロックが第一巻2章で示したように認めない。ユークリッド幾何学と非ユークリッド幾何学の関係を考えるならば、ロックの主張が理解される。また公準は他のすべての真理が演繹される原理であることはできない。それでは公準は何ら意義を有しないのかといえば、決してそのようなことはない。様々な学問が進んだだけを教えるということで役に立

つ。また論戦で論争者を沈黙させ、その論争に決着をつけるのに役に立つのである。

第8章　無価値な命題

今まで述べてきたように、生得性（離在性）を認めなければ、無価値の命題は多くあることになる。筆者はロックの考察を省略する。

第9章　存在に関する真知

我々は自分自身の存在の真知を直観によって、神の存在の真知を論証によって、それ以外の事物の存在の真知を感官によって獲得する。「私が思う、私が推理する、私が快苦を感じる」のであるから、我々は内的な誤りを犯すことのない知覚を持つということは確実であり、経験が教えることであるから、自分自身の存在より明白なものはない。

第10章　神の存在

今までのロックの論理に従えば、当然神は否定されると思うのであるが、ロックは神の存在を認める。その根拠として我々が感覚や知覚や理知を持っていることであるとする。我々は存在することを確実に知っている。「知る」ということは同じ根拠に基づき、同じ源泉から由来しなければならない。従って、あらゆる存在者のこの永遠なる源泉は、あらゆる能力の源泉もしくは起源でもなければならない。この永遠なる存在者は、たんなる存在者ではなく、知る英知的な存在者である。従って「神」と呼ばれてよい。その英知的な存在者から一切の他の属性が演繹される。

第11章　その他の事物の存在
第12章　真知の進歩
第13章　真知に関する補足
第14章　判断
第15章　蓋然性

第16章　同意
第17章　理知
第18章　信仰と理知

ここで啓示が考察されており、ロックの宗教論が考察されているといえる。神の啓示の絶対性が論じられている。

第19章　狂信
第20章　不正な同意つまり誤信
第21章　学問の区別

ロックは学問とは、
① それ自身にあるとき事物の本性、その関係、作用の仕方を扱う自然学
② 人間が理知と意志を持つ能動者として、幸福を達成しようとする倫理学
③ 上の2つの知識を獲得して伝達する論理学
の3つであるとする。

　『人間知性論』の考察がなくても、ロックの政治思想はそれ自体独立しているということはできる。しかしその思想をより深く理解するためには、『人間知性論』が前提になっているということもできる。
　前に述べたように、Two treatises of government は日本語に翻訳されており、岩波文庫では『市民政府論』と訳され、中央公論社では『統治論』と訳されている。

II　『市民政府論』もしくは『統治論』
（Tow treatises of goverment）

　序にあたる部分で政治的権力が定義づけされる。それによると政治的権力とは、「所有権を調整し保全するために死刑、および以下のあらゆる刑罰を含む法律を作り、このような法律を執行し、外敵から国家を防衛するにあたって共

同社会の力を使用する権利のことであり、しかもおしなべてこのようなことを公共の福祉のためにのみ行う権利である。」この定義の根拠づけの考察が以下で展開される。

第2章　自然の状態

政治的権力の成立以前の状態を考えてみるならば、すべてが自然法の中で完全に自由であり、平等であり、服従などはない。この状態は、下等の被造物が我々人間のために作られているように、すべて秩序化されており神の意の中で成立している。

このような状態において、誰かが権力によって他人の上に立つようになるのであるが、それは勝手気ままな権力によってではなく、自然の法に基づいてである。換言すれば、彼は自然法の執行者なのである。自然法は為政者を介して加害者にも被害者にもそれ相応のことはする。しかし時として処罰しすぎることがあるために、市民的統治を設けることによって自然状態を除去する必要がある。為政者による統治は必ずしも自然状態に勝るとは限らないから、自然状態は今後も続くであろう。この説に反対する人は確かにいる。例えば、リチャード・フッカー（イギリスの神学者・政治学者、1554～1600　著書『教会組織論』は清教主義に対してイギリス国教を擁護するために書かれた）によると、人間は自分の尊厳に相応しい生活ができなくなると、協同関係を求め、自然に導かれ政治社会を結合する。フッカーの主張する自然とロックのいう自然とは違うように思われる。

第3章　戦争状態

自然状態と戦争状態を明確にしよう。人々が理性に従って一緒に生活し、しかも彼らの間を裁く権威を備えた共通の優越者を地上に「持たない」状態が自然状態である。これに対して、他人に暴力を用いたり、そのような目論みを宣言する者があっても、救助を訴えるべき共通の優越者が地上に「いない」状態が戦争状態である。

戦争状態を避けることが、人々が社会の状態へと向かうことである。自然の

状態を回復する。しかし地上に権威なり権力なりがあり、それに訴えれば、そこから救済が得られるところでは、継続する戦争の状態は取り除かれるが、紛争はその権力によって裁定されるから、政治的権力を前提することになり、自然状態ではないことになり、ロックの最初の定義づけとは異なることになる。あるいは最初の自然状態と後の自然状態とは次元が異なるということができる。

第4章　奴隷状態

　人間が生来持っている自由とは、地上のどのような優越した権力からも自由であるということであり、人間の意志や立法権に従属することなく、ただ規則として自然法だけを持っているということである。

　社会における人間の自由とは、人々の同意によって国家の中に確立された、立法権以外のどのような権力にも従属しないということであり、また信託に従って制定されたもの以外のどのような意志もしくは法の支配にも従属しないことである。これは自分の好きなことを行い、どんな法にも拘束されない自由ということとは違う。

　以上のことから奴隷という状態が理解される。より明確にいうならば、主人と奴隷の間で、一方が制限された権力を持ち、他方が服従するという協定が結ばれるならば、その契約が存続する限り、戦争状態と奴隷状態は消滅する。そのような協定がなくして主従関係が存続する限り、奴隷状態が続くのである。

第5章　所有権

　ロックによれば、神が人間を頂点とする世界を共有物として与えた。自然状態にある人間は所有権を主張しない。例えば、アメリカインディアンは囲い込み（イギリスで農業から牧業へ変えるために、小作農民をしめ出したことで、結果的に産業革命へと移行した）をしない。このような状態にある人間は自分の身体以外には所有しない。しかし人間は自分の身体に労働を結びつけ、獲得したものを自分の所有物とするようになる。この所有権は自然法、つまり理性法によって承認されることによって、否、承認されなければならない。そこで

実定法が必要となるのであるが、その法によって、神との契約に基づく土地の共有性は消滅する訳ではない。神はその土地を人間の利益になるように与えのであるから、神はいつまでも共有地として耕作されないままにしておくことを望んでいるはずはない。土地は勤勉で理性的な人々が利用すべきである。このようにして私有財産が必然的に承認されるのである。私有財産制度が一端成立するならば、貨幣の使用が必然的となる。

第6章　父権

ロックによれば、父権とは親権であり、母権と同権である。この解釈は旧約聖書の男尊女卑の思想とはかなりかけ離れている。確かにロックは旧約聖書にある言葉を挙げて自分の言い分を立証しようとしているのであるが、無理がある。

父親の子供たちに対する支配力は、一時的なものにすぎず、子供たちの生命や所有権に及ぶものではない。子供がある時期に達すれば、子は父親の意志や命令に従う必要がなく、ただ共通なもの、例えば、自然法、国内法などに従わなければならない。つまり子供が市民権を獲得したとき、父権が消滅するのである。ロックの意見をこのようにまとめると父権の制限だけを主張しているように思えるが、決してそのようなことはない。現代の日本の民法程度のことは主張している。例えば、両親に対する子供の義務と服従、さらには遺産相続に関するロックの主張は基本的にはほとんど同じであるということができる。

第7章　政治社会もしくは市民社会

ロックによれば、神は人間に知性と言語を与えた。それは人間が孤独な生活をせず、社会を形成し、それを享受するようにさせた。男女は自発的に契約を結び夫婦が成立する。この契約は単に2人だけの気紛れなものではなく、実定法の拘束を受けるが変更できないものとはしない。ロックは夫婦間の最終決定権が夫にあるものとするが、男尊女卑という視点で主張しているのではない。彼は妻の側からの自由な申し出によって離婚できるとしている。

結婚は単なる男女の結びつきではなく、政治的支配のもとで行われるべきで

あり、市民政府の行政者は、権利とか権力を奪ってはならない。夫婦は財産権、相互援助という点では平等である。

17世紀のロックの平等論をここで見てみよう。

「人間は生まれながらにして、他のどんな人間とも平等に、即ち世界中の数多くの人間と平等に、完全な自由を所有し、自然法の定めるすべての権利と特権が、抑制されずに享受する資格が与えられている。従って、人間は、自分の所有物、即ち生命、自由、資産を他人の侵害や攻撃から守るための権力だけではなく、また、他人が自然法を犯したときには、これを裁き、またその犯罪に相当すると信ずるままに罪を加え、犯行の凶悪さからいって死刑が必要だと思われる罪に対しては、死刑にさえ処し得るという権力を生来持っている。」この見解は個人の権利であって、これを行使するためには別の強力な権力を必要とする。それは政治的権力である。その政治権力を有するものは共同社会であり、立法権を有する国家でもある。ロックによれば、国家に裁きをいったん委ねると国家の裁きは委ねた者の裁きである。

ロックのいう市民社会とは、「各人が自分自身の出来事の裁判官となるところから必然的に生じる自然の状態の不都合を避け、またこれを矯正する」社会である。そのためには「その社会の各成員が危害を受けたときや、各成員の間で争いが起こったとき、訴えることのできる周知の権威を設ける」社会であり、その「社会の各成員はこの権威に従わなければならない」のである。ロックのいう市民社会においては如何なる人も法を免れることはできないのである。

続いてロックは絶対君主制を考察している。それを概観しよう。絶対君主は立法権と行政権とその他のすべて権力を握っている。そこでは、公正、無差別、救済、矯正は期待できないのである。それ故、ツァー、サルタンなどどんな称号で呼ばれようとも、君主と臣民の間に悲しむべき状況がある。つまり人々が自然状態を脱して社会状態になったとしても、1人だけが自然状態にあり、勝手気ままに振る舞っても罪に問われないということである。

第8章　政治社会の起源

人が生来の自由を放棄し、市民社会の拘束を受け入れる唯一の方法は、他人

と合意し、1つの共同社会に加入することであるが、その目的は各人が自分の所有物を安全に享受し、社会外の人に対してより大きな安全を保つことを通じて、相互に快適で平和な生活を送ることである。

ある1つの共同社会に参加することは、契約に基づき、多数決に従い、義務をも引き受けることである。

ロックは自分の政治形態に対する次のような反対論が生じるであろうという。

第1、「相互に独立で平等な一団の人々が一緒に集まり、このような方法で統治を誕生させ、これを樹立した例は歴史書のうちに見られない。」

第2、「すべての人々は生まれながらにして統治のもとにある。従って、すべての人々はその統治に服従すべきであり、自由に新しい統治を誕生させることはできないのである。それ故、人々がそういうことをするのは当然不可能である。」

ロックは詳細に考察した。その言い分を要約するならば、統治は歴史的記録に先立って存在した。歴史を遡るならば、1人の君主がいた。その君主の世襲は必ずしも尊敬を得たものではなかった。従って、数多くの君主制が成立したのである。人間は生来自由であるのであるから、その時代の相応しい為政者を選ぶ選挙が必要である。そこでは契約を原理としての社会が成立するはずであるから、新しい統治を成立させることができるのである。

第9章 政治社会と統治の諸問題

人間は身分や地位に関わりなく、身体と所有物に関しては主人であり、自由であるが、なぜその自由を手放すのであろうか。

人間は如何に自由であっても恐怖と危険に脅かされている。人は生命、自由、資産を相互に守るためには、社会つまり国家を必要とする。国家は統治権、つまり立法、行政、処罰権を有する。

第10章 国家の諸形態

共同社会の全権力は多数派にある。法が共同社会のために立法されたのであ

るならば、かつまた役人を介してその法が執行されるならば、その統治形態は民主制である。統治権が少数の選ばれた人々とその相続人にあるならば、寡頭制である。統治権が1人にあるならば、君主制である。1人の相続人に世襲されるならば、世襲君主制である。多数の相続人に世襲されるならば、選挙君主制である。どんな政治形態であろうと、立法する権力がどこにあるかによって国家形態が決まるのである。

第11章　立法権の範囲

　立法権は単に国家の最高の権力であるばかりではなく、共同社会によってひとたび委ねられた人々の掌中にあっては、神聖かつ不変なものである。ロックはここで法治国家を考えている。立法府は社会自身の同意を得て、法は法たり得るのである。人々の義務づけられた服従は最高権力に向けられるものであるが、その権力を裏づけるものは法である。立法府には神と自然法の制限があるが、社会からの信託がある。要約するならば、次のようになる。

　第1、立法府は公布されて確立された法によって支配すべきであり、個々の場合に応じて異なった支配をすべきではなく、金持ちにも貧乏人にも、また宮廷人にも農民にも同一の支配を行うべきである。

　第2、これらの法は最終的には国民の福祉以外の如何なる他の目的のためにも立案されてはならない。

　第3、立法府は、国民が彼ら自身あるいは国民の代表者を通じて同意を与えるのでなければ、国民の所有物の上に税を課してはならない。そしてこの課税の問題は、立法府が常時存在する場合の、あるいは少なくとも、国民が立法府の一部を、ときどき彼らによって選出される代表者のために保留しておかなかった場合の統治にのみ、特に関係のあることである。

　第4、立法府は法を作成する権力を他の如何なる者にも委譲してはならないし、また委譲することもできない。つまり国民が設置した以外のどんなところにもそれを設置してはならないし、また設置することもできないのである。

第12章　国家の立法権、行政権および連合権

　国家には立法権、行政権が属することは今まで述べたことであるが、ここで

外交権、つまり戦争と講和の権力、同盟と条約の権力で、他の共同体や個人と交渉を行う権力が国家に属する。

　第12章までにロックの政治思想の主要な部分が考察された。この後ロックは、
　　第13章　国家の諸権力の従属関係
　　第14章　国王の大権
　　第15章　父権、政治的権力、専制権力
　　第16章　征服
　　第17章　掠奪
　　第18章　専制
　　第19章　統治の解体
の順序で考察しているが、現在のイギリスの状況を考慮するならば、第14章と第19章を概観することはそれなりの意義があろう。

第14章　国王の大権
　国王の大権とは、公共の福祉のために法の指示を待たずに、また時としてはそれに背いてまでも、自分の分別に従って行動する権力である。国王がその権利を国民のために行使している限り、国民は国王の大権を決して吟味することはしない。国民が国王の大権を部分的にであっても実定法によって制約した場合、大権を侵害することになるという人がいる。国民は君主に属する権利を剥奪してはいけない。国王に対する国民の信託が前提されているのである。しかし国民が君主またはその先君たちの手に無限定に委ねて国民の福祉のために行使してもらおうとした権力が、その目的以外に利用されると、本来の意図とは違ったものになる。国王が国民の福祉に心を配るのであれば、国王は権力を持ちすぎることはない。特殊な場合以外には、国民は委ねた権力を取り戻すことはできない。
　イングランドの歴史を調べると、国王の大権は、最も賢明で立派な君主の掌中にあるときは常に最も大きかったことが理解される。現在（ロックの時代）

のイングランドの国王の大権は、議会を招集し、その正確な日時、場所、会期を定める。しかしながら、その大権も、国民の福祉のために用いられるべきであるという信託がある。

第19章　統治の解体

　政治社会の解体は、内外を原因として生じる。まず外国勢力の侵入が原因で生じる解体は最も典型である。内部からの原因で生じる解体はいろいろある。
　立法府は国家に形態と生命と統一を与える魂であり、その立法府が破壊されたり解体されたりするとき、社会の解体が生じる。立法府が解体する原因をロックは4つ挙げている。これまでの法を制定した権力の否定、行政府による立法府の否定、君主による立法府の否定、国民および君主が外国勢力に服従することによっての立法府の否定、立法府の横暴に対する反乱などによる否定、などが挙げられている。
　以上がロックの政治思想の概観である。第19章の結論がこの作品の結論ともいえるもので、それを引用してロックの政治思想の考察を終えることにする。
「各個人が社会に入ったときに社会に委ねた権力は、社会が存続する限りは個人の手には決して2度ともどらず、常に共同社会のうちにとどまる。なぜなら、もしそうでなければ、共同社会も国家もありえず、それでは最初の合意に反するからである。またそれと同じく、社会が立法権を人々の何らかの集会に委ね、それが彼らとその後継者の掌中に引き続き置かれるように定め、かつまた、そのような後継者を任命するための指導権と権威をその集会に与えた場合は、その統治が存続するかぎりは、立法権は決して国民にもどりえない。なぜなら、国民は立法府の手に永久に存続する権力を与えしまった以上、自分たちの政治的権力を立法府に委ねてしまったのであり、それを取り戻すことは決してできないからである。
　しかし、もし国民がその立法府の存続期間に制限を設け、個人または集会に委ねられるこの至高の権力を単なる一時的なものとした場合とか、あるいはまた権限を握っている人々の失政によって、この権力が失われる場合には、支配

者のこの権力喪失か、あるいは定められた期間の終了によって、この最高の権力は社会の手にもどる。そして国民は至高の存在として行動する権利をもち、立法権を自分たちの手の中にもち続けるか、あるいは新しい統治の形態を樹立するか、あるいはまた、古い統治の形態のまま立法権を新しい人々の手に委ねるか、自分たちがよいと思うところに従って決定する権利をもつのである。」

　このようなロックの政治思想の背景には、宗教的な寛容（toleration）がある。宗教的な寛容がなければ、ロックのいう共同社会は非常に狭い、小さい社会にとどまることになったであろう。また現代でも考察され、議論されることもないであろう。そこでここでロックの「寛容」論を概観してみよう。

III　『寛容についての書簡』
(A letter concerning Toleration)

　イギリスの思想は一般に経験論といわれる。その創始者はフランシス・ベイコン（Francis Bacon 1561～1626）に始まり、彼において経験とは実験を意味する。ベイコン以前にはドゥンス・スコトゥス（Duns Scotus 1265～1308）やウィリアム・オッカム（William Occam 1280～1347）がいるが、彼らはスコラ哲学者であり、中世の神学者であった。スコトゥスとオッカムは大陸の合理論の神学者たちとは異なり、経験論の立場にある。例えば、スコトゥスの十戒の解釈は大陸系の神学者たちの解釈とは異なり、彼独自の経験論的解釈を行っている。人は殺人を犯してはならないことは確かであるが、いろいろな場合があるではないかという。このようにイギリスでは常識（common sense）を重要視する傾向が伝統的にある。

　ロックは宗教の目的を次のようにいう。
「宗教が創られたのは外面の華麗さを際立たせるためでもなく、教会の支配を打ち立てるためでもなく、強制力を行使するためでもありません。そうではなく、人々の生活を美徳と恭順の規則によって規制するためなのです。」

この引用文から理解されることは、ロックによれば、宗教が人によって創られたものであるということ。この意見は神学者には受け入れられないことである。また、宗教権力は政治権力であってはならないとされるが、むしろ歴史上、常に政治権力と結びついていた。ロックは教会について次のようにいう。
「神の定めた制度とか教会の指導者、……（の間に）常におおきな分裂があった。……見解の不一致があったからこそ、慎重に考慮しなければならず、従ってまた、熟慮の末によしとする教会を選ぶ自由が許されることになる。」
　ここでロックは教会に分裂、つまり宗教戦争は数えられないほど多くあったことを挙げている。ロックから見ても宗教上の争いは耐えがたいものであったであろう。つまり人々に教会の選択を認めていたことから、宗教戦争は数えられないほど多くあったことが想像される。またロックは次のようにいう。
「キリスト教が永遠の生命のために要求していないものを、教会の結びつきのために要求する者は、実際にはおそらく自分の意見と自分の利害のために団体を造っているのである。……、たえず教会、教会と叫んでいる人々に対して、次のことを注意しておきたいと思う。つまり、福音の教えは、しばしばキリスト教の真の弟子たる者が迫害に耐えなければならぬと明言されているが、しかしキリスト教会が他の人々を迫害し、火と刀剣をもってその信仰と教義を受け入れるよう強制せよとは、新約聖書のどこにも書いていない。」
　ここでロックは、宗教が政治権力と結びついてはならないことを消極的にではあるが示している。次でロックは明言する。
「宗教的団体の目的は、神の公的な礼拝であり、またそれによる永遠の生命の獲得である。それ故、すべての規律はその目的に役立つべきものであり、すべての教会法はその目的に限定されるべきものである。この団体のなかで社会的現世的な財貨の所有に関する事柄が扱われてはならない。また扱うことはできない。そこでは如何なる場合にも暴力が用いられるべきではない。なぜならば暴力は全く為政者にのみ属するものであり、外的な財貨一切の所有は為政者の管轄下に属することであるからだ。」
　この引用文は、ロックのいう政治社会と教会のあるべき姿を明言したものである。このような区別を前提して「寛容」が考察される。

第1に、寛容とは義務であり、教会を破門された者の身体は危害を加えられたり、また財産が奪い取られてはならない。
　第2に、如何なる私人も、教会や宗教の違いを理由として、他人の生まれながらの社会的権利を奪う権利を持たない。その他人が異教徒であっても、その人に暴力を加えたり、損害を与えてはならない。
　第3に、教会の権威は、何に由来しようとも、教会の範囲内に限定されるべきものである。教会と国家とは別のものであり、境界線は確固不動のものである。両者の設立の目的は異なるものであって混同されてはならない。

為政者の寛容として
　第1に、為政者は宗教的団体、つまり教会を容認すること。この寛容には、たとえ偶像崇拝は罪と判定されても、それを罰する権利は為政者にはない。
　第2に、積極的な無神論者は寛容に扱われてはならないが、市民法の枠内にあるならば、罰せられる理由はない。
　以上がロックのいう寛容であるが、ロックによれば、キリスト教世界において宗教上の理由で起こった紛争や戦争の原因は、意見の相違ではなく、相異なる意見の人々に寛容が拒否されたことにある。結論としていうならば、ロックはイギリスの政治制度を改革し、維持するためには宗教が必要ないけれども、人々の精神的安らぎのためには宗教は必要であるとする。

第7部

モンテスキュー
(Baron de la Bréde Montesquieu 1689〜1751)

8世紀から19世紀初期までのフランス・ドイツの概略的年表

771年　カールマンが没する。カールがフランク国王となる。
774年　カールがランゴバルド王国（ゲルマン民族で一時イタリアを制服し、568年に王国を建設するが、774年に滅亡する）を征服し、その王となる。
788年　カールがバイエルン大公領を併合する。
791年　フランク軍がアヴァール族（現在のハンガリーに住んでいた）を攻撃する。
800年　カールが法王レオ3世（在位795〜816）によりローマ皇帝に載冠される。
801年　カール大帝がバルセロナを征服する。
814年　カール大帝が没し、ルートヴィッヒ1世が即位する。
840年　ルートヴィッヒ1世が没し、息子たち、ロタール、ルートヴィッヒ、カールの間で相続争いが始まる。
843年　ヴェルダン（現在のフランスにあってパリとランスの間にある）条約が成立し、中部フランク（後に南部はイタリアになる）はロタールに、東フランクはルートヴィッヒに、西フランクはカールにと三分される。
845年　ノルマン人（北ゲルマン人）がパリを攻撃する（ゲルマン人は、ローマとの戦いに敗れて以来、東ゲルマン、西ゲルマンの3つに分かれていた）。
870年　メルセン条約が成立し、中部フランク王国が東西両フランク王国に分割される。
885年　ノルマン人ロロ（ロロはノルマンディの地の原住民であったという説がある。いずれにせよ背後にはノルマン人がいた）がパリを包囲するが、撃退される。
911年　ノルマン人ロロが西フランク王をノルマンディの地に追いやり、みずからノルマンディと名乗り、西フランク王となる。
　　　　東フランクのカロリング朝が断絶し、フランケン大公コンラートがドイツ国王に即位する。
912年　ノルマンディ公ロロがカトリックに改宗する。
919年　ドイツ国王にザクセン大公ハインリッヒ1世が即位する。
936年　ドイツ国王オットー1世が即位する。
937年　マジャール人（現在のハンガリーの辺りにいた）がドイツ、フランス、イタリアを攻撃する。
951〜2年　オットー1世が第1回イタリア遠征をし、イタリア王を兼ねる。
962年　神聖ローマ帝国が成立（〜1806）。オットー1世が法王ヨハネス12世により皇帝に載冠させられる。
987年　西フランクのカロリング朝が断絶する。フランス王にユーグ・カペーが即位する。
1024年　ドイツにてザリエル朝が始まる。

1034年	ブルグント王国がドイツ帝国に併合される。
1056年	ハインリッヒ4世がドイツ国王に即位する。
1066年	ノルマン人がイングランドを征服する。また、11世紀の初頭から地中海に進出したノルマン人は、シケリアと南イタリアを含むシケリア王国を1130年に建設した。後にフリードリッヒ1世との関係を持ち、このことがドイツがイタリアを支配する1つの原因となる。
1138年	ドイツでシュタウフェン朝が成立する。
1152年	ドイツ王フリードリッヒ1世が即位する。
1157年	ブランデンブルク辺境伯領（後にプロイセンとなる）が成立する。
1163年	パリのノートル・ダム寺院の建設が始まる。
1180年	フランス王フィリップ2世が即位する。
1190年	ドイツ騎士団（騎士団は他にテンプル、ヨハネ騎士団があり、ドイツ騎士団は後のドイツ東方拡大政策に利用される。ブランデンブルク辺境伯と結びついてプロイセンとなる）が成立する。ドイツでハインリッヒ6世が即位する。
1204年	フランス王フィリップ2世がノルマンディなど大陸におけるイギリス王領を没収する。
1214年	フランス王フィリップ2世がイギリス王ジョンおよびドイツ王オットー4世を破る。
1215年	マグナ・カルタ大憲章が成立する。
1226年	フランス王ルイ9世が即位する。
1241年	ハンザ同盟が始まる（リューベックとハンブルグが同盟する）。
1282年	ハプスブルク家のオーストリア支配が始まる。
1285年	フランス王フィリップ4世が即位する。
1302年	フランス三部会が始まる。
1328年	フランスにヴァロア朝が成立する。
1337年	100年戦争が始まる（フランス王位の継承をめぐってのイギリスとフランス間での争い。～1453）。
1346年	イギリスの黒太子（プランタジネット朝のエドワード）がフランス軍を破る。
1347年	ジェノヴァからヨーロッパ全域にペストが大流行する（～1352）。
1356年	ドイツで7人選定侯（マインツ、ケルン、トリアーの3大司教とベーメン〔ボヘミア〕王、ライン宮延伯、ブランデンブルクとザクセンの辺境伯の4名）が確定する。
1358年	フランスでエティエンヌ・マルセルが武装蜂起する。
1420年	トロワの和約、ブルゴーニュ（南フランス）、パリ、北フランスの諸侯が、イギリス王ヘンリー5世のフランス王位継承権を認める。

1429年	ジャンヌ・ダルクがオルレアンを包囲するイギリス軍を破る。
1438年	フランス王シャルル7世によるブールシュ政教勅令が出る。
1450年	フランス軍がイギリス軍に大勝する。
1453年	東ローマ帝国滅亡する。100年戦争が終わる。
1455年	バラ戦争が始まる（イギリスのランカスター家とヨーク家との王位争奪を中心とする争い）。
1477年	ナンシーの戦いでブルゴーニュ公が破れ没する。ハプスブルク公がブルゴーニュを占領する。
1479年	スペイン王国が成立する。
1485年	バラ戦争が終わり、テューダー王朝が始まる。
1492年	コロンブスが第1回航海に出る。
1494年	コロンブスが第2回航海に出る。
1498年	ヴァスコ・ダ・ガマがインド航路を発見する。
	フランスにヴァロア・オルレアン朝が成立する。
1512年	フランス王ルイ12世がイタリアを追われる。
1517年	ルターの宗教改革が始まる。
1519年	スペイン王カルロス1世が神聖ローマ皇帝カール5世となる。
1521年	皇帝カール5世とフランス王フランソワ1世がイタリアをめぐって争う。
1542年	皇帝カール5世とフランス王フランソワ1世の第4次戦争が始まる。
1545年	トリエント公会議が始まる（新旧宗教会議）。
1552年	フランスとハプスブルク家の戦いが始まる。
1555年	アウグスブルクの宗教和議が成立する。
1558年	フランスにおけるイギリス領地カレーがフランス領地となる。
1560年	フランス宮廷内で新旧宗教の対立が激化する。
1562年	フランスでユグノー（新教徒）戦争が始まる。
1568年	オランダ独立戦争が始まる。
1570年	ユグノー戦争が休戦する。
1581年	オランダが独立宣言をする。
1589年	フランスでブルボン王朝が始まる。
1598年	ナントの勅令、新教徒に信仰の自由を認める。ユグノー戦争が終わる。
1601年	エリザベス女王が救貧法を制定する。
1614年	フランス三部会が召集される。
1618年	30年戦争が始まる（ドイツがその主たる戦場となる）。
1636年	スペイン軍がフランスに侵入する。
1643年	フランス王ルイ14世が即位する。

- 1648年　ヴェストファリア条約成立し、30年戦争が終わる。フランスはライン川左岸に領土拡大する。
- 1651年　第1次イギリス・オランダ戦争が始まる。
- 1659年　ピレネーの和約が成立する。フランスとスペインが講和する。
- 1661年　フランスでコルベールが財務総監となる。
- 1662年　フランスがイギリスよりダンケルクを獲得する。
- 1665年　第2次イギリス・オランダ戦争が始まる。この年、ロンドンでペストが大流行する。
- 1667年　ルイ14世がスペイン領地ネーデルランド（オランダ）に侵略する。
- 1672年　第3次イギリス・オランダ戦争が始まる。
- 1685年　フランスでナントの勅令廃止。ユグーノは国外（ドイツ）に逃亡する。
- 1688年　イギリスに名誉革命が起こる。
- 1689年　ルイ14世のファルツ戦争（アウグスブルク同盟戦争）が始まる。
- 1697年　ライスウィクの和約が成立する。フランスがイギリス・オランダ・ドイツ皇帝と講和する。
- 1700年　スペインのハプスブルク王家断絶、ブルボン家が王位を継承する。ルイ14世の孫フィリップが即位する。
- 1701年　プロイセン王国が成立する。ブランデンブルク選定候フリードリッヒが皇帝より王号が許される。
スペイン継承戦争、ブルボン家がスペイン王位を継承することにイギリス、オランダ、オーストリアが反対して同盟する。
- 1704年　イギリスとオーストリア軍がフランス軍を破る。
- 1715年　ルイ14世が没する。
- 1734年　オーストリア軍とフランス軍がイタリアで戦う。
- 1754年　ルソーが『人間不平等起源論』を発行する。
- 18世紀後半　イギリスで産業革命が始まる。
- 1763年　パリ条約、英仏の植民地戦争が終結する。
- 1768年　フランスがコルシカ島をジェノヴァより買収する。
- 1778年　フランスがアメリカの独立を承認し、イギリスと戦う。
- 1789年　フランス革命が起こる。
7月14日バスティーユ要塞を攻撃し、革命が起こる。
- 1792年　オーストリアとプロイセンが対フランス同盟を結ぶ。
フランス軍がオーストリアとプロイセンの連合軍を破る。
- 1793年　フランス王ルイ16世が処刑される。
- 1798年　ナポレオンがエジプトに遠征する。

1804年　ナポレオンが皇帝となる。
1806年　神聖ローマ帝国が滅亡する。
1812年　ナポレオンのロシア遠征が始まる。
1814年　ナポレオンが退位する。
1815年　ナポレオン復帰するが、100日天下で終わる。大西洋の小島セント・ヘレナに流され、1821年その生涯を終えた。

人物像

モンテスキューは1689年1月18日に南フランスのボルドーの近くの男爵の家に生まれた。前年イギリスでは名誉革命があり、立憲政治の基礎を築いていたが、フランスでは相変わらず絶対君主ルイ14世の時代であった。

モンテスキューには、『ペルシア人の手紙』(1721)、『ローマ人盛衰原因論』(1734) などがあるが、彼がいうところによれば、20年間の歳月を費やしたという『法の精神』(DE L'ESPRIT DES LOIS 1748) は、彼の名前を不朽のものとした。この作品は1751年ローマ教皇により禁書となった。1755年2月パリに私用で出向き、病死した。

『法の精神』
(DE L'ESPRIT DES LOIS)

第一巻

第一編　法律一般について

第1章　様々な存在との関係における法律について

モンテスキューによれば、存在するものには、次元の差があるが、必ず法則

がある。諸存在者は一つの原始的理性と関係を持ち、さらに諸存在者は他方でそれぞれの関係を有する。

創造者としての神が持つ法則は、存在者の保存法則でもある。それ故、物質の運動もこの法則に従っており、世界が保存されている。たとえこの世界とは別の世界が存在するとしても、この法則に従っている。諸存在者の多様な関係、運動の伝動、増大、減少、消滅質量、速度などの関係はすべて一様性（uniformité）に基づき、恒常（constance）である。

人間は、自然的存在としては他の物体と同じく、不変の法則に支配される。他方叡知的存在者としては、神が定めた法律に逆らい、自ら定めた法律でさえ変更する。しかし人間は無知と誤謬に陥ることもあり、同時に感情を持つ被造者であるため情念に溺れることもある。

第2章　自然の法律について

自然法はすべての法に先立つもので、人間が自然の状態において受け取る法律である。この自然法の中で、我々は自己自身の中に創造者の観念を刻み付け、我々をそれへと向かわせる法律が最も重要な法律である。

自然状態において人間は、自然の脅威を感じ、恐怖を感じるものであり、しかも各人は平等ではない。それ故、平和が第1の自然的法律となる。次に欲望に関する法律であって、自分の生命を維持するための、つまり食に関する法律である。3番目の法律は両性に関する法律である。4番目の法律は社会生活に関する法律であり、これらは自然的法律と呼ばれる。

第3章　実定的法律について

人間は自然から脅威を感じる限り弱い存在であるが、集団、否、社会を作り始めるとき、自分の弱さを忘れる。そこでは平和が終わり、戦争状態が始まる。戦争状態が原因で法が作られる。民族の相互間で作られる法は「万民法（droit des gens）」と呼ばれ、統治する者と統治される者との間の法律は「国政の法（droit politique）」と呼ばれ、全公民の相互間には「公民法（droit civil）」という法律がある。

万民法とは平和時には多くの善を、戦争時には少ない悪を目的とする。戦争の目的は勝利であり、勝利の目的は征服であり、征服の目的は保存である。この関連を根拠づけるために法を必要とする。

国政の法とは社会の存続を目的とするが、その社会には2つの状態、国家状態（état politique）と公民状態（état civil）がある。モンテスキューによれば、この状態の差異は、後者に人々の意志が働いているところにあるという。それだけの違いにすぎないのであるから、大差はない。いずれにせよ法律は人間理性に支えられているのであるから、制度が存する限り、法があり、理性がある。その法は必ず、生活様式、自由の程度、宗教、富、人々の数、商業、習俗、または生活態度などと関係していなければならない。つまり法とは関係であり、その関係の総体がモンテスキューの「法の精神（esprit des lois）」なのである。ここでモンテスキューは「国政の法」と「公民法」を分けて考察する必要はないという。その理由として法の精神を拘束するからだという。

第二編　政治形態の本性に直接由来する法律について

第1章　3種の政治形態の本性について

モンテスキューによれば、政治形態は3種である。「共和政体は、人民が全体として、あるいは人民の一部だけが最高権力をもつところの政体であり、君主政体はただ1人が統治するが、しかし確固たる制定された法律によって統治するところの政体である。これに反して、専制政体においては、ただ1人が、法律も規則もなく、万事を彼の意思と気紛れによって引きずっていく。」

第2章　共和政体、および民主制度に関する法律について

共和政体には民主制度と貴族制度があり、前者においては人民が全体として最高権力を持ち、後者においては最高権力は一部の人民に属する。

民主制度のもとでは、人民は時には君主であり、またあるときは臣民である。君主といっても選挙によるものであり、選挙制度を確立する法律が基本である。つまり選挙はどのような方法で、何に基づいて、誰によって、誰に対して、行

われるかを規定することが重要である。これは君主制度のもとで、誰が君主であり、その君主の統治の仕方が重要であるのと同じである。

モンテスキューはこの後ギリシアのアテナイやスパルタ、ローマにおける人民や職務執行官や元老院などを考察している。最後にモンテスキューは「人民だけが法律を作るということが民主制度のもう1つの基本的な法律である。……ローマの国政およびアテナイの国政は非常に賢明であった。元老院で決定された法律は1年だけ有効であった。その法律は人民の意思で永続的なものとなった」という。

第3章 貴族制度の本質に関する法律について

貴族制度のもとでは、権力は一定数の人の掌中にあり、抽選で選ばれてはならない。貴族階級の人々が多い場合は元老院が必要である。

最良の貴族制度は、人民のうちで権力に全く参与しない部分が非常に小さく、また非常に貧しいため、支配する部分がこれを圧迫することのない制度である。

貴族制度が、民主制度に近づけば近づくほど完全となり、そして貴族制度が君主制度に近づけば近づくほど不完全となる。

あらゆる貴族制度のうち最も不完全なものは、人民の中の服従する部分が支配する部分の私的奴隷の状態にあるような貴族制度、例えば、農民がある貴族の奴隷であるような制度である。

第4章 君主制度の本質との関係における法律について

君主制度のもとでは、君主は国制的なおよび公民的な権利の源泉である。君主制度はいかなる形をとっても貴族を本質的に含んでいる。つまり「君主なくして貴族なく、貴族なくして君主なし。」君主国家において、様々な特権制度を廃止するならば、その国は民衆国家か、もしくは専制国家となってしまう。君主国家には法律の保管所が必要であり、この保管所は法律が作られたとき、それを告げ知らせ、法律が忘れられたとき、それを思い出させる組織がそれを管理する。

第5章　専制国家の本質に関する法律について

専制的権力を行使する者は1人で、その権力を1人に行使させるのである。行使する者は自分がすべてであり、他人が無でしかないと言い聞かされている。1人の者は、自ずからして、怠惰で、無知で、官能的であることから、1人にその公務を任せるようになる。多数に任せると争いが生じる。このような国家においては、執権の設置が基本的な法律である。

第三編　3 制度の原理について

第1章　制度の本質とその原理との相違

本質とは制度を制度たらしめているもの、原理とは本質を活動させるものである。換言するならば、本質とは制度の固有の構造であり、原理とは制度を動かす人間の情念である。法律は本質と原理に関係している。ここでモンテスキューは原理を考察する。

第2章　それぞれの制度の原理について

共和制度の本質は、人民全体（つまり民主制度）もしくはいくつかの家族が最高権力を持つ。君主制度の本質は君主が最高権力を持つが、制定された法律に従って権力を行使する。専制制度の本質は、ただ1人がその意思と気紛れとによって統治する。

第3章　民主制度の原理について

君主制度には法律の力が必要であり、専制制度には規制と抑制が必要であるが、民主制度にはさらに「徳」が必要である。

モンテスキューによれば、民主制度のもとに生活していたギリシアの政治家たちは、民主制度を維持するためには徳の力以外にないことを自覚していた。

徳がなくなると、野心が人々の心に入り込んでくる。それに従って、欲望は次々に対象を変える。そこでは本末転倒が生じる。つまり法律によって自由であったにもかかわらず、人々は法律に反して自由であろうとする。人々はかつ

ては格律であったものを厳しさと呼び、かつて規則であったものを束縛と呼ぶのである。民主制度において徳の喪失は解体を意味するのである。

第4章　貴族制度の原理について

この制度においては、人民は、貴族に対して、臣民が君主に対するような関係にあり、貴族の法律によって抑制される。貴族たちも1つの団体を作る。この団体は他を抑圧することは簡単であるが、自己自身を抑圧することは難しい。この団体は2つの方法によってしか自制できない。それは徳である。しかし民主制度に必要とするほどの徳ではない。1つは貴族をある点で人民と平等ならしめる偉大な徳であり、もう1つは自分たちを保全する程度の節度である。モンテスキューはこれを「小なる徳」と呼んでいる。

第5章　徳は君主制度の原理とはなり得ない

君主制度においては、行政は少ない徳で大きな結果を獲得することを目的とする。この制度のもとでは、祖国愛、真の栄誉の希求、自己犠牲、さらには英雄的徳を必要としない。ここでは法律は徳であり、人の徳はないわけではないが、必要としない。

第6章　君主制度においていかにして徳を補うか

君主制度を維持するものは、「名誉」であり、この名誉は法律と結合して、徳と同じように、この制度の目的へと人を導くのである。

第7章　君主制度の原理について

君主制度は、優越、序列、貴族身分を前提する。共和制度では野心は有害であるが、良い結果を招く。野心は名誉心と結びつくことによって、あらゆる部分を運動させる。各人は自分の利益を追求していると信じているが、結果として共同の利益を追求していたということが生じる。モンテスキューはここでの名誉を偽りの名誉と呼ぶ。なぜならば、名誉は個人のものであって、国家のものではないからである。しかし全体的には時として個人の名誉も国家にとって

有益であることがある。

第8章　名誉は専制国家の原理ではない

この制度のもとでは、すべての人間は奴隷であるから、人は他人よりも自分を大切にすることはできない。専制君主は臣民が君主のために生命を軽んずる名誉は認める。専制君主は気紛れであり、しかし他人の気紛れを認めないのである。

第9章　専制制度の原理について

共和国において徳が必要であり、君主国においては名誉が必要であり、専制国では「恐怖」が必要である。この恐怖はすべての勇気を打ち砕き、ごくわずかな野心でさえ消滅させるものでなければならない。ここでの統治者は四六時中人民に恐怖感を持たせておかなければならない。もしそうでなければ、すべてが失われる。

第10章　専制制度における服従

専制国家では極度の服従が要求される。そこでは妥協、修正、和解、期限、その他君主の意思を妨げるようなものは存在しない。人間は意欲する被造物に服従する被造物である。人間の天分は動物と同じで、本能と懲罰があるだけである。君主の意向に対抗できるものは宗教だけである。宗教の法律は、より高い戒律である。それはすべての被造物の頭上にある。しかし自然法（le droit natural）から見るならば同じではない。君主はもはや人間ではないのである。

第四編　教育に関する法律は制度の原理に関係している

プラトンのいうところによれば、教育は如何なる政治制度であっても、その制度を維持するためには、教育が最も重要であった。モンテスキューも、「教育に関する法律は、我々が受け取る最初の法律である」という。モンテスキューによれば、教育の対象は、子供だけに限定されることなく、父親、教師、世

間でもある。モンテスキューはそれぞれの政治制度のもとでの教育を考察し、さらには古代ギリシアの教育を考察しているが、ここでは省略する。

第五編　法律は政治制度の原理と結びついていなければならない

第1章　本編の概要
モンテスキューは、まず教育に関する法律は政治制度と結びついていなければならなかったのと同じように、社会全体に関わる法律も政治制度の原理と結びついていなければならないとし、徳を原理とする共和国から考察する。

第2章　民衆国家における徳について
共和国における徳は祖国に対する愛である。これは感情であって、知性とは全く関係ない。この愛は習俗の善良を生み出し、この習俗の善良さが祖国愛となる。

第3章　民主制度における共和国への愛とは何であるか
共和国への愛は民主政治への愛であり、より具体的にいえば、平等への愛である。さらにまた素質への愛である。民主政治のもとでは、その制度の本質に従って、各人は同じ幸福、利益、喜び、希望を持たなければならい。素質への愛とは、より具体的にいえば、家族、祖国のために必需品を獲得するように配慮することである。

第4章　平等と素質への愛はいかにして促進されるか
共和国においては、法律が基本となって確立した社会であり、平等と素質への愛が喚起される。これ以外の政治制度のもとではこのようなことはあり得ない。

第5章　法律は民主制度においていかにして平等を確立するか
モンテスキューがここでいう平等は経済的平等であり、より具体的にいえば、

財産分与の平等である。モンテスキューは、リュクルゴス、ロムルス、ソロン、フィロン、セネカ、バレアスなどの経済的平等または相続に関することが考察され、次のようにいう。「民主制度においては実質的平等が国家の神髄であるが、それを打ち立てることは難しい。……、差別を減少させ、あるいは、ある限度で固定させる財産評価が設けられるだけで十分である。個別的な諸法律が、富める者にはそれらの法律が課する負担によって、また貧しき者にはそれらが認める軽減によって、不平等をいわば平等化すべきなのである。」

第6章　法律は民主制度においていかにして素質を維持するか

資産の平等が素質を支えるように、素質は資産の平等を維持する。これら両者は異なっているが、それぞれ一方がなければ他方は存続し得ない関係にある。そのそれぞれが原因であり結果である。一方が民主制度から奪われるならば、他方も常にそれに従う。

古代ギリシアの共和国には、2種類の共和国があった。1つは軍事的共和国、つまりスパルタであり、もう1つは商業的共和国、つまりアテナイである。商業の精神は、質素、倹約、節度、労働、賢明、平穏、秩序、規則の精神を導くものであるから、習俗を乱すものではない。このような共和国を乱すものは「過度」である。

第7章　民主制度の原理を促進する手段

民主制度を持続させるためには習俗または慣習の基準を確立することが重要である。その基準としては恒常的な団体を作るのが1番よい。モンテスキューによれば、ローマの元老院がよいという。その元老院は年齢、徳、謹厳、仕事を基にして選ばれるようにすればよいとする。古くからの慣習を守ることが得るところが大きい。例えば、若者を老人に徹底的に服従させること、父の権威を維持することが大事であるとする。

第8章　貴族制度において法律は原理といかに関係するか

貴族制度には2つの有害なものがある。それは貴族の極端な貧困と法外な富

である。いずれの場合も社会に不安を引き起こす。従ってこのような状況にならないように、次のようなことを含む法律を立法しなければならない。
① 貴族が租税を徴収してはならない。
② 貴族は商業を営んではならない。
③ 貴族は人民と同等であるようにしなければならない。
④ 支配階級の傲慢を抑制する。

モンテスキューはこのようにいうのであるが、最後に、「法律は、家族がより高貴だとか、より古いとかということを口実にして虚栄心が家族間につくる差別を助長してはならない」という。要するにモンテスキューはここで自分の立場を宣言しているのである。

第9章 君主制度において法律は原理といかに関係するか

この制度のもとでは、名誉が本質であるから、法律はそれに適合していなければならない。ここでは法律は貴族身分を支えるように努めなければならない。

貴族は土地に関して特権を有する。このことから貴族の品位を封地から切り離すことはできない（封建とは諸侯に土地を分けあたえ、管理させることを意味する）。

以上のような特性を保証する法律が必要であることは当然であるが、さらに次のようなことを目的とする法律が必要である。すべての商業を促進する法律、年貢取り立てに関する法律などが必要である。

第10章 君主制度における執行の迅速性

君主制度公務が1人によって処理されるから、執行がより一層の迅速性を有する。

第11章 君主制度の卓越性

モンテスキューはここでキケロの「まことに、指導者を持たない人民の力はより恐るべきものである」という言葉を挙げ、君主制度は専制制度よりも1つの大きな長所を持つという。この制度のもとでの身分は、君主のもとにあり、

国家はより安定しており、統治者もまた安全である。
　良い治安状態にある人民は幸福である。国家の基本的法律のもとで生きる君主は、法律を持たない専制君主より一層幸福である。モンテスキューはここでも法律の重要性を主張する。

　第12章　ここでは専制制度の否定が、前章に続いて行われる。

　第13章　専制制度の観念
　専制制度を比喩的にいえば、果実を得たいとき、木を根元から切り倒して果実を獲得することと同じである。

　第14章　専制制度において法律は原理といかに関係するか
　専制制度は恐怖を原理とし、人民は臆病で無知であることを要求され、法律を必要としない。
　この専制制度のもとでの君主は、武器を手にしての抵抗には激怒する。彼は怒りか復讐によって動かされるのが常である。モンテスキューはカール12世（スウェーデン国王、1682〜1718）とピョートル1世（在位1682〜1725）の例を挙げている。専制制度は恐怖を原理とするから、国政、公民、家庭の管理を同じものとして、その目的は静穏である。例えば、敵の占領が間近い都市の静けさであるとする。
　あらゆる専制制度のもとでは、君主がすべての土地の所有者であり、たとえ兄弟であろうと、自分に立ち向かう者の身柄を拘束しておく必要がある。なぜならば、人間は本来的に自由に対する愛を持ち、暴力に対する憎しみを持つが、しかし大部分の人民は専制制度のもとでは服従しているのである。

　第15章　前章に続く
　この章では、専制制度のもとでの財産譲渡があり得ないことが考察される。共和制度のもとでは財産譲渡が比較的よく行われるが、ローマ共和制度では法律がなかったので、暴動や内紛があった。

第16章　権力の伝達
第17章　贈り物
第18章　褒章

第19章　3制度の原理その他の帰結
ここで次の5つの問題が考察される。
第1、法律は公民に公務を引き受けさせることを強制すべきであるか。
第2、ある公民が軍隊において彼が占めていた地位よりも低い地位につくことを余儀なくされることがあり得るというのは、善い格率であるか。
第3、同一人物に文武という2つの仕事を兼任させることがあるか。
第4、官職が売買されるのは適当であるか。
第5、どの政治制度において戸口総監（徳を破壊するもの、怠慢、過失、祖国への愛を妨げるもの、危険の先例、腐敗の萌芽、などを監督すること）が必要であるか。

第六編　民事・刑事の法律の単純さ、裁判の手続き、刑罰の制定などとの関係における様々な制度の原理の諸帰結

第1章　種々の制度における民事の法律の単純さについて
ここでモンテスキューは、君主制度と専制制度のもとでの民事、特に財産について考察する。まず、君主制度と専制制度の違いを確認しよう。君主制度のもとでの法律は、専制制度のもとでの法律よりも複雑である。君主制度における序列、出所、境遇は、財産の質に差別をもたらす。この国の制度に関係する法律はこれらの差別の数量を増大させる。つまり財産は様々の名目のもとに分類されるのである。また君主は自分の国のことはよく熟知しており、多様な法律を立法すること、また多様な慣習を容認するのである。

これに対して、専制君主は複雑な法律を必要とせず、国のことに関してはほとんど何も知らず、彼にとって必要なことは一般的なことであって、彼は1つのイデオロギーによってすべてを支配するのである。このような専制制度のも

とでは人民はかなり異なった立場にある。何に基づいて法律が立法されるかは不明確であり、また役人は何に基づいて判断するかは不明である。土地が専制君主に属するから、土地所有に関する法律は不要である。

第2章　様々な制度における刑法の単純さについて

モンテスキューによれば、当時フランスにおいて模範とされた裁判はトルコの裁判制度に基づいて行われていたといわれる。そのトルコにおいて、臣民の資産、生命、名誉はほとんど留意されることはなく、あらゆる訴訟は迅速であった。結果が出るならば、それに至る過程が問題になることはなかった。長官の事件に関する説明が終わるとただちに、気の向くままに、訴訟の当事者たちの足の裏に棒打ちを科し、彼らを家に返したということである。

上述のことから、トルコの裁判制度は専制制度であったことが予想される。ある人間が絶対的であろうとすると、法律は単純化される。もちろん、モンテスキューはこの単純さに賛同しているわけではない。

第3章　裁判は、如何なる制度において、如何なる場合に、法律の明確な正文に従って行われるべきか

専制君主国家には法律はなく、裁判に関わる役人自身が法律である。しかし君主国家には法律がある。それが明確なときには、裁判に関わる役人はそれに従うが、明確でないときは、その制度の枠の中で、その精神を探求する。共和制度においては、裁判に関わる役人は法律の文字に従うことが、その制度の本分である。公民は、財産、名誉、または生命が問題となるときは、自分が不利になるような法律の解釈を望まないものである。

第4章　裁判の仕方について

第3章の結果として、裁判の多様な仕方が生じる。君主制度においては裁判に関わる役人は仲裁の仕方をとる。しかし共和制度のもとでは仲裁制度はない。ローマとギリシアにおいては、次の3つの仕方で行われた。「我は放免する」「我は有罪の判決を下す」「我には明らかならず」。この3つは人民の判断であ

るが、しかし人民は法律家ではない。仲裁による修正や緩和は人民には適さないのである。ローマにおける裁判制度は、ギリシア制度の模倣であった。不足分は誠意訴訟という仕方で補った。フランスの法律家がいうところによれば、「フランスでは、すべての訴訟は誠意訴訟である。」

第5章　如何なる制度において主権者が裁判をつかさどるか

専制国家においては、君主みずから裁判を行うことができるが、他の国家制度では君主が裁判の統治者となってはならない。

第6章　君主制度において大臣は裁判をしてはならない

君主のもとには、顧問会議と裁判所がある。この2つはいつも同じ結果を目的としない。顧問会議は少数の人間が関係するが、司法裁判所は多数の人間が関係する。裁判所においては冷静さおよび無関心を必要とする。このことから大臣は裁判に関与してはならないのである。

第7章　単独の役人について

単独な裁判官は専制国家制度のもとでのみ可能である。歴史的に見るならば、例えば、ローマのアッピウスは自分の立法した法律でさえ、破ったのである。まさに権力を乱用したのである。

第8章　追訴について

ローマの共和制度のもとで、その精神に基づいて公民が他の公民を追訴することが許されていた。各公民が公共の善のために限りない熱意を有するならば、追訴は必要な制度である。公民に代わって検察官が監視するならば、よく機能する。

第9章　刑罰の厳しさ

専制君主制度のもとでは刑罰の厳しさの原理は、人々に恐怖心を持たせることである。この制度のもとでは、人々は非常に不幸であるから、生命を惜しむ

というよりは、むしろ死を恐れる。身体的体罰はより苛酷にならざるを得ない。このような例はトルコの皇帝の制度を考察するならば、よく理解される。

しかし善き立法者は、罪を罰することを目的とするものではなく、罪を予防することを目的として立法するのである。

第10章　フランスの古い法律

君主制度のもとでの精神が、良い例として挙げられる。金銭刑罰に関する場合は、貴族にはより重くしたし、また名誉を持たない平民には身体で罰したのであった。

第11章　人民が有徳な場合は刑罰はほとんど必要ない

ローマの人民は誠実さを持っていた。この誠実は非常に力を持っていたので、人民を従わせるためには、立法者は善を示すことで十分であった。命令の代わりに忠告だけでことは済んだ。

第12章　刑罰の威力について

刑罰が軽い国における人々は、軽い刑罰によって、他の重い刑罰によるのと同じくらいの影響を受ける。この理由から、極端な方法によって人間を導いてはならない。人間を指導するために、自然が我々に与えている手段を慎重に用いるべきである。

犯罪はたとえ軽いものであっても、罰しないことがあるならば、制度の崩壊を招くことになる。如何なることがあっても法律が、人民を腐敗させるようなことがあってはならない。

第13章　日本の法律の無力さ

モンテスキューは、ここで考察している法律は、いつごろの法律かは明確ではないが、度の過ぎた刑罰は専制君主制度自体を腐敗させるという。

第14章　ローマの元老院の精神について

モンテスキューによれば、アキリウス・グラブリオ、ピソの治世の時代に党派による陰謀を阻止するために、アキリウスの法律が立法されたのであるが、元老院は次のように考えた。過度の刑罰は確かに人心に恐怖を植え付けるであろうが、追訴したり、有罪判決をする者は1人もいなくなるという結果を生み、これに反して、軽い刑罰を提案すれば、裁判に関わる役人も追訴人も得られるであろうと考えた。

第15章　刑罰に関するローマの法律について

モンテスキューによれば、ローマ人は政治形態を変えるとき、公民に関する法律も変えた。刑罰は制度の本質に由来する。モンテスキューは、テイトゥス・リウィウス、ポルキウス、スラ、コルネリウス、カエサル、マクシミアヌス、カピトリヌス、コンスタンティヌスなどが法律を改めたことを考察している。モンテスキューはコンスタンティヌスが、如何にして軍事的専制政治を、軍事的ではあるが、しかし文民的な専制政治に改革して、君主制度を完成したかは『ローマ人盛衰原因論』を一瞥すれば理解されるという。

第16章　犯罪についての刑罰の度合い

如何なる政治形態であっても、刑罰は犯罪に応じていなければならない。そうでなければ、社会に対する悪害を避けることはできない。

第17章　犯罪人に対する拷問について

モンテスキューによれば、人間は性悪であるから、法律は人間を実際よりも善良であると想定せざるを得ない。犯罪は2人の証人がいるならば、成立する。犯罪人に対する拷問は、アテナイではなかったように必ずしも必要ではない。否、不要でさえある。

第18章　金銭刑と身体刑について

モンテスキューは、ゲルマンの金銭刑と日本の身体刑を取り上げ、善き立法者は2つの刑を調和させるという。

第19章　タリオの法律について

専制君主国家では、タリオ（加害者に被害者と同程度の苦痛を伴う刑を科すること）の法律を多く用いる。

第20章　子供の罪で父親を罰することについて

中国やペルーでは、父が子供の落ち度が原因で罰せられる。中国には父親の名誉が全く存在しないのである。

第21章　君主の慈悲について

慈悲は君主を際立たせる素質である。君主制度の国々では、人は名誉によって支配され、名誉は法律の禁ずることをしばしば要求するから、慈悲はより必要である。君主は慈悲によって得るところが極めて大きく、慈悲は多くの愛を伴い、君主はそこから多くの栄光を獲得するので、慈悲を施す機会を持つことは、君主にとってほとんどいつでも幸福なことである。

第七編　贅沢の禁止の法律、および女性の地位について

モンテスキューは、この七編の前半で、民主制度、貴族制度、君主制度における歴史的に贅沢禁止の法律を考察している。後半で、女性の後見人、地位を考察し、最後にインドでは、女性によって統治され、非常にうまく運営されているという。またアフリカにも女性が統治している国があるという。

第八編　3 制度の原理の腐敗について

第1章　各制度の腐敗はその原理の腐敗に始まる。

第2章　民主制度の原理の腐敗について
　民主制度の原理は、人が平等の精神を失うとき、また極端な平等の精神を持ち、各人が自分に命令する者として選んだ人達と平等であろうとするとき、腐敗する。民主制度において、不平等の精神は、貴族制度か1人統治制度へと導く、また極端な平等な精神は専制君主制度へと導くのである。

第3章　極端な平等の精神について
　本当に平等な精神と極端な平等な精神とはかなり違いがある。自然状態においては、人間は平等の中で生まれるが、そこにとどまることはできない。社会が彼らに平等を失うよう強いて、法律によってしか再び平等を取り戻すことはできない。
　規制された民主制度と無規制の民主制度には次のような違いがある。つまり、前者においては、人は公民として平等である。後者においては、役職者、元老院議員、裁判官、父、夫、主人などとしても平等である。
　徳は自由のもとにあるのであるが、無規制な自由のもとにあるのではなく、また隷属状態のもとにあるものでもない。

第4章　人民の腐敗の特殊原因
　歴史上、ペルシア人に対するアテナイの勝利などの偉大な成功が、動機となり、人々が傲慢になり、平等を主張するようになる。その結果、国の制度に不満を抱くようになり、敵対的となる。

第5章　貴族制度の原理の腐敗について
　貴族制度は、貴族の権力が恣意的になると腐敗する。支配している諸家系が

法律を遵守するときは、数人の君主を有する君主国となるから、非常によく運営される。しかし法律を遵守しないときは、それは数人の専制君主を有する専制国家となる。貴族制度の腐敗は最もよく顕現するのは、貴族が世襲的となるときである。

第6章　君主制度の原理の腐敗について

　君主制度国家は、人が諸団体の特典または諸都市の特権を次第に奪うとき、腐敗する。君主制度国家における君主が、自分の意思で秩序を変えることができると思うとき、他人の職務を奪い、その職務をまた別の人に与えるとか、自分の気紛れを通すとき、その国家制度が崩れる。またこの君主が権威、地位、人民への愛を無視するとき、その国家制度が崩壊する。

第7章　前章に続く

　君主制度の原理は、人民から尊敬されなくなるとき、腐敗する。また同様に、人々が祖国から何の恩恵も受けていないと信じるときにも腐敗する。

第8章　君主制度の原理の腐敗の危機

　制限制度、つまり、共和制度、君主制度が同じ制度に移行するときは、不都合が生じないが、制限制度が専制制度へと移行するとき、危機が生じる。

第9章　貴族の身分は王と共に滅びる

　この例はイギリスのチャールズ１世、フィリップ２世、オーストリア王室のハンガリーの貴族に対する政策が挙げられる。この政策でオーストリア王室も共に滅びた。

第10章　専制制度の原理の腐敗について

　専制制度の原理は腐敗している故に、常に腐敗する。つまり、専制制度は持続することのない内部的欠陥を有するのである。

第11章　原理の善さと腐敗との自然の結果

制度の原理が一度腐敗すると、最良の法律も悪しき法律となり、国家に敵対する。その原理が健全であるときは、悪しき法律も善き法律の効果を有する。原理の力がすべてを導くのである。

第12章　前章に続く

ある共和国が腐敗するときは、その腐敗を除去し、その原理を取り戻すことをしなければ、その共和国は滅びる。例えば、ローマでは裁判役は元老院議員の階層から採用されていた。グラックス兄弟（紀元前2世紀）は、この特典を騎士に移した。ドルスス（グラックスと対立した）は、それを元老院議員と騎士に与えた。スラは元老院議員だけに与えた。コッタ（紀元前1世紀、カエサルと同時代の人）は元老院議員と騎士と出納者に与え、カエサルは出納者を排除した。アントニウス（カエサルを暗殺した人物）は、元老院議員と騎士と100人隊長をもって10人組を作った。ローマはこのあとアウグストスによって帝国となったのである。

第13章　宣誓の効果

ローマの人民においては宣誓は非常に強い力を持っていたので、これ以上に彼らに法律を遵守させるものではなかった。宣誓を守るためには、ローマ人は栄光や祖国のために決して行わないようなこともした。ローマ人にとって宣誓は名誉にかけて守ることであった。

第14章　些細な変化が原理を崩壊するか

例えば、紀元前2世紀頃ローマの植民地のカルタゴで、役職者や主要な公民が公の収入で私服を肥やし、その権力を濫用した。役職者の徳は、元老院の権利と共に失墜した。つまり、些細なことが原理の崩壊を招いたのである。

第15章　次に続く4つの章のための前章

第16章　共和制度の際立った特質
共和国にも大きい国と小さい国がある。小さい共和国は領土だけで成り立ち、公共の善がよりよく行き渡り、公民の近くにある。これに反して、大きい共和国は大きな財産があり、人々は節度を忘れ、利益は個人化され、人は祖国がなくとも幸福で偉大であると考えるのである。例えば、スパルタは如何なることがあっても領土を手放すことはなかった。これがスパルタを存続させた大きな理由である。1つの都市を存続させる制度としては、共和制度が最も適したものである。

第17章　君主制度の際立った特質
モンテスキューによれば、君主制度の国の大きさは中規模でなければならない。小さいと共和国となり、大きいならば、君主の目が届くかなくなり、法律は迅速に適用できなくなり、人々が服従しなくなる。モンテスキューはカール大帝の例、アレクサンドロスの例、アッティラ（匈奴の一部であったフン族の王、406～453　ゲルマン諸部族を服従させ、ライン川中流からカスピ海にわたる帝国を作った）の例を挙げている。

第18章　イスパニアの君主制度は例外
イスパニアは、アメリカを保持するためにイスパニア国内で行わないようなことをした。つまり、そこの住民を滅ぼして、自分の生活手段のために服従させたのである。モンテスキューによれば、この政治制度は今までの政治制度での概念では説明できないのである。

第19章　専制制度の際立った特質
大帝国は統治する者の専制的権威を前提にする。ただ1人の決定が迅速に支配する国土全体に伝えられなければ、その国は維持されない。専制君主の権威

のもとでの政策は首尾一貫する必要はない。

第20章　以上のまとめ

小国家の自然的特質は共和国として統治されることであり、中程度の国家の特質は国民が1人の君主に服従することであり、大帝国の特質は1人の専制君主が支配することである。従って、国家を維持したり、また境界の移動に伴い、政治制度も変えなければならない。

第21章　中国帝国について

中国帝国に今までの制度の分析は適用できない。つまり、恐怖と名誉と徳が入り交じっており、3つの制度とは別のものである。中国の風土は人間の増加を著しく助長する。夫人は非常に多産で世界にも全くその例を見ないほどである。最も苛酷な暴政もこの増加の歩みを決して抑制することはできない。中国は風土の力によって常に人でいっぱいになり、それは苛酷な暴政にも勝る。中国は度重なる飢饉を避けることはできない。人民は餓死状態に陥ると、生きるために四散し、少数の人間が集まり、盗賊団を作るが、大部分が根絶される。いくつかの集団が生き残り、根をはり、強大となり、軍隊化し、首都へと進軍し、その首領が皇帝となる。モンテスキューの表現に従えば、漢の創始者劉邦、また明の創始者朱元璋などが想起される。

第二巻

第九編　防衛力との関係における法律について

第1章　共和国はいかにしてその安全に備えるか

ギリシア人が永く繁栄したのは、形成しようと望んだよりも大きな国家を形成し、国民が公民となったことである。ローマもこのような連合体を形成し、世界を攻略した。ローマに抵抗できた国家形態（例えば、ゲルマン連合体）も同じような連合体であった。このような連合体は、1つの国で反乱が起きても、

他の諸国が鎮圧するので、またある部分が滅びても、他の部分が滅びずに済む。

小共和国から形成されるこのような連合体国家は、各共和国の内政の良さを享受し、外国に対して強大な君主国の持つすべての利点を有する。

第2章　連合国家形態は共和制度国家から形成されるべきである

ドイツの神聖ローマ帝国は、いくつかの自由都市（ハンザ同盟都市）と君主に属する小国からなっている。それはオランダやスイスの連合国家よりも不完全である。神聖ローマ帝国は、1人の首長を有し、彼は役人であり、君主である。いずれにせよ、無理に維持しなければ、1つの連合共和国として存続し得ない。

第3章　連合共和国に必要な他の条件

前章でオランダの連合国を挙げたが、その連合国は7つの州からなっており、ある州は他の諸州の同意なしに同盟を結ぶことはできない。合同会議においてはそれぞれの州は1票を持っている。この制度はそれなりの評価を得てよい。しかしモンテスキューは古代リキュア（p.111に挙げたリュディアと同じ）人の共和国が最も良い例であるとする。この共和国は23の都市からなって、合同会議においては大国は3票、中国は2票、小国は1票を有し、投票数に応じて諸負担の責任があった。

第4章　専制国家はいかにしてその安全に備えるか

共和国はいくつかが団結することによって安全に備えるが、専制国家は相互に孤立することによってその安全に備える。即ち、孤立化は敵を近付きがたいものとするのである。専制国家においては、人々は国家や支配者を愛することはないのである。

第5章　君主国家はいかにしてその安全に備えるか

君主国家の特色は城塞を造り、その城塞を護る軍隊をそこに置くことであ

る。

第6章　国家の防衛力一般について

ある国家が強力であるということは、攻撃力にあるのではなく、攻撃に対して迅速に対応することにある。

モンテスキューは第7章から11章までは一般的な考察をする。ルイ14世（1643〜1715、王権神授説を信奉し、「朕は国家なり」といったことで有名である）は世界の支配者となろうとしたが、神はそれを許さなかった。このことは彼に幸いしたのであった。どんな国家であっても、それは常に相対的である。その相対性を忘れることは隣国を軽んずることになる。

第十編　攻撃力との関係における法律について

第1章　攻撃力について

攻撃力は万民法によって規制される。万民法は諸国民相互の関係における諸国民の国制の法律である。

第2章　戦争について

国家の生命は人間の生命と同じである。防衛という観点から見るならば、人間には人を殺す権利があり、国家には防衛のために戦争をする権利がある。このような戦争は、滅亡を防ぐ唯一の手段であり、正義に基づいている。

第3章　征服権について

当然のことであるが、戦争が肯定されるならば、征服も肯定される。征服者には4つの権利がある。
① あらゆるものを種の保存に向かわせる自然の法律。
② 自分にしてもらいたいと願うことを他人に対して行うように命ずる自然の光の法律。
③ 自然によってその存続を何ら限定されないような政治社会を形成する法

律。
④ 事柄自体から引き出される法律。

この4つの権利から、4つの征服の仕方が生じる。
① 被征服国家をそのまま存続させ、支配する権利だけを引き受ける（これはモンテスキューのいう万民法に合致する）。
② 新しい支配体制を作る。
③ 従来の社会を破壊して分散させる。
④ 従来の社会の人々を絶滅させる（ローマ人の万民法に合致する）。

ある人々は、征服者には社会を破壊し、人民を殺す権利があるというが、歴史的に見るならば、征服は偶然に基づくことが多いから、むしろ征服者は征服された国の人々を常に隷属状態から解放する手段を準備しておいた方がよい。

第4章　被征服人民の利点

モンテスキューのいう万民法が守られ、また全世界に確立されてあるならば、被征服人民も利益に預かることがある。例えば、租税取り立て人の圧政下にある場合、征服者がこの重荷を軽くした例がある。征服はより良い支配者のもとに人民を置くことがある。

第5章　シュラクサイの王ゲロン

シュラクサイの王ゲロンはカルタゴを征服したとき、カルタゴ人に対して幼児を生贄にすることを禁止した。

第6・7・8章　征服する共和国について

民主的共和国は他国を征服するようなことがあってはならない。ある民主的共和国がある人民を征服し、この国の人々を支配するならば、自分自身の自由を危険にさらすことになる。なぜならば、征服した国に派遣する役人に多大な権限を持たせることになるからである。いずれにせよ、民主的国家が他国を支配することは民主的でなくなる。

モンテスキューは、この後、第9・10・11章で君主国の征服を考察する。第12章でキュロスの制定した法律を考察するが、これを筆者は省略し、第13章でカール12世、第14章でアレクサンドロスを考察しているが、筆者は第14章だけを概観する。

第14章　アレクサンドロス

　前章のカール12世は北方のアレクサンドロスといわれ、一生涯戦争に明け暮れた。彼が王位を受け継いだときは、ポーランド、デンマーク、ロシアの同盟を前にして、風前の燈であった。1709年ロシアの皇帝ピョートル1世にポルタヴァ（現在のウクライナ共和国）で大敗した。モンテスキューによれば、カール12世は現実に従って自分を規制することはなく、自分の選んだ模範に従っただけであり、その見習い方もまずかった。彼はアレクサンドロスの兵隊であったならば、よかったかもしれない。

　アレクサンドロス（B.C. 356～323）はマケドニアを隣接する蛮民から守り、ギリシア人を制圧し終えた後に初めて遠征に出発した。彼はこの遠征を自分の事業の遂行のためにのみ行った。彼は軍隊を海軍と陸軍に分け、海軍は沿海を征服し、陸軍が海岸に沿って進軍させ、海軍と陸軍が離れないようにした。全部隊に規律を守らせ、食料を欠くことなく、勝利のためにすべてを尽くした。彼は偶然に賭けるようなことはなかったが、時としては無謀もあった。彼は隣国のトリバロイ人やイリュリア人（アドリア海の東側に住んでいた人々）を倒し、ギリシアのテーバイ、アケメネス朝ペルシアの最後の皇帝ダレイオス3世を破り、エジプトを征服した。モンテスキューによれば、アレクサンドロスの進撃は極めて迅速で、彼の世界帝国は戦勝の賞品というよりも、まるでギリシアの競技の賞品であるかに見えた。

　アレクサンドロスの征服地の支配の仕方は次のようであった。

　彼はギリシア人を主人、ペルシア人を奴隷とすることなく、両国民を結合しようとした。両国民が彼の死を悼むほどに尊敬を受けていたのである。結婚による両民族の結合ほど征服を強固にするものはない。アレクサンドロスは征服した国の婦人たちを妻とし、宮廷人もそうすることを望んだ。またマケドニア

人たちもそうした。歴史上、これを見本とした国もある。例えば、フランク族やブルグント族やロンバルト族（いずれもゲルマン族で、年表でも触れたように、大きく3つの部族に分けられる。北ゲルマン族は、デーン、ノルマンと呼ばれ、ノールウェイ、デンマーク、北ドイツに住んでいた。東ゲルマン族は、東ゴート、西ゴート、ヴァンダル、ブルグントと呼ばれ、黒海の北部に住んでいた。西ゲルマン族は、アングル、サクソン、フランクと呼ばれ、西ヨーロッパに住んでいた。375年にフン族が西へ移動したことによって、ゲルマン族全体が移動した。この移動でゲルマン族は7つの王国を作った。今挙げた王国の他に、スペインの西ゴート王国、イングランドの7王国、カルタゴのヴァンダル王国、イタリア北部の東側の東ゴート王国があった。しかしフランク王国以外は短命であった）などである。両民族の結合に努めたアレクサンドロスは、ペルシアに多数のギリシア植民都市を建設し、接合した。その結果、彼が死んだ後も、ギリシア人が自滅した後にもペルシアでは反乱が起こらなかった。また彼はギリシアとマケドニアの力を維持するためにアレクサンドリア（現在のエジプトにあり、プトレマイオス朝が成立した。クレオパトラの先祖。しかし同じ地名がいくつかあった）にユダヤ人の植民集団を送った。自分に忠実であれば、その慣習は問題にならなかった。

　アレクサンドロスは敗れた民族に自分たちの慣習をそのまま認めただけではなく、彼らの公民の法律をもそのまま認め、また、王や総督さえも処分することはなかった。彼は軍隊の長にはマケドニア人を据えたが、政府の長にはその土地の者を据えた。また彼は古来の伝統や諸民族の記念碑的建造物を尊重した。ペルシアの諸王はギリシア人、バビロニア人、エジプト人の神殿を破壊したのに、彼はそれを復興した。彼は征服した国の繁栄と国力の増進を図ったのである。彼はその第1の手段を彼の天分の偉大さの中に、第2の手段を粗食と個人的な節約の中に、第3の手段を壮大な事物に対する巨額な出費の中に見いだしたのである。

　しかしながら彼は2つ失敗している。1つはペルセポリス（古代ペルシア帝国の首都、紀元前331年にペルシアがアテナイを破壊したことに対する報復として）を焼き払ったこと、もう1つはクレイトス（アレクサンドロスの友人で

将軍であった。ある宴でクレイトスがアレクサンドロスの父を称賛したので）を殺害したことである。アレクサンドロスは後にこれらのことを悔いたということで有名になり、さらに尊敬を得たということである。

モンテスキューはこの後新しい征服の仕方として、中国、トルコ、日本に触れているが、皮相的であるので省略する。

第十一編　国の制度との関係における政治的自由を形成する法律について

第1章　制度との関係において政治的自由を形成する法律と公民との関係において政治的自由を形成する法律との違い。ここで前者を主題とする。

第2章　自由の多義性

ある人々は暴君的権力から逃れることを自由としたし、また他の人々は支配者を選ぶことを自由とした。しかし人は概して自由を共和政体の国々に認め、君主政体の国々から除外した。また民主制度の国々では、人民はほとんどその望むことを行っているように見えることから、人は自由をこの政体の中に置き、人民の権力と人民の自由とを混同したとモンテスキューはいう。

第3章　自由とは何か

モンテスキューによれば、政治的自由とは人が望むことを行うことではない。法律が存在する社会、つまり法治国家においては、自由とは、人が望むべきことを行うことができることであり、望むべきでないことを行うように強制されないことである。つまり自由とは、法律の許すすべてを行う権利である。

第4章　前章に続く

さらにモンテスキューは、民主制度や貴族制度はその本性によって自由な国家であるのではないという。政治的自由は制限政体にのみ見いだされるというが、その制限政体に関しては前に触れている。

第5章　様々な国家の目的について

すべての国家は自国を維持するという目的を持っているが、その手段は多種多様である。国によっては政治的自由を直接的目的とする国もあるというが、モンテスキューは具体的に国名を挙げていない。

第6章　イギリスの国の制度について

モンテスキューはここで明言していないが、ロックを意識していたと思われる。各国家には、3種の権力、つまり立法、万民法に属する事柄を執行する権力、つまり外交権、公民法に属する事柄を執行する権力、つまり裁判権がある。

次にモンテスキューを世界的に有名した箇所がある。その部分を引用する。

公民における政治的自由とは、各人が自己の安全について持つ確信から生ずる精神の安穏である。そして、この自由を獲得するために、公民が他の公民を恐れることのあり得ないような政体にしなければならない。

同一の人間あるいは同一の役所や団体において立法権力と執行権利とが結合されるとき、自由は全く存在しない。なぜならば、同一の君主または同一の元老院が暴力的な法律を作り、暴君的にそれを執行する恐れがあり得るからである。

裁判権力が立法権力や執行権力と分離されていなければ、自由はやはり存在しない。もしこの権力が立法権力と結合されるならば、公民の生命と自由に関する権力は恣意的となろう。なぜならば、裁判役が立法者となるからである。もしこの権力が執行権力と結合されるならば、裁判役は圧政者の力を持ち得るであろう。

もしも同一の人間、または貴族もしくは人民の有力者の同一の団体が、これら3つの権力、即ち、法律をつくる権力、公的な決定を執行する権力、犯罪や個人間の紛争を裁判する権力を行使するならば、すべては失われるであろう。

ヨーロッパの大部分の王国において、政体は制限的である。なぜならば、君主は最初の2つの権力を持つが、第3の権力の行使はその臣下に委ねているか

らである。トルコ人のもとでは、これらの3つの権力は皇帝（スルタン）の一身に結合されて、恐るべき専制政治が支配している。

　以上がモンテスキューのいう三権分立の思想である。モンテスキューはこの3者の関係を詳細に考察している。できるだけ簡略化し、箇条書きにする。
① 　裁判権力は常設的な元老院に与えられてはならない。
② 　他の2つの権力は常設的な団体に与えられてよい。
③ 　裁判所が固定されてはならないが、判決は一定でなければならない。
④ 　裁判役は被告人と同じ身分でなければならない。
⑤ 　立法権力が危険にさらされているときは、立法権力は執行（行政）権力が容疑のある公民を逮捕することを許可することができる。
⑥ 　立法権力は2院制を採り、貴族団体、人民団体はそれぞれ会議、審議する。両団体は規制的な権力を必要とする。
⑦ 　執行権力は君主に属する。
⑧ 　立法府は常設される必要がない。
⑨ 　立法府は決してみずから集会すべきではない。
⑩ 　執行権力は立法府を抑制する権能を持たなければならない。
⑪ 　立法権力は執行権力を抑制する権能を持ってはならない。
⑫ 　裁判権力は立法権力のいかなる部分とも結びついてはならない。
⑬ 　立法権力は裁判することはできない。立法権力は告発人でしかない。
⑭ 　人民の権威と個人の安全とを保つためには、人民の立法院が貴族の立法院に対して告発することができる。
⑮ 　執行権力は権能により立法に、君主は市民の身分を守るために関与できる。
⑯ 　執行権力は立法権力によって拘束される。
⑰ 　3つの権力は協調して進行しなければならない。
⑱ 　執行権力は立法権力を阻止できることから、立法権力の一部であるから立法のための討議に加わってはならない。
モンテスキューはこの後、

第7章　我々の知っている諸君主制について
第8章　なぜ古代人は君主制について十分明確な観念を持たなかったか
第9章　アリストテレスの考え方
第10章　他の政治家の考え方
第11章　ギリシア人の英雄時代の諸王について

というように考察するが、筆者はここで省略する。次章からはローマに関する考察がなされる。

第12章　ローマの諸王の政体について、またその3権力がいかに配分されていたか

　モンテスキューは、ローマの6代王セルウィウス・トゥレウスと7代王タルクイニウス・スペルブスの差異を考察している（ローマの初代の王は紀元前753年に王位に就き、7代王は紀元前509年に王位から退いたといわれている）。この時代の王位は選挙によるもので、元老院が大きな力を持っていた。国の制度は君主的、貴族的、民衆的であった。しかし6代王セルウィウス・トゥレウスのときには、元老院は全く選挙には関与せず、王権と元老院の権力を弱め、人民自身の権力を増大させた。7代王タルクイニウス・スペルブスは6代王セルウィウス・トゥレウスを批判し、王位は世襲とした。元老院を廃止し、権力を増大させた。彼は3権力を一身に集中させたが、永くは続かなかった。

第13章　国王追放後のローマ国家についての一般的考察

　6代王セルウィウス・トゥレウスが貴族を格下げしたとき、ローマは人民の手に陥る運命となった。人民は立法権力を持ち、満場一致で王の追放を決議した。ローマは民主制度となるはずであったが、しかしそうはならなかった。モンテスキューはその理由を示していない（第12・13章に関してはキケロを参照）。

第14章　国王追放後に3権力の配分はいかに変化し始めたか

　これまでの状況をまとめると、

① 貴族は宗教的・政治的・公民的・軍事的公職を独占していた。
② 執政官職はに途方もない権力が与えられていた。
③ 人民は不当な扱いを受けていた。
④ 人民は投票においては何ら影響力を持たなかった。
この4つを改めるために、
① 人民が役職に就けるようにした。
② 執政官職は解体され、法務官（プラエトル）、査問官（クワエストル）、按察官（アエイリス）、会計官、戸口総監（ケンソル）などが作られた。執政官に残されたことは会議（大身分会議＝comitiis centuriatis）の議長、元老院の召集、軍隊の指揮である。
③ 神聖法律（lex sacrata　この法律に背くことは宗教的義務に背くことであった）に基づいて護民官を設置した。
④ 人民が投票を行い、影響力を持つように、ケントゥリア、クリア、トリブスが作られた（古代ローマは最初、地域により3トリブスに分けられ、各トリブスは10クリアに分けられ、各クリアは100人組〔ケントゥリア〕を出していた。つまり人民の意見をまとめさせたのである）。
このようにして平民は貴族を裁く権力を手に入れたのである。

第15章　ローマはいかにして共和政の繁栄状態において突如として自由を失ったか

　平民は貴族の権力が裁判に及ばないようにするために、元老院の反対を押し切って10人衆（デケムウイリ）を作った。両者の利害を調停するのが10人衆の仕事であった。そのためにこの10人衆に、執政官と護民官の権力が与えられた。しかし10人衆は、全立法権力、全執行権力、全裁判権力を握った。ローマの平民は7代王タルクイニウス・スペルブスのときと同じくらいの暴政に悩んだ。しかし10人衆の1人であったアッピウスが自分の利益を守るために、自分たちの立法した法を歪めたために、10人衆は権力を失った。人民は自由になった。モンテスキューによれば、ローマは一夜にして政治体制が変わることの多い国であった。

第16章 ローマの共和政における立法権力について

人民は自由を獲得にすることによって、貴族からすべての権力を剥奪しようとする。そのために人民は、貴族と元老院議員を除いて、自分たちだけの平民会議決（プレビスキトウム）と呼ばれる法律を作り、民会をトリブス民会と呼んだ。このようにして貴族を排除したため、貴族、元老院の側でも独裁官（dictator 共和政体の存立を脅かすような状況が生じた場合、6カ月間の期限つきで任命された。その権限は無限であった）を創設し対抗した。これによって平民は全く力を失った。

第17章 同じ共和政における執行権力について

人民は立法権力に執着したが、執行権力を元老院や執政官に委ねた。元老院の執行権力に対する関与は極めて大きく、公金を自由に配分し、戦争や講和を決定し、その決定事項を執政官に委ね指導した。さらには諸属州と軍隊を執政官と法務官に配分した。人民は元老院や執政官の行ったことを確認するだけであった。元老院や執政官は護民官の反対にもかかわらず戦争を行い、勝利を収めたため人民はむしろそれらの執行権力の増大を許した。人民は将軍が任命した司令官たちを自分たちが任命したと勘違いするようになった。ここでのモンテスキューの発言は人民が権力を強めたことが善かったのか悪かったのか明白ではない。第1次ポエニ戦争（紀元前264～241　年表参照）の少し前に、人民は人民のみが宣戦の権利があるとした。

第18章 ローマ政体における裁判権力について

裁判権力は人民、元老院、役人、ある一定の裁判役に与えられたる。どのような配分であったか考察する。

第1に民事事件から始める。共和政体においては執政官が裁判を行った。次いで法務官が行った。時と共に、執政官が裁判役を任じ、裁判所の構成員だけをなすにすぎず、裁判そのものから離れた。これが紀元前259年からローマの慣習となった。毎年、法務官が名簿を作成し、各訴訟事件ごとに十分な裁判官を配置した。この裁判官たちは事実問題のみに関わり、権利問題、つまり立法

に関しては、100人衆裁判所（ケントウムウイリ）で決定した。

　第2に刑事事件に関しては、諸王がこの件に関する権能を自分のもとにおいていたのを引き受け、執政官も自分の権限とした。彼らの行為は裁判ではなく、暴力的行為であった。

　神聖法律に基づき、平民には護民官が与えられ、強大な力を持ったため、元老院とどちらが強力であったかは不明である。平民が貴族を裁くことができるかということが、コリオラヌス（貴族の出身だから自分を執政官以外に裁くことができないと主張したのであるが、護民官が起訴し、平民だけによって裁いた）事件によって、確立した。初期の諸王の政体のとき立法された刑法であった12表（紀元前451年制定された。ここに示された法はほとんど死刑であった）が修正され、公民の生死を決めることができるものは、人民の大身分会議だけであるとした。その結果、平民と元老院は協議せざる得なくなった。

　またウァレリウスの法律（この法律も諸王の時代に立法されたもの）は、ギリシアの英雄時代の影響を破棄した。その結果犯罪に対して執政官は全く権力を失った。犯罪は私的なものと公的なものに分けられ、公的な犯罪は人民が裁判し、私的な犯罪に関してはその都度査問官を任命して、査問官は裁判官を任命し、裁判を行った。この制度は均衡のとれたものであった。

　このような3権力の配分は、国政の制度の自由との関係で見るならば、適切なものであった。つまり人民は立法権力の最大部分と、執行権力の一部、それに裁判権力の一部を持っていたのである。

　グラックス兄弟が元老院から裁判権力を奪ったとき（紀元前124年）、すでに元老院は全く力を失っていた。国政制度の自由が滅びたのであるが、同時に公民の自由もなくなった。ここに軍隊、つまり騎士や騎兵たちが権力を持つようになり、ローマの共和政体は崩壊するのである。

　次の2章は省略する。
　第19章　属州の政体について
　第20章　本編のまとめ

第十二編　公民との関係において政治的自由を形成する法律について

第1章　本編の概要
ここでの考察は、国の制度における自由ではなく、公民の自由に関しての考察である。

第2章　公民の自由について
哲学的自由は自己の意思の行使にあり、または少なくとも自己の意思を行使していると確信していることにある。これに対して、政治的自由は安全にあり、または少なくとも自己の安全についての確信にある。従って公民の政治的自由とは主として刑法に関わるものである。この法律も一朝一夕にして出来上がった訳ではない。公民の自由もまた歴史に対する知識が実践的に使用されることによって基礎づけられるのである。

第3章　前章の続き
刑事裁判には2人以上の承認を必要とする。1人では不公正が生じる。

第3章に見られるように、以後、モンテスキューの考察は専ら刑法上の、罪の種類とそれに対する刑罰に関する考察である。筆者の目的は刑法を考察することではないので、第12編の以下の章の考察は省略する。

第十三編　租税の徴収および歳入の大小と自由との関係について

ここは第20章まであるが、ほとんど税法に関する考察である。ただ第12章で租税と自由の関係が考察され、第15章で自由の乱用が考察されている。しかしいずれも租税との関係における自由の考察である。ここでも筆者の目的とは異なるので省略する。

以上でモンテスキューの『法の精神』の二巻まで考察したことになる。著作全体の約3分の1である。第三巻では、風土、地勢、それに関わる人間の特性が考察される。第四巻では、商業と法律の関係が考察される。第五巻では、宗教と法律の関係考察され、第六巻では、フランスの公民に関する法律（単なる民法ではない）の起源（従ってヨーロッパ全体における公民法の考察でもある）と変遷について考察している。

　第一巻と第二巻を考察することで、当初の目的を果たしたので、モンテスキューの『法の精神』の考察を終えることにする。

第8部

ジャン・ジャック・ルソー
(Jean Jacques Rousseau 1712〜1778)

人物像

ルソーは1712年にスイスのジュネーヴ共和国に生まれた。当時のジュネーヴは人口2万足らずで、4つの階級があり、市民が1番上であったが、父は時計職人であったことから、ルソーは市民階級の下層に属していた。

ルソーの著作として、主要なものを挙げるならば、『学問・芸術論』（1750年に発行）、『人間不平等起原論』（1754年に発行）、『新エロイーズ』（1762年に発行、これは小説である）、『社会契約論』（1762年に発行）、『エミール』（1762年に発行）、ルソーの死後『告白』（1782年と1789年に分けられて発行）などがある。その他にもたくさんの著作がある。

ここで取り上げる作品は、『社会契約論』だけにする。この作品だけでルソーの全体的思想を理解することはできない。しかしながらルソーの政治思想がこの作品に最もよく表現されている。「はじめに」において政治思想を理解するためには、人間を内と外から理解する必要があるとした。ルソーにおいては、この『社会契約論』の内にその2面が顕現していると判断したので、この作品だけに限定することにした。

『社会契約論』
(Du contrat social, ou principes du droit politique)

第一巻

第1章　第一巻の主題

国家的秩序は神聖な権利であり、この権利は他の諸権利の基盤をなしている。しかしながらこの権利は自然に由来するものではなく、いくつかの合意

（convention）に基づいている。これらの合意を理解することを目的とする。

第2章　最初の社会について

　家族は唯一の自然的社会ではあるが、それも親と子供との義務関係が成り立っている期間だけであり、いつかは任意な関係になるから、ある時点からは合意による家族関係となる。

　合意の背景には両者の自由があり、しかも人間の本性に由来する自由である。人間はまず第1に自己自身を保存することを法とする。親は首長であり、子供は人民という政治社会を構成する。この社会にあってはすべて平等であり、自由である。この自由を譲り渡すとすれば、それは自分の利益のためにである。親は子供に対して愛情を持つが、国家は人民に対して愛情を持たず、支配の喜びを持つのである。ここに親と国家の違いがあるのである。

　ローマの皇帝ガイウス・カリグラ（在位37～41）、グロティウス（オランダの法学者・政治家、1583～1645）、ホッブズ（1588～1679）などは、人類は100人で成り立つという。つまり首長（支配者）がいれば、人類は存続できるというのである。またアリストテレスは人間は生来平等ではなく、ある者は奴隷になるため、ある者は支配者になるために生まれたというが、しかし奴隷になった者、支配者となった者は結果であって、原因ではない。アダムもロビンソンも1人でいる限り、王であろう。

第3章　最強者の権利について

　最強者の権利は確立しているが、我々に説明してくれた者はいない。力とは物理的な力であるが、どのようにして精神的意味に変化するのであろうか。力に屈することは意志に基づく行為ではなく、せいぜい慎重さからの行為であるが、どのようにして義務となるであろうか。

　最強者の権利があり、それが何らかの原因によって滅びるものであると仮定すれば、義務によって服従する必要がない。服従を強制されないなら、服従の義務はないことになる。従ってこの権利は何の意味もない。

　最強者の権利が承認されないのであるから、当然権力も正当なものでない限

り、それに服従する必要がないのである。

第4章　奴隷制度について

　親子関係においても、同胞に対する関係においても問題となることは「合意」である。グロティウスは自由を「譲り渡す」ことができるというが、それは生活のためにだけである。しかし王と臣民との関係では自由を「譲り渡す」ことができない。専制君主は臣民に平和をもたらすから、臣民の自由を譲り受けるというならば、牢獄の中にも平和はある。1人の人間が代償なしに身を与えるというのは不条理で不可解なことである。自分の自由の放棄は人間の資格、人間の諸権利、さらには人間の義務の放棄である。自分の意志から自由を奪う者は、自分の行為からあらゆる道徳性を奪うことである。ここでは如何なる合意も存在しない。

　グロティウスは戦争が起こった場合、勝者は敗者を殺す権利があり、これは合意であるとするが、しかし戦争は人間関係から生ずるものではなく、物的関係から生ずるのである。戦争とは個人対個人の関係ではなく、国家対国家の関係であって、そこでは個人はたまたま兵士として敵対しているにすぎない。戦争は個別的人間を敵としているわけではない。宣戦は国に対して行われるのではなく、君主に対して行われる。公正な君主は交戦中であっても個人の人格や財産を尊重する。兵士であっても武器を持たない場合は生命を奪うことはない。兵隊を1人も殺さずに、国家を殺すことができる。これは物事の性質から生じた原則であり、理性に基礎を置いている。

　戦争の結果としての主従関係は戦争状態を継続しており、合意には達してはいない。主従関係における奴隷はいずれの側から見ても不当である。なぜならば、奴隷と権利という言葉は矛盾するからである。つまり合意は存在しないのである。ルソーは「私は、すべてがおまえの負担になるよう、またすべてが私の利益になるように、ここにおまえと1つの約束を結ぶ。私は好きな間これを守り、おまえは私の好きな間これを守る」といい、合意が成立しないことを強調する。

第5章　常に最初の合意に遡らなければならない

　主従関係は集合体であっても、結合体ではなく、もちろん、公共福祉もなく、政治体でもない。その関係は私的利害の関係でしかない。人民は国王に自分を委ねる前に人民である。従って人民は国王を選ぶ前に、人民が人民となる行為を検討する必要がある。この検討は社会の真の基礎なのである。

　先行する合意がないとき、また選挙が全員一致でないとすれば、少数者には多数者の選択に従う義務がない。従ってルソーによれば、先行する合意が必要不可欠である。

第6章　社会契約について

　人間が自然状態から契約社会に移行するためには、次の問題を解決しなければならない。つまり「共同の力をあげて、各構成員の身体と財産を守り、保護する結合形態を発見すること、この結合形態によって各構成員は全体に結合するが、しかし自分自身にしか服従することなく、結合前と同様に自由である。」この問題をルソーは次のようにして解決する。つまり、各構成員は自己をすべての権利と共に共同体全体に無条件に譲り渡すならば、万人にとって条件は平等となり、そこでは逆に万人は自己自身の裁判官となる。自己自身とすべての権利を譲り渡すことは逆に受け取ることでもあるから、つまり、喪失したものと同じ価値だけのものを受け取るのである。その結果、次のようになる。「我々のだれもが自分の身体とあらゆる力を共同して、普遍的（一般的）意志という最高の指揮のもとに措定する。そうして我々は政治体を構成する限り、各構成員を全体の不可分の部分として受け入れる。」ここでの全体は1つの精神的かつ集合的団体であり、共同の自我、つまり、公的人格が成立する。このような公的人格はかつて都市国家（cité）と呼ばれ、今は共和国（république）または政治体（corps politique）と呼ばれ、さらに政治体が受動的に法に従うときは国家（etat）と呼ばれ、能動的に法を立法するものとして主権者（souverain）と呼ばれる。国際法上は国（puissance）と呼ばれる。構成員は集合的には人民（peuple）と呼ばれ、主権に参加するものとしては市民（citoyens）と呼ばれ、国法に従うものとしては臣民（sujets）と呼ばれるので

ある。

　この章でのルソーの言い分はあまりにも多くの問題を含んでいる。カント風にいうならば、一挙に理念の世界に入ってしまった。つまり人間の感性的側面を無視したため、強引に論理を展開している。機会があったら詳細に吟味することにしよう。

第7章　主権者について

　ルソーの定義によれば、主権者とは能動的に立法に参加する者のことである。その主権者は個人としての主権者に対しても、また国家の一員としての主権者に対しても約束している。つまり二重の関係にある。同じくルソーの定義によれば、臣民は国法に従うものである。この臣民は臣民全体として主権者（主権者としての自分）に対して義務を負わせることができるが、主権者（主権者としての自分）を介して自分自身（臣民としての自分）に義務を負わせることはできないし、また主権者が自分でも破ることのできない法を自分に課することは政治体の本質に反する。このことから人民の集団にとって強制的な基本法といったものがあってはならない。社会契約とはこのようなものでなければならない。

　この契約社会の政治体とその主権者は、契約の神聖さに基づいて自己の存在を獲得する。それ故、他国に対しても契約に反するようなことをしてはならないし、また自己の一部を譲り渡すとか、他国の主権者に服従するようなことがあってはならない。

　またこの契約社会は、前章で述べたように、理念の世界における社会であり、「法的人格」（第6章では公的人格と呼ばれている）とも呼ばれ、「現実の人間ではない。」それ故、現実の人間は普遍的意志に反した意志、もしくは特殊的意志を抱くことがあり得る。しかしルソーのいうこの社会契約を無に帰しないためには、この契約は普遍的意志への服従を拒む者は誰でも政治体全体が服従を強制するという約束を暗黙のうちに含んでいなければならない。その強制とは人間は如何なる権威にも服従してはならない、つまり、「自由になる」ことを強制されるのである。

第8章　社会状態について

　人間が正義といわれる本能を介して、また道徳性を与えることによって、つまり理性に基づいて、自然状態から社会状態 (état civil) へと移行する。ここで人間は自然から受けた多くの利益を失うかもしれないが、大きな利益を取り戻し、その能力は訓練され、思想が広がりを加え、感情は崇高なものとなる。また人間が社会契約によって喪失するものは生来の自由と、手に届くものすべてに対する無制限の権利であるが、獲得するものは社会的自由（生来の自由とは個人の力によって制約を受けるもの、社会的自由とは普遍的意志によって制約を受けるもの）とその占有する一切の所有権である。社会状態へと移行することによって、人間はさらに精神的自由を獲得する。この精神的自由だけが人間を真に自己の主人たらしめるのである。

第9章　土地所有権について

　共同体が形成されたとき、各構成員はあるがままの自己とあらゆる力を共同体に譲り渡す。しかしかつての都市国家におけるように、その共同体の所有権は個人の占有権を掠奪するものではない。

　あらゆる人間は、生来、必要とするものすべてに対する権利を持っている。この占有権は、自然状態においては何ら尊重されるものではないが、社会状態においては貴重なもので、自分の占有権よりも、他人の占有権が尊重されなければならない。例えば、土地の占有権には次の条件が必要である。

　第1に、その土地に誰も住んでいないこと。
　第2に、生活に必要な面積しか占有しないこと。
　第3に、労働と耕作によってこれを占有すること。
労働と耕作は、法的資格のないとき、他人が尊重すべき所有権の唯一の象徴である。以上の3つの条件を満たすとき、土地の占有権が認められるのである。共同体の各構成員はすべてを共同体に譲ったのであるから、土地の占有者は共同体の側から見るならば、公共の財産の保管者にすぎないのである。従って共同体が土地に対して持つ権利に従属するのである。

　第一巻をまとめて、ルソーは次のようにいう。全社会組織の基礎としての

「基本的契約は、自然的な平等を破壊するものではなく、むしろ反対に、自然が人間に与えた肉体的不平等に道徳的合法的平等を置き換えるものであり、また体力や才能における不平等の可能性があっても、人間は契約や権利によって、すべて平等であることを示すものである。」

第二巻

第1章　主権は譲り渡すことができない

前巻の第6章で提起された普遍的意志とは、公共の福祉という国家設立の目的に従って、国家の諸権力を統括するものである。それ故、公平を目標とする。これに対して特殊（個別）的意志はその本性上不公平を目標とする。普遍的意志と特殊的意志が一致することが不可能でないとしても、この一致は永続的かつ恒久的であることは不可能である。この意味で、主権の総体である普遍的意志は特殊的意志で操作できるようなものではない。

第2章　主権は分割できない

前章で主権、つまり普遍的意志は譲り渡すことができないことを論証したのであるが、当然分割もできない。もし分割するとすれば、対象を根拠にして、分割するだけである。つまり政治家たちは主権を力と意志、立法権と執行権に分割し、さらに課税権、司法権、宣戦権に分割し、国内行政権と外国との条約締結権に分割し、これらの部分を混合したり、分離して使用するのである。

第3章　普遍的意志は過ちを犯すことがあるか

ルソーは普遍的意志と特殊的意志の他に全体的意志があるという。これは、例えば、ある集団の意志のことである。つまり特殊意志の総和である。ある国家の中に部分的国家があり得ない。市民は自分の意志だけに従って意見を述べなければならない。もし部分的社会があるとしたならば、その数を増加させ、その社会間の不平等を防止しなければならない。防止するための用心は普遍的意志に基づいていなければならない。普遍的意志は分割されるものではないが

故に、過ちを犯すことがないのである。

第4章　主権の限界について

　自然は各人に自分の身体のすべてに対して絶対的権力を与えている。同じように、国家もしくは都市国家は法的人格であり、そこでの社会契約は政治体における全構成員に対して絶対的権力を与えている。この権力こそは普遍的意志に導かれる主権である。

　法的人格は公的人格とも呼ばれるが、この人格を構成する私的人格の生命も自由も、この人格から本来独立したものである。従って個人は、市民であり、臣民であり、主権者でもある。前にも述べたように、個人は社会契約によって自己の能力、財産、自由のすべてを譲り渡すのであるが、しかしそれは共同体が使用するものの一部でしかない。というのは個人は他人のためにも義務を果たさなければならないし、自分のためにも義務を果たさなければならないからである。

　社会契約は常に市民の間に平等を確立し、同一の条件で約束するから、市民は同一の権利を享受する。これは各構成員の合意であった。従ってこの合意は合法的であり、公正であり、最高権力を有する。この最高権力の限界を、たとえ主権が絶対的に神聖不可侵なものであっても、越えることはできない。最高権力は個人、市民、臣民、主権者の合意であるから、ある主権者は臣民を差別してはならないのである。

第5章　生殺の権利について

　あらゆる人間は自己の生命保存のために、生命を危険にさらす権利がある。社会契約は契約当事者の生命維持を目的とする。しかし社会の法を犯す者、また攻撃する者は祖国に対する反逆者であり、謀反人であり、社会の敵である。犯罪人の処刑は、個別的行為であるから、主権者は自ら行使することはできないが、他に委譲できる。刑罰が絶えず行われる国家は弱体化しているか、もしくは怠慢の徴候である。ルソーにいわせると、如何なるものにも役に立たない悪人は存在しないのである。他人を殺す権利は誰も持たないのである。

第6章　法について

　社会契約によって、政治体に存在と生命が与えられる。立法によって、運動と意志が与えられる。国家において、権利を義務に結合し、正義を達成するためには合意と法を必要とする。社会契約は合意を前提していたことは前に述べた。それだけでは国家として成立する訳ではない。法律を必要とする。その法律はまず第1に、普遍的でなければならない。つまり法律は臣民を政治体とし、行動を抽象化するが、決して人間を個人的、行動を個別的なものとしてはいけない。この意味で法律が意志の普遍性と対象の普遍性を有する。従って1人の人間が命ずるものは法律ではないのである。

　ルソーによれば、如何なる行政形態であっても、法律によって支配される国家は共和国（république）である。なぜならば、共和国においては公共利益が優先するからである。また法律は社会的結合のための条件であるから、法律に従う人民は法律の立法者でもなければならない。

第7章　立法権について

　立法者はあらゆる点で国家の非凡な人間である。立法者が才能によって非凡であるべきであるならば、職責によっても非凡でなければならない。立法者は施政者でも主権者でもなく、また自ら支配することもない。立法者の能力は高級であり、崇高な理性を持っている。この崇高な理性は世俗的人間の理解能力を越えたものである。立法者は、人間的な思慮分別では心を動かすことのできない人々を、神の権威をもって導くために、神の口をかりて理性の決定を伝えるのである。

第8・9・10章　人民について

　賢明な立法者は、法律の適応対象となる人民が法律を支えることができるかどうか吟味しなければならない。というのは歴史上、どんな法律であっても、存続した期間は一瞬であったからである。人民を法律に従わせるためには、人民が成熟期に達するまで待たなければならない。その時期を知ることは難しい（第8章）。

国家には膨張する理由、縮小する理由はいろいろある。国家にとっても国民にとっても適当な大きさ（例えば、土地の面積、その土地が生産する物、人口など）がある。国家の保存に最も有利な状態を見いだすのは、政治家の最高級の手腕である（第9章）。

上の条件に加えて、人民が豊かさと平和を享受することが条件である（第10章）。

第11章　様々な立法体系について

あらゆる立法体系の目的は、すべての人々の最大の福祉であり、それは自由と平等から成り立っていなければならない。ここで自由を挙げる理由は、個人が従属する場合は国家という政治体がその自由を奪うからであり、平等を挙げる理由は、自由は平等がなければ存在しないからである。

この2者を前提した上で、国家構造を堅固で永続的なものとするためには、自然の諸関係と法律とが協力し合い、つまり法律が自然の諸関係を確保し、これに随伴し、それを修正していくように、両者の適応が維持されることである。ルソーは次のようにいう。

もし立法者がその目的を誤り、物事の本性から由来する原理と違う原理を採用したならば、即ち、後者が隷属を志向するのに、前者が自由を、後者が富を志向するのに、前者が人口を、後者が平和を志向するのに、前者が戦争を志向するというようなことがあるならば、法律は知らず知らずのうちに、力を失い、国家の構造は変質するであろうし、国家は動揺し、ついには破壊されるか、一変するであろう。その結果、征服しがたい自然がその支配を回復するであろう。

第12章　法の分類

国家に最善の形式を与えるには様々の関係を考察しなければならない。

第1に、政治体全体が自己に働きかける行為、つまり全体の全体に対する関係、あるいは主権者の国家に対する関係である。主権者と国家の関係を規定する法は国法または基本法と呼ばれる。しかし人民はこの法を自由に変えること

ができる。

　第2の関係は、構成員相互の関係、もしくは構成員と政治体全体との関係である。この関係から生じる法は市民法と呼ばれる。

　第3の関係は、人間と法の関係である。つまり不服従と刑罰の関係である。この関係から生じる法は刑法である。

　第4の関係は、風俗、慣習であるが、これはまだ十分に研究されていない。

第三巻　定義づけ

第1章　政府一般について

　人間の自由な行為には2つ（2段階）の原因がある。1つは精神的原因、つまり行為を決定する意志であり、もう1つは物理的原因、つまり決定されたことを実行する力である。同じように、政治体にも意志と力の違いがある。即ち、前者は立法権と呼ばれるものであって、後者は執行権と呼ばれるものである。

　力、つまり執行権は普遍的意志に基づいて、公的権力、つまり公的人格が執行するのである。ここに政府の存在理由がある。では政府とは何であろうか。

　ルソーは、「それは臣民と主権者との間に設けられて相互の連絡をはかり、法の執行と、社会的かつ政治的自由の維持とを司る中間的団体である」という。

　この団体の成員は「行政者（magistrat）」または「王（roi）」即ち、「統治者（gouverneur）」と呼ばれるものからなり、団体全体としては「執政体（ブランス）」と呼ばれる。ここで人民は統治者と契約しているわけではない。行政を委任しているか、または雇用しているにすぎない。従って、主権者は統治者の権限を制約したり、変更したり、取り戻すことができるのである。このことから統治は中間的な力であることが理解される。

　国家と政府との違いは、国家はそれ自体として存在するが、政府は主権者によってのみ存在する。執政体の支配意志は普遍的意志あるいは法である。執政体は普遍的意志あるいは法から反れて施政をするならば、特殊意志を前面に出てくる。つまり法律上と事実上の主権者が、つまり2種類の主権者が現れ、社会的結合は消滅する。

第2章　政府の様々な形態を構成する原理について

施政者の数が多くなれば、それだけ政府が弱くなる。施政者という人格は3つの意志に区別される。第1は、個人としての特殊意志で、この意志は自己の利益だけを追求する。第2は、施政者の共同意志（前に団体意志と呼んでいた）であり、これは執政体の利益のみを追求する。第3は、人民の意志もしくは主権者の意志で、これは全体としての国家に対しても、全体の部分として政府に対しても普遍的である。つまり普遍的意志である。

人為的立法制度のもとでは、普遍的意志、団体意志、特殊意志の順序であるが、自然のもとでは逆で、最も強力な意志は特殊意志で、次に強い意志は団体意志であり、最も弱い意志は普遍的意志である。つまり政府の構成員は、まず、自分自身であり、次に施政者であり、最後に市民となる。これでは契約の意味が消滅する。

政府全体がただ1人の人間の掌中にあるとすれば、特殊意志と団体意志とは結びついている。また主権者を施政体として、すべての市民を施政者とするならば、団体意志は普遍的意志と区別がつかなくなる。そうすると普遍的意志と同じように行動力がなくなるから、特殊意志がほしいままにその力を発揮することになる。

第3章　政府の分類

ルソーによれば、政府には民主政、貴族政、君主政もしくは王政の3形態がある。

第4章　民主政について

ルソーによれば、古くから民主政とは多数者が統治することであると定義されているが、厳密な意味で、多数者が統治し、少数者が統治されるということはなかった。

民主政体には前提がある。第1に、ごく小さい国家であって、容易に人民を召集することができ、各市民がお互いに知り合いであること。第2に、慣習が

ごく簡素であり、やっかいな議論をしないこと。第3に、地位や財産がおおかた平等であること。第4に、奢侈が少ないか、全くないこと。

以上の前提で民主政体が成り立つのであるが、しかし内乱や動揺を招きやすい政治制度である。

第5章　貴族政について

貴族政体には主権者と政府という2つの法的人格がある。1つは市民全体に関わる普遍的意志であり、もう1つは政府の構成員のみにとっての普遍的意志である。

貴族政体には、自然的なもの、選挙によるもの、世襲によるものと3種類がある。第1のものは、素朴な人民しか適さない。第2のものは、最良の政府であって、本来の意味での貴族政体である。第3のものは、あらゆる政体の中で最悪な政体である。

民主政体においては、すべての市民は生まれながらにして施政者であるが、前出の2番目の貴族制度においては、施政者を少数に限定し、しかも選挙によるのである。そこでは被選挙人の誠実、知識、経験など、善政を行うのに役立つものを根拠にして、市民が選挙できるのである。

この政治形態の長所は貧富の差に関わりなく、人間の価値を人民に示すことができることである。

第6章　君主政について

この政体において個人の精神的単位は肉体的単位でもあり、特殊意志が他の意志を圧倒し、他の政体と比較して大きな成果を上げる政体である。しかし欠点もある。この君主政のもとで、出世する者は、出しゃばり者、ぺてん師、策士などで、自分の望みの地位に就くと、その無能を人々の前にさらけだす。この意味で、君主制における最も有能者であっても、共和制における馬鹿者に相当する。この政体において支配者となる者は、支配することを学ぶよりも支配されることを学んでおくべきである。またこの政体は継承する者にとってその都度内容が変わるのであるから、不安定である。つまり王政は、統治する君主

の都合によって異なった政策を採用することから、長期に一定の目標も、一貫した政策を採ることができないのである。

第7章　混合政体について

　厳密にいえば、単一政体といわれるものは存在しない。つまり直属の施政者を必要とする。また逆に民主政体といえども1人の首長を必要とする。

　執行権が立法権と関係がないとすれば、その政体は単一政体である。単一であるというだけで優れたものである。しかし、今までに述べたように、その政体は契約による政体ではあり得ない。しかしまた執行権と立法権とが均衡しているならば、混合政体ではなく、均衡政体である。混合政体とは執行権が分割され、各部分の権威が独立し、不完全であり、相互依存している政体をいう。

第8章　あらゆる統治形態があらゆる国に相応しいわけではない

　世界のどこの政府においても、公的人格は消費されるばかりである。また消費される物資はどこから入手されるのか。構成員の労働がそれを満たす。公共の必要物を生み出すものは、ここの人の余剰である。例えば、租税がそうである。民主政体においては人民の負担は最も軽く、貴族政体においてはもっと大きくなり、君主政体においては最も大きい。それ故、君主政体は富裕な国民にのみ適しており、貴族政体は中くらいの国家に適し、民主政体は貧しい国に適している。もちろん、ルソーの考察はこれだけではなく、気候、地勢、生産などにも触れて政体を考察しているが、ここでは省略する。

第9章　よい政府の特徴について

　絶対的基準で最もよい政府を定義づけることはできない。例えば、臣民は公共の平和を、市民は個人の自由を褒めたたえる。前者は財産の安全を、後者は身体の安全をもってよしとする。前者は最もよい政府とは最も厳格な政府でなければならぬという。後者は最も温情のある政府であるという。臣民は犯罪を処罰すべきであるというが、市民はこれを予防すべきであるという。前者は諸隣国を恐れさすことを好ましいといい、後者は諸隣国から顧みられないことを

喜ぶ。前者は貨幣が流通すれば、満足するが、後者は人民がパンを獲得することを要求する。このように立場によっていろいろな意見を有するのである。

ルソーによれば、もしいい得るとすれば、政治的結合の目的は、構成員の保存と繁栄であり、市民が増加し、増殖するような政府が、最もよい政府である。

第10章　政府の悪弊とその堕落の傾向について

特殊意志がたえず普遍的意志に逆らって働くように、政府も主権に対して不断の圧力を加えるものである。圧力が増大すれば、それだけ国家構造が悪化する。

政府が堕落するには2つの理由がある。1つは政府が縮小とする場合と、もう1つは国家が解体する場合である。

政府が縮小する場合とは、多数者から少数の手に、つまり民主政体から貴族政体へと、貴族政体から王政体（君主政体）へと移行する場合である。

国家が解体するには2つの理由を有する。

第1は、執政体がもはや法律に従って国を治めないで、主権を簒奪する場合である。もちろん、このようになると社会契約は消滅することになる。第2に、政府の構成員が団体としてしか行使してはならない権利を、個々それぞれに簒奪する場合である。執政体の人員が施政者と同数となり、国家は分割され、滅亡するか、あるいは形態を変えるのである。

国家が解体する場合は、政府の悪弊がそれがどのようなものであれ、「無政府状態（anarchie）」という共通の名で呼ばれる。詳しくいうならば、民主政体は「愚衆政治（ochlocracy）」、貴族政体は「寡頭政治（oligarchie）」に堕落する。王政体は「僭主政治（tyranny）」に堕落するのである。

ここで蛇足であるが、ルソーは王権の簒奪者を「僭主」と呼び、主権の簒奪者を「専制君主」と呼ぶ。その違いは、僭主とはひとたび法律に逆らっても、なおあえて法律に従って統治しようとする。専制君主とは法律そのものを超越する者のことである。従って僭主は専制君主でないこともあるが、専制君主は常に僭主である。

第11章　政体の死について

人間の身体は自然のなすところであり、国家の体制は人為のなすところである。人間の寿命を延ばすことはできないが、国家は最良の体制を国家に与えることによって寿命を延ばすことができる。

政治体の生命の原理は、主権の中にある。立法権は国家の心臓であり、執行権は、すべての部分に運動を与える、脳髄である。

国家は決して法律によって存続するわけではなく、立法権によって存続するのである。

第12・13・14章　主権はいかにして維持されるか

主権者は、立法権以外の力を持たないから、法によってしか行動できない。そして法は普遍的意志にとって正当な行為にほかならないから、主権者は、人民が集会したときにしか行動できない（第12章）。

人民の集会が一連の法律に批准を与えて、国家構造を定める。また恒久的政府を設け、施政者を選ぶ方法を定める。この集会が定期的に開かれる必要があり、さらには臨時に開かれる必要がある（第13章）。

人民が主権者の団体として合法的に集会するやいなや、政府の裁判権はすべて停止し、執行権は中止されて、いかなる市民であっても、身体は拘束されてはならず、すべての人々の身体は神聖にして不可侵なものとなる（第14章）。

以上がルソーの主権論である。つまりルソーは徹底して人民の集会に主権があるとする。その維持が主権の維持であるという。

第15章　代議士または代表者について

主権は分割も譲渡もできない。また代表され得ない。なぜならば主権は普遍的意志にあるからである。従って代議士は代表者ではなく、委託された被委託人にすぎない。

代表者という考えは近世になって生まれたものである。しかし人民は立法権に関しては代表者たり得ないのであるが、法の実践に関しての執行権に関しては代表者たり得るのである。

第16章　政府の設立は決して契約ではない

社会契約は法律ではない。社会契約に基づいて市民は平等である。それ故、なすべきことであるならば、他人に命令できるが、自分自身が行わないことを、他人に命令できない。この意味で政府の設立は決して契約ではない。国家には契約と呼ばれるものは、社会契約だけがあるだけである。

第17章　政府の設立について

政府の設立には、法の立法と法の執行が必要である。第1の行為によって、主権者はこれの形態の政府を設立することを規定する。第2の行為によって、人民は設立された政府を委任する首長を選ぶ。ここに問題がある。政府がないにもかかわらず、政府的行為を誰がするのか、ということである。そのためには万人の万人に対する新しい関係によってのみ、市民は施政者となり、普遍的行為から特殊的意志へ、つまり法から執行へと移行せざるを得ない。

第18章　政府の簒奪行為を防ぐ手段

政府を設立する行為は契約ではなく、法である。執行権の受託者は決して人民の主人ではなく、その事務代行者である。人民は代行者を任意に任命したり、解任できる。受託者はもっぱら服従するだけである。

王政であっても、貴族政体であっても、人民が望まない政治形態は一時的な政府である。政府がひとたび手に入れた権力をいろいろな口実を設け、その権力を簒奪するのが常である。このような権力の簒奪を防ぐためには、人民を啓蒙する必要がある。社会契約を維持するためには、次の2つの議案は常に確認されなければならない。

第1議案、主権者は政府の現在の形態を保持することをよしとするか。

第2議案、人民は現に統治に携わっている者たちに、今後もそれを委ねることをよしとするか。

この2つの議案が否決され、全員一致で契約を破棄するのであれば、合法的に契約が破棄されるのである。

第四巻

この第四巻でルソーは、具体的かつ技術的に考察する。つまり政治の技術論である。
　第1章　普遍的意志は破壊することはできない
　第2章　投票について
　第3章　選挙について
　第4章　ローマの民会について
　第5章　護民府について
　第6章　独裁制度について
　第7章　監察官の制度について
　上記の第1章は今まで述べてきたことの繰り返しであり、第2章からは、イタリア、詳しくはローマの政治機構に対するルソーの考察である。ここで省略して次章に移ることにする。

第8章　市民的宗教について

　ルソーによれば、宗教は、社会との関連で見るならば、3種類あるという。まず人間の宗教と市民の宗教である。3番目の宗教として、ラマ教や日本人の宗教やローマのキリスト教などがあり、この宗教は2つの法体系を持ち、2人の首長がおり、人々を矛盾した義務に従わせている。この宗教は聖職者の宗教と呼ばれ、折衷的かつ反社会的な法が立法される。
　2番目の市民の宗教は、ただ1国のみにあり、固有の守護神が存在し、固有の教義、儀式を持っている。この宗教に従う唯一の国民以外は不信者、異邦人、野蛮人である。この宗教は、人間の権利と義務をある枠以上に広げることはない。従って一種の原始民族の宗教であり、市民的神法（ドロワ・ディヴァン・シヴィル）または実定的神法（ドロワ・ディヴァン・ポジティフ）と呼ばれる。この宗教は神の信仰と法に対する愛とを結びつける宗教である。そして祖国を市民の敬いの対象としながら、祖国に奉仕することが守護神への奉仕になるこ

とであると教える。この点においては優れた宗教である。ここでの政治は神の支配政治であって、祖国のために死ぬことは殉教であり、法を犯すことは不敬である。

この宗教の欠点は、迷妄と虚偽に基づいていることである。人々を欺き、迷信的であり、神への真の信仰を空虚な儀式へと変形してしまうのである。さらにこの宗教は排他的となり、暴政となり、不寛容となる。人々を戦争状態へと陥れるのである。この意味で人民の安全にとって有害な宗教である。

最後に1番目の人間の宗教とは、ルソーのいうキリスト教である。このキリスト教は教会や祭壇を持たず、儀式を行うことなく、もっぱら至高の神に対する純粋に内的な信仰と道徳の永久不滅の義務とに限られている。純粋で単純な福音書の宗教であり、真の有神論であり、自然的神法（ドロワ・ディヴァン・ナチュレル）と呼ばれる。

この福音書の宗教は、神聖で崇高な宗教であり、同一の神の子である人間は、すべて兄弟であることを認識し合い、人間を統一する社会は死滅するときでさえ解体することはない。真のキリスト教徒からなる宗教であるが、ルソーも認めるように、このような宗教は仮定された宗教社会である。そこでは各人は自己の義務を果たし、人民は法律に従い、首長たちは公正であり、穏健であり、施政官たちは清廉潔白であり、兵士たちは死を恐れない。また自分の国が栄えても、人々はおごることはなく、国が衰退しても意気消沈することなく、神の御手を褒めたたえるのである。

上述からも理解されるように、この宗教は政治体と何らの関係を持たない。つまり人々を社会と結びつけることはなく、むしろ人々をこの地上のものから引き離すのであるから、その精神は現実の社会にとって反社会的である。

この章の結論として、ルソーのあるべき宗教を概観して終えることにする。

「市民的宗教の教義は、単純で数少なく、正確に表現されるべきであり、解釈や注釈をともなってはならない。全知全能で慈悲に満ち、すべてを予見し配慮する神の存在、来世の存在、正しい者の幸福、悪しき者への懲罰、社会契約と法律の神聖性、これらが積極的教義である。」これに対して消極的教義は不寛容である。政治的不寛容と宗教的不寛容は区別されるものではなく、一体で

ある。宗教的不寛容が認められているところでは主権者は主権者でなくなる。なぜならば、聖職者が支配者となるからである。従って政治的不寛容と宗教的不寛容は区別されてはならないのである。以上がルソーのいう宗教であるが、あくまでも理想であったということができる。

第9章 結 語
この書物で、国際法、つまり交易、戦争、征服、同盟、交渉、条約などに関しては考察しなかった。

第 9 部

カント

(Immanuel Kant 1724～1804)

ドイツがヨーロッパの歴史の表に出てきたのは、西ローマが解体した後、数世紀してからである。つまり神聖ローマ帝国である。この帝国の創始者はカール大帝であるが、カール大帝はフランク族のピピンを父として、カールとカールマンの2人が王国を受け継いだのであるが、カールマンが死ぬことによって、単独継承者となった。カールは774年にイタリア半島のランゴバルド（ロンバント）王国、次に北のサクソン人を制圧し、その結果、スラヴ（簡単に説明すると、ポーランドとスロバキアの間にあるカルパティア山脈に発祥し、一部は東に移住し、ノルマンと融合し、ロシア〔ノヴゴロドとキエフ〕を形成した。一部は南に移住し、フン族と融合し、バルカン半島の諸民族となった。また一部は西に移住し、東欧諸国を形成した）と対立し、またビサンチン帝国（東ローマ帝国）と対立するようになり、スペインの北部のアラビア人を討伐し、現在のハンガリー（パンノニア）のアヴァール人を打ち破り、中世最大のフランク帝国を設立した。カール大帝は帝国の豪族たちに忠誠を誓わせ、現在のドイツのアーヘンで毎年開かれる議会に彼らを召集した。そこには役人、司教、裕福な人々も赴いた。

　カール大帝はその権威をローマ教会に押しつけ、800年のクリスマスの日に戴冠し、神聖ローマ帝国の基礎ができた。神聖ローマ帝国が直ちに成立したわけではない。年表からも理解されるように、さらに160年の時が必要であった。皇帝はフランク王（フランスとドイツ）であると同時にイタリアの王でもあった。カール大帝はビサンチン（東ローマ）帝国と妥協し、ヴェネツィアとイストリア（現在のクロアチアのイストラ半島）をビサンチン帝国に返還した。カール大帝の後継者たち、つまりルイ1世とその息子たち、ルートヴィッヒとシャルル2世が密約を結んで、長兄のロタールに対して逆らい、842年に帝国の3分割を宣誓した。この宣誓文はフランス（ロマンス）語とドイツ（チュートン）語で書かれた最初のものであった。843年にヴェルダン条約が結ばれ、帝国が3分割された。こうしてフランス、ドイツ、イタリア（国として統一されたのが19世紀である）の3国ができる状況が、つまり、神聖ローマ帝国の基礎ができたのであった。

　ギリシア、ローマ帝国の崩壊後、世界の舞台に出てくるのが、スペイン、ポ

ルトガル、フランス、イギリスであった。ドイツにはイタリアにおけるような華やかなルネサンスもなかったし、産業革命もイギリスに約100年遅れた。ドイツは18世紀の後半から19世紀にかけて世界の舞台に出てきたのである。ヨーロッパの中でドイツはあらゆる分野において最も後進国であった。ドイツの哲学界はライプニッツ、カント、フィヒテ、ヘーゲルと展開し、ドイツ観念論が成立する。特にカント、ヘーゲルという2人の巨匠によるところが大きい。この2人の政治思想を考察することにする。

人物像

カントは、ケーニヒスベルク（現在のロシア領カリニーングラード）に生まれたが、この地はドイツ騎士団（任務は東に対しての防衛と開拓であった）が創設した港町であった。後にプロイセンの一部となった。

著作は数多いが、何といっても代表作は『純粋理性批判』『実践理性批判』『判断力批判』である。カントの著作活動は批判期前、批判期、批判期後と3期に分けられるが、筆者がここで考察しようとしている作品『永遠平和のために』は1795年に出版されたものである。

『永遠平和のために』
（Zum ewigen Frieden　Ein philosophischer Entwurf）

この著作が書かれるにはそれなりの理由があった。ドイツにおける主な出来事を年表として書いてみると次のようになる。

1517年　ルターが免罪符を糾弾するために「95ヵ条」の公開質問を提示することによって宗教戦争が始まる。

1527年　ドイツ農民戦争。
1618年　30年戦争が始まる。戦前は2100万人であったドイツの人口が1648年には1300万人になっていたといわれる。
1648年　ヴェストファリア条約締結で30年戦争が終わる。
1700年　スペインのカルロス2世死去。スペインは世界の舞台から消える。
1776年　アメリカ独立宣言。
1780年　84年まで第4次イギリス・オランダ戦争。
1789年　フランス革命　人権宣言がされる。
1804年　ナポレオン皇帝に即位。

以上がドイツを中心した年表であるが、16世紀の初頭からヨーロッパでは至る所で戦争が行われていたのであった。

この『永遠平和のために』は、2章からなる短篇である。
第1章は永遠平和のための6命題からなる予備条項である。

1　「将来の戦争のための素材を秘かに留保してなされた平和条約締結は決してかかる締結と見做されるべきではない。」
平和とは敵意がないことを前提にしているから、もしそれが隠されているならば、つまり戦争の可能性を残しているならば、永遠の平和ということはあり得ないのである。平和条約は敵意の終末を目的としなければならない。つまり将来戦争の原因となるであろうと予想されるものはことごとく除去されなければならない。

2　「独立して存続している国家（その大小はここでは問題ではない）はいずれも継承、交換、買収、あるいは贈与によって他の国家に取得せられるべきではない。」
国家は人間の社会（Gesellschaft）であり、ある国家が他の国家を結合することは、道徳的人格としての国家を物品化することである。そしてこれは根源

的契約（ursprünglicher Vertrag）の理念に反することである。

   3　「常備軍は時と共に全廃されるべきである。」

　常備軍を用意することは、他国に脅威を与えることであり、財政的には短期の戦争以上に負担となる。また人間を機械や道具とすることであるから、人間性の権利を無視することになる。戦争を惹起するものとして兵力、同盟、財貨の蓄積などがある。この3つの中で財貨の蓄積は最も重要なものである。財貨も敵から見るならば、戦闘道具となるのである。

   4　「国家の対外的事件に関連して、いかなる国債も起こされるべきではない。」

　国内経済のために国内・国外に援助を求め、国債という手段をとることは悪いことではない。しかし拮抗する権力のために使用されるならば、危険な金力となる。危険な金力とは交戦のための財貨ということである。この金力が権力所有者と結びつくならば、永遠平和の障害となるから、除去されなければならない。まさに予備条項の1つである。

　ある国の破産は他国にも損害を与える、否、公的侵害ともなるから、諸国が連合して、そのような国の越権に対抗する権利を所有している。

   5　「いかなる国家も他国の体制と統治に暴力を行使して干渉すべきではない。」

　もしある国が内部不統一によって2つの部分に分裂しており、そのいずれかを援助することは必ずしも干渉とならないが、その国の内部闘争が解決していない限り、外国の干渉は一国民の権利の毀損であり、その国家の自律を危うくする。

   6　「いかなる国家も他国との戦争において、将来の平和の際に相互の信頼を不可能ならしめざるを得ないような敵対行為を決して認可すべきではない。例えば、暗殺者、毒殺者の任命、降伏条件の破棄、敵国における暴動の扇動など。」

敵対行為は結果的に殲滅戦となるかもしれない。戦争は暴力によって自己の権利を主張するための、自然状態における非常手段である。自然状態において戦っている国のいずれが不正なる敵であるかは宣言されず、戦争の結果だけがいずれの側が正当であるかを決定する。もし殲滅戦になれば、永遠平和は単なる言葉だけのものとなってしまうであろう。従って、戦争になるようないかなる手段であっても、それは除去されなければならない。

以上の6条項は禁止法則である。第1、第5、第6条項は事情の如何にかかわらず妥当する厳格なもの（強制法＝leges strictae）であり、それに違反することの廃止をただちに要求する。他の第2、第3、第4条項は、任意法（leges latae）であり、その執行に関して延期することができるが、目的がなければならない。

第2章　永遠平和のための確定条項である。

人間が平和の状態で生活できるのは、自然状態（status naturalis）においてではない。自然状態はむしろ敵対状態にある。従って平和状態が設立されなければならない。つまり市民的・法律的状態になければならない。もしある人間が無法状態（status iniustio）にあるならば、私と共に共同体的・法律的状態に引き入れなければならない。つまりすべての人間は何らかの市民的体制に所属しなければならない。法的体制とその人格に関して次のように分類される。
① ある民族に属する人々の国民法による体制（ius civitatis ＝市民法）。
② 相互関係のうちにある諸国家の国際法による体制（ius gentium ＝万民法）。
③ 人々と諸国家が相互に影響し合う外的な関係のうちに立ち、1つの普遍的な人類国家の市民と見なされ得る限りにおいて、世界市民法による体制（ius cosmopoliticum ＝世界市民法）。

この分類は永遠平和の理念に欠くことのできないものであり、これから考察する確定条項の前提である。

第1確定条項

「各国家における市民的体制は共和的であるべきである。」

共和的体制とは次の3つの条件を前提していなければならない。

① 社会の構成員は自由であること。
② すべての人間（臣民としての）は唯一であり、共同的である立法に依存すること。
③ 国民としての人間は平等であること。

この3つの条件に基づいた体制は、根源的契約の理念から発生し、これに基づいて法は立法されなければならない。カントはこれに注をつけている。その注を考察しよう。

まず、自由とは法的自由であり、外的自由である。つまり「私（カント）が前もって同意を与えておくことのできたもの以外のどんな外的法則にも従わないという権能である。」2番目の法的依存とは国家体制一般の中にすでに含まれている。つまり国家体制ができたときには、立法を前提にしているからである。3番目の平等であるが、外的自由と同様に、国家における外的平等とは、何人も他人を何かへ法的に義務づけるためには、自分が逆に他人によって相関的に同じような仕方でまた義務づけられる可能性があるという法則に同時に服従することなしに、そのようにすることができないという、国民相互の関係である。これらの3つの要素は人間に必然的に属するもので、譲渡できないものである。この生得的権利は、人間よりも優れた存在者（即ち、神）に対しても法的関係を使用できることであるという確証されるものであり、超感性的存在者も承認することであろう。カントはさらに理由を説明する。私（カント）の自由に関していえば、私は理性によって私に認識される神な法則に対してさえ、私自身が同意を与えることのできたもの以外については何ら責任がないのである。また平等に関しては、私が想定することができる崇高な世界存在者と同じように、私の持ち場で私の義務を果しているならば、私が服従するだけで、エオン（ギリシア神話でアイオン＝生命力、人生を意味したが、のちに精霊とか神性と人性の媒介するものを意味した）が命令するだけであるということが成り立たない。しかしこの平等ということは神には適用されない。なぜならば、神

には義務がないからである。またカントは臣民にも注を付け考察している。そこで世襲貴族は認められるべきではないとしている。なぜならば地位と功績は別のものであるからである。

　カントは共和的体制の説明を続ける。

　国家の形態は、最高権力者の人格によって異なるか、さもなくば、元首による民族の統治様式によって区分される。前者は独裁君主政治、貴族政治、民主政治というように区分される。後者は統治の形式であり、憲政組織に基づき、権力を行使するのであるが、方法が2つある。1つは、共和的で執行権を立法権から分離する方式であり、もう1つは、専制的で国家が自ら与えた諸法則を国家が自主的に執行するという様式である。ここでは公共的意志といっても統治者の私的意志である。

　前者の民主政治は専制政体である。なぜならば、民主政治は、「すべての人が1人について、場合によってはその1人に反して、従って実はすべての人ではないのに、すべての人と称して決議するような執行権を基礎づけているから」であり、このことは普遍的意志の自己自身との矛盾であり、自由と矛盾するからである。カントによれば、国家権力を握る人員がより少なく、代議員の数が多ければ多いほどよい。それが共和政体である。つまり代議制度における共和的統治様式が国民大衆にとって最良の制度である。

第2確定条項

　「国際法は自由な諸国家の連盟の上に基礎づけられるべきである。」

　それぞれの民族が国家を形成しているならば、個人のように評価されてよい。諸個人が国家を形成するように、諸国家が世界を形成する。それが市民的体制に類似しているならば、世界は国際連盟（Völkerbund）と呼ぶことができる。しかしそれは国際国家であってはならない。なぜならば、多くの民族が1つの民族になることになるからである。つまり個人が否定されることになるからである。

　人間は自然状態にあるときは、その悪意性に基づき戦争状態に陥りがちである。従って、道徳的理性、つまり法を立法することによって、無法状態から離

脱させてやならなければならない。そうすると戦争を弾劾し、平和状態を直接的な義務とすることができるようになる。そのためには平和連盟（feodus pacificum）といった機構が必要である。これは国家の自由を保証し、隷属を強制するものであってはならない。これは現実の状態から見れば、理念である。しかし連盟のこの理念が世界の諸国家に拡大するならば、永遠の平和が実現する。このことによってこの理念の客観的実在性が立証される。

平和連盟が立法する法は、国際法である。この国際法に基づいて未開な自由を放棄して公的な強制法則に順応するように諸国家を導かなければならない。そのためには積極的には国際国家、または世界共和国と呼ばれる機構がよいのであるが、好戦的な傾向性を有する国家を念頭に置くならば、連盟という消極的機構（カントは消極的代用物といっている）の方がよい。

第3確定条項

「世界市民法は普遍的な友好の諸条件に制限されるべきである。」

友好とは、ある人が外国に行ったとき、敵として扱われないという権利である。これは賓客の権利ではなく、訪問の権利である。これは地球表面の血縁社会（Gemeinschaft）的所有という権利に基づく社交的権利である。もしこの権利が遠く離れた諸国家においても認められるようになるならば、公的法となり、最後には人類は世界的規模の体制に近づくことができる。

第1追加条項

「永遠平和の保証について」

この保証を行うものは、もちろん、人間であるが、人間はいろいろな部分から成り立っている。人間には闘争を求める部分もあれば、平和を求める部分もある。カントの哲学によれば、理性は理念を構成する。理念は人間の感性的部分を超越している。従ってすべての人間に妥当する。理念は平和を求める。これは世界経過における自然の合目的性を考慮する。つまり人類の究極目的を目指す。これが人間の運命とも摂理とも呼ばれるものである。この理念は理論的には超越であるが、実践的には我々をそこへ導くもので統制的といわれる。

人間は自然状態においては戦争状態にあるが、法を立法することによって平和状態になることも自然である。それが世界経過といわれる。自然による平和の保証は3段階になっている。
① 人間のために地球上のあらゆる地帯において、そこで生活し得るようにした。
② 人間を戦争によってあらゆる地方へ、極めて不毛の地帯へさえ、そこに居住させるために駆り立てた。
③ 同じく戦争によって人間を多かれ少なかれ法律的な関係に入るように強制した。

以上が自然の目的であるということができる。しかし自然は道徳法則を媒介して義務概念を含んでいるということではない。自然は義務から成り立つわけではない。

しかし人間は自然の強制に従って「なすようになる」ということはある。例えば、ある動物またはある植物の本性に従って世話することによって、その動物または植物の自然を最もよく顕現させることができるのである。自然の保証を国法、国際法、世界市民法と関連させて考察するならば、3つのことが明らかになる。
① 自然は実践的に無力な意志を援助してくれる、つまり人間が国家を作るときに、よりよい組織を形成するように援助する。人間は自然を介して、人間がたとえ道徳的に善良でないとしても、善良な市民であるように強制される。つまり道徳性によって善き国家体制ができるのではなく、むしろ逆に国家体制によって国民の善き道徳的教養が期待されるのである。ここにまず自然の存在理由があるのである。
② 国際法の理念は諸国家が相互に独立し、平和であることを前提にするのであるが、分離しているということはある意味では戦争状態でもある。しかし自然は諸民族の混合を阻止し、分離しておくために、言語と宗教という2つの手段を利用している。これは戦争へと導くこともあるが、逆に文化を増進させ、相互了解へと導くのである。ここでは活発な競争における力の均衡した平和な状態が確保される。

③　自然はそれぞれの国家が国際法を介して他国を併合することを許すと共に、他方では世界市民法を介して他国を併合することを許さない。しかし諸国家は平和を促進するように強制され、戦争をさけるように強制される。つまり自然は人間の傾向性を介して永遠平和を保証するのである。

第2追加条項
「永遠平和のための秘密条項」
「王者たちが哲学する、あるいは哲学者たちが王者になることは期待されることではない」が、しかし哲学者たちに助言を求めることはできる。カントによれば、法学者ではあってはならないという。なぜならば、法学者は法律の適用だけをその使命とするからである。その秘密条項とは、次のようなものである。「公的な平和が可能であるということに関する哲学者たちの格率は、戦争のために武装している諸国家に助言として受け入れられるべきである。」このことはカントが自分の立場を弁護しているとは受け取るべきではなく、古代からの政治思想を参考にすべきであると解釈すべきであろう。

　カントは『付録』において
　①　永遠平和に関して道徳と政治の不一致について
　②　公法の先験的概念による政治と道徳との一致について
というように、政治を道徳との関連で考察している。道徳から政治を考察することは、プラトンの善のイデアを想起させるものであるが、しかし政治家は時として、理論的ないし道徳（実践＝praktisch）的に悪と認識しながら、実用的（pragmatisch）な価値判断を優先させることはしばしばあることである。現象界（政治）においては善悪の境界はあってもなきに等しい。しかしながらカントのいう道徳性（Moralität）は純粋かつ先験的であるから、別な言い方をするならば、地球上のすべての人々に妥当する道徳法則であるから、善悪の境界は明確である。カントによれば、道徳の善悪は結果にあるのではなく、動機にあるのである。そのカントのいう道徳律は定言的命法（kategorischer Imperativ）といわれる。具体的にいえば、「あなたの行為の格律が同時に普遍

的法則となるように行為しなさい」ということである。

第10部

ヘーゲル
(Georg Wilhelm Friedrich Hegel　1770～1831)

人類が発展進歩するという歴史観から世界を考察した思想家がいた。その思想家とはドイツ観念論の完成者としてのヘーゲルである。

ヘーゲル哲学の特色は弁証法といわれる方法論にある。世界は絶対者としての理性（ロゴス）、理念、宇宙理性の弁証法的論理的発展をする。この発展を追想（Nachdenden）するのが哲学である。彼の哲学は世界を論理化することであることから、論理的唯心論または汎理論と呼ばれる。理念は弁証法によって自然へと発展し、次に精神へと発展する。自然は理念の第1発展段階であり、他在態である。理念は即自から他在を介して対自的となり、自己自身に戻るのである。このことからヘーゲルの哲学は、論理学、自然哲学、精神哲学の3部門に分けられる。

論理学は最も抽象的概念、つまり純有の概念から自然および精神への分裂に先立つ最も具象的概念、つまり絶対的理念までの理念の展開を考察する。存在論、本質論、概念論の3部に分かれる。概念論は主観的概念論、対象論、理念論に分けられ、主観的概念は概念そのもの、判断、推理に分けられ、対象は機械性、化学性、目的性に分けられ、理念は生命、認識、絶対的理念に分けられ、それぞれが弁証法的に展開される。

自然（哲学）は機械性、化学性、有機性の3段階に、有機性は地球有機体、植物、動物の3段階に発展する。自然の目的は有機体の発現し、有機体の目的は動物、とくに人間の発現にある。地球の自然発展は人間を頂点とする。

精神哲学は主観（個人）的、客観（社会）的、絶対（神）的の3段階に発展する。個人精神は肉体およびその他自然的環境に支配され本能的衝動など規定される状態から他人の自由を認め、自己の放縦な自由を制御し、自己以上の意志、つまり普遍的意志に服従するようになる。普遍的意志つまり客観的精神は法、道徳、人倫に発展し、人倫は家族、社会、国家へと発展する。国家の制度の中で、立憲王制が理念の発展および実現の最高段階である。絶対的精神は主観的精神と客観的精神との総合である。この段階に至って一切の矛盾が消滅し、自由となり、自己と融和する。主観と客観、思惟と存在、無限者と有限者の対立が止揚され、無限者は有限者の本質として認識される。この対立の総合は3

つの形態をとって現れる。まずは芸術、感情および表象の形では宗教が現れ、思惟の形では哲学が現れる。哲学は絶対者の本性に最も合致するもので、理念の頂点として現れるものである。

著 作

『精神現象学』(1807)、『論理学』(1812)、『エンチクロペデー』(1817)、『法哲学』(1821)
　その他多数の著作がある。

I 『ドイツ憲法論』
(Die Verfassung Deutschlands)
(岩波文庫では『政治論文集』としている)

　この著作には、ヘーゲルの個別的政治論が取り上げられており、一般論としての政治思想が含まれていない。ヘーゲルの一般論、つまり普遍的視点からの政治論はむしろ歴史論に含まれている。著作としては『歴史哲学講義』(Vorlesungen über die Philosophie der Geschichte) が挙げられる。この著作こそヘーゲルの思想がよく表現されている。著作としてはむしろ後者の作品を主に扱うべきであるが、前者を全く無視するわけにはいかないので、「ドイツ憲法論 (Die Verfassung Deutschlands)」の総論の項目で、ヘーゲルが「国家の概念」を考察しているので、ここを概観したのち『歴史哲学講義』を、しかもその「序論」を概観しようと思う。
　ヘーゲルによると、人間集団が国家と呼ばれるためには、「必然的」なものとそうでないものがある。「必然的」なものとは「その所有物の全体を共同して防衛するための共同の武力」であり、「国家権力」である。その国家権力が個別者に対して必然的なものだけを要求するならば、その他の部分は要求する

必要がない。ヘーゲルによれば、その他の部分とは「生き生きとした自由と自発的意志」である。あるいは少なくとも「相当大きな活動範囲」を与えることができるという。

最高の国家権力は、「至高の権威をもって監督権を保持し」、「国家の主要な活動を阻害させないように」しなければならない。従って、国家権力は「ひとつの中心点に集中していなければならない。」国家権力の中心点とはもちろん政府のことであり、その政府は「対外的対内的安全のために必要欠くべからざる権力を組織し維持することを己れの使命とし、この使命達成のために必要不可欠でないところのものは、これを国民の自由に委ねるべきであり、このような事柄については国民の自由行動を許し、またそれを擁護す」べきである。なぜならば、そのような自由はそれ自体「神聖なもの」であるからだ。以上のように、ヘーゲルは国家にとって「必然的なもの」だけを論じているわけではなく、偶然的なもの、恣意的なものを論じている。例えば、権力者の数、市民法、度量衡、貨幣、税金の賦課、身分制度、宗教、言語、教育、教養、裁判制度などを考察している。ヘーゲルの最後の文を引用して終えることにする。

「かくしてわれわれはひとつの国家において、国家権力の手中に帰し、直接にそれにより決定されなくてはならぬ必然的事柄と、国民の社会的結合においては端的に必然的であっても、国家権力そのものにとっては偶然的な事柄とを区別する。しかしこれにはとどまらず、さらに下級の普遍的行為に関しては国家によって多くの自由行動が許されている国民をもって、われわれは幸福と考え、また国民のより自由な、よりペダンテックでない精神によって支持せられている国家権力をもって無限に強力と認めるものである。」

以上のような国家が、ドイツに実現してほしいというのがヘーゲルの希望である。

II 『歴史哲学講義』
（Vorlesungen über die Philosophie der Geschichte）

　歴史とは現実に起こった、起こっている出来事に関わる主観的記述である。しかし虚構、つまりまだ起こっていない出来事の記述であってはならない。それ故、主観的記述であるといっても、単に主観的なものではなく、客観的記述でなければならない。そのためにはまず言葉の客観性を欠くことができない。言葉の不変性を信じなければ、人間の意思疎通は成り立たない。人間の社会全体が言葉の確かさを信頼することによって成り立っている。その言葉の不変性に普遍性を付与するものは認識能力である。認識能力は古代から、感性、悟性、理性と大別される。これらの認識能力は単独に働くものであるか、また相互作用しながら、1つとして働くものであるかは即断できないが、人間の頭が1つであるから、否、心身が1つとなって個体を形成しているのであるから、諸認識能力は相互に作用しつつ、ときにはある1つの認識能力の結果が顕現することはあるが、複合的に結果が顕現することが多い。例えば、我々人間は赤という色を300種に分類でき、その300種の中から1つの赤色を抽象して、赤い色であると判断できることは単に目前の感覚だけではないであろう。この例からも理解されるのであるが、我々人間の認識能力が全体として働いているということができる。

　ヘーゲルにおいては、感性、悟性、理性という3つの認識能力の結果は、またこれらの3つの認識能力に基づく人間の活動はすべて精神（Geist）という形式で表現される。もちろん内容も含んでいる。感性、悟性、理性という3つの認識能力の中で、最上の認識能力は理性である。その理性が、まだ起こっていない出来事以外は、すべて現在存在するから、つまりかつて存在した事実も意識上では、現在存在する事実であるから、その事実に関わるのであるから常に現実的である。換言するならば、すべては精神の顕現である。

1　歴史における理性

ヘーゲルによれば、現実における精神の完全な実現態とは国家である。この命題は徹底した分析を必要とする。まず精神とは何か、その精神がどのような理念を有するのか、精神とは個人のものか、集団のものかというような問いが投げ掛けられる。その他様々な問いが提起されよう。ヘーゲル自身は「精神」の定義づけから始める。

(1) 精神の定義

ヘーゲルによれば、精神の本質はまず自由であることである。精神が、いかなる特性を持っていようとも、自由なくしては存在せず、いかなる特性もその自由のために存在し、自由を求め、自由を生み出すために存在する。物質は集合体であり、統一を求めることは自己を放棄することである。なぜならば、統一は理念であるからだ。精神は、このような物質と違って、自己の安定を外に求める必要がなく、自己の内部に中心点を持ち、自分のもとで安定している。この状態こそ自由と呼ばれるのである。自由な精神は自己を意識する自己意識である。従って、意識には2面があり、つまり作用としての意識と、対象としての意識がある。このような自己意識は、即ち精神は自分を意識し、自分の本性を判断し、自分を生み出し、自己自身へと帰還するのである。

精神が自己自身を実現し、自己自身に帰還する過程が歴史である。その過程を認識するのが理性であり、その理性はもはや個人的なものではなく、世界に関わる世界史をも理解するもので、つまり世界の「究極目的」を理解するものであり、ここにおいて理性は民族的、否、世界市民的認識能力へと変貌しているのである。ここにヘーゲルの独自性が表明されている。つまり、理性という認識能力はそれほど信頼するにたるものである。

以上のように主張するヘーゲルによれば、「東洋人はひとり自由だと知るだけ（つまり中国やインドにおける皇帝）であり、ギリシアやローマの世界は特定の人々が自由だと知り、わたしたちゲルマン人（ここでヘーゲルは、ドイツ

人だけではなく、イギリス・フランス人をも含んで考えているようである）はすべての人間が人間それ自体として自由だと知っている。」つまりヘーゲルは、歴史が東洋に始まって、西洋で終わると考えている。

　精神は自由であり、その唯一の目的は自由である。この目的こそ究極の目的であり、世界史はこの目的のために仕上げられ、捧げられる。ヘーゲルによれば、この究極目的は神が世界と関わることによって意思するものであり、神は完全無欠であり、意思する究極目的は自己自身であることになる。宗教的観念を哲学的視点から捉えると、神の本性は自由の理念となり、その「自由の理念は何を手段として自己を実現する」のであろうか（ここで解決されなければならない問題がある、つまり精神の位置であるが、触れずに先へ進むことにする）。

(2) 自由を実現する手段

　自由は自己を実現するために現象を手段とする。しかしその現象は「理性的といえる事態」もないではないが、「欲望や情熱や利害や性格や才能から発する人間の行為」に基づくことが多く、そこでの目的や満足は強力なもので、時には秩序や節度を越えて、また法や道徳を無視する。否、地獄絵図のような事件になることがある。我々人間は、このような事件を目前にして、逆にそれを手段（契機）として、歴史の絶対的な究極的目的、また真の結論を実現しようとするのである。この究極的目的とか真の結論とかは潜在的なものであるから、その実現のためには人間の意思や活動を必要とする。「ある事柄をめざして活動する人は、……その事柄に関心を持っている。」その関心は、単に私利私欲に基づいるとは限らず、むしろ自分の知性や確信に基づいている。そのような人は自分の判断に基づいて活動の目標（理念）を設定する。このことから関心は情熱となる。世界史の内でこれら2つの、つまり理念と情熱は1つとなるが、それを統一するものが「政治的自由」である。

　市民の私的関心と国家全体的な目的が統一された場合、一方が他方に実現されることになるから、満足と安定が獲得される。もちろん、このような統一が獲得されるまでには、関心や情熱、さらには知の戦い、永い時間が必要である。

個人、特定の集団、「民族の生き生きとした活動は、自分たちの目的を追求し、それを満足させると同時に、自分たちのまったく知らない高遠な目的の手段ないし道具となって、それ（目的）を無意識のうちに実現する」のである。この命題は、「理性が世界を支配し、したがってまた世界の歴史を支配している」ということを前提しているのである。この前提から、ヘーゲルは次のようにいう。「前進しつつある世界史のあゆみのなかでは、歴史の究極目的が純粋な形で欲望や関心の内容となることはなく、欲望や関心において意識されることのないままに、普遍的な目的は特殊な目的のなかに入りこみ、特殊な目的をとおして自己を実現するのである。」普遍的な目的と特殊な目的との間には無限な対立がある。つまり、「理念は一方では実体的に充実したものであり、他方では自由な恣意」として存在し、この理念と対立するとき自己意識が生じ、「普遍的な絶対者と対立する有限な」存在者であることを表現すると同時に、「精神の現実性」を表現し、「精神の形式的実在」の土台であることを表現するから、特殊な目的が普遍的な目的を含むことが可能である。さらに特殊な目的は理念としての普遍的目的に帰るとき、個人の自由な活動を介している。個人の自由な活動が世界史的活動となることがある。ヘーゲルはその例としてアレクサンドロス、カエサル、ナポレオンなどを挙げている。しかし別に軍事上の英雄である必要はない。筆者が思うには、理性を持つ人間でありさえすればよい。つまり、「理性の目的そのものに関与し、……自己を目的」としさえすればよいのである。

(3) 自由の実現体としての国家

　理性は特殊と普遍を結びつけるものである。個人の主観的意思は共同体の意思の内に存在する。主観的意思は共同体の意思と統一される。共同体の意思とは法、道徳であり、さらに共同体の本質を形成する。共同体の本質とは国家のことである。その国家は、「絶対の究極目的たる自由を実現した自主独立した存在」である。その国家を介して「人間の持つすべての価値と精神の現実性」が与えられる。ここでは自由と必然の対立は消滅し、自由は法や道徳を包括し、感覚的意思は理性的意思に代わり（換言するならば、止揚され）、義務は第2

の自然といわれる。それではこのようなことはどんな国家体制においてもあり得るのであろうか。

　国家体制は一般に、「君主制、寡頭制（貴族制）、民主制に分類」される。どの政体において「確実に国家の目的が達成されるか」といえば、君主論者であっても、「共和」政体であるというであろう。しかしこれは思想上だけのことである。ある民族の現実の政体は、様々な条件、つまり内的にはその宗教や芸術や思想、外的には気候や地理的位置や隣国などに影響され、成立している。即ち、特定の政体は「選択の余地がなくきまっていて、民族の精神にふさわしいものしか現れないのである。」世界史という視点から見るならば、「国家体制はその民族に固有のものである。」例えば、現在の政体（ヘーゲルの時代のヨーロッパの諸国の政体）に古代のギリシアやローマ、または東洋の政体を持ち込むことは不可能である。

　民族の精神として主観的意思と共同体の意思とを統一するものは、まず宗教が挙げられる。世俗に生きる精神は宗教において絶対的な精神を意識し、その中で自分の特殊な利害を断念する。次に挙げられるものは芸術である。芸術は「宗教よりももっと深く現実と感覚の内部へと入り」、「神の精神というより神の形態」を表現し、「神々しいものは直観にもたらされ」、「思惟する精神」にも働きかける。「そのとき、主観と客観を統一する第3の形態」、つまり哲学が現れる。哲学は「もっとも自由な、もっとも広範な統一の形態である。」以上のことを簡略していえば、「民族精神とは、単一の個性であり、その本質的な姿が神としてイメージされ、崇拝され、受け入れられると、それが宗教であり、像として直観的に表現されると、それが芸術であり、認識の対象となって概念化されると、それが哲学である」ということである。

　世界史とは精神の神々しい絶対の過程を、最高の形態において表現するものであり、精神は1つ1つの段階を経ていく中で、真理と自己意識を獲得する。これが「世界精神のたえざる衝動である。」次に世界史のあゆみを考察することにする。

2 世界史のあゆみ

(1) 発展の原理

　人間には「完全なるものをめざす衝動」があり、そこに自己を実現しようとするのが精神である。精神は、偶然に支配されることなく、むしろその偶然を支配し、利用し、自分の進むべき方向を決定するのである。精神の進む過程において様々なものが介入するが、精神の真の敵は精神自身である。精神は自己を克服しなければならない。この克服の過程は、後退ではなく、発展でなければならない。もちろん、発展は内容を持っていなければならない。つまり、我々は中世または古代に戻ってはならないのである。ヘーゲルは次のようにいう。「世界史は自由の意識を内容とする原理の段階的発展として示される。……、第1段階は、……、精神が自然のあり方に埋没した状態であり、第2段階は、そこを抜け出して自由を意識した状態であり、……、第3の段階はいまだ特殊な状態にある自由から純粋に普遍的な自由へと上昇し、精神の本質が自己意識および自己感情としてとらえられた状態である。この3段階が、一般的過程をあらわす基本原理である。各段階の内部にはさらにこまかな形成過程と移行の弁証法が含まれている。」

(2) 歴史の始まり

　ヘーゲルのいう歴史（Geschichte）とは、「客観的な面と主観的な面が統一されていて、『歴史』は『なされたこと』を意味するとともに、『なされたことの物語』をも意味し」ていなければならない。従ってヘーゲルのいう歴史は『聖書』における物語であってもいけないし、また考古学におけるような歴史でもない。「共同体全体に関わるような対象」を扱い、国家を生み出す自由、理性があったことを確認するような歴史でなければならないのである。

(3) 世界史の進み方

　「世界史とは、……精神がみずから自由であると意識する、その自由の意識

の発展過程と、その意識が現実に生み出すものの発展過程を示す」ことであり、その「弁証法的性格からして、自分を定義し、その定義を自分の内容とし、さらにその内容を放棄し、破棄することによって、積極的な、さらに豊かで具体的な内容を獲得する」のである。しかし世界史は個人の歴史ではない。最低限国家の歴史でなければならない。それではある1つの国家の歴史は世界史となるのであろうか。少なくとも次のような条件を満たしていなければならない。その国家は民族精神を所有していなければならない。つまり、民族のあらゆる行為や活動を精神的に、また思惟よって把握し、自己を表現し、自己を享受するものでなければならない。この活動の中で、民族精神は成就するのであるが、この成就は自己否定でもなければならない。自己否定によって世界史的民族となり、「世界史の他の時代」が登場するのである。この過程がある1つの民族が世界史的民族となる過程である。国家を形成したけれども世界史的民族とならなかった民族はこの地球上にはたくさんあった。例えば、メソ・アメリカや南アメリカの民族が挙げられよう。これらの民族には普遍的な精神が欠如していたのである。普遍的な精神を有する民族精神の作品には普遍的思惟が含まれ、客観性を有する。そこには「教養文化の最高点」が含まれ、「生活や状況、法律や正義や道徳」が表現され、「思惟ないし学問によって捉えられ」、「精神のもっとも内面的な自己統一」が表現されていなければならない。さらにまた「必然の連鎖」を原理としていなければならない。その「必然の連鎖」の「1つ1つが普遍的な世界精神の各段階をなす」ものであり、「歴史上のさまざまな精神を貫き、みずからを自覚的な総体へと高め、全体を完成する」ものでなければならない。つまり、連鎖の1つ1つが世界史を含んでいなければならないのである。そのような精神は普遍的世界精神と呼ばれるのである。即ち民族の歴史は世界史を目的にしていなければならないのである。

　次にヘーゲルは「世界史の地理的基礎」として、①新世界　②地理的条件　③旧世界という項目で世界の地理を考察しているが、哲学的視点が欠けているので省略する。

3 世界史の時代区分

　ヘーゲルによれば、世界史は幼年期、青年期、壮年期、老年期と4つに分けられ、幼年期には中国、インド、中央アジア、ペルシアなどが含まれ、青年期にはギリシア、壮年期にはローマ、老年期にはゲルマン世界が含まれている。
　歴史は東洋に始まる。「この世界の根底にあるのは共同体精神という素朴な意識で、主観の意思はさしあたり共同体精神を信仰し、信頼し、それに服従するものとしてある。国家生活のなかには、理性的な自由の実現と発展の様子が見られる。その自由が主観の自由にまで到達する力がない」のである。この共同体には対立を克服する力がないので、あり方が2つに分けられる。1つは、中国のような、「空間の王国、非歴史的歴史」の国である。中国では、家族関係に基礎を置き、家長の配慮と勧告と懲罰と訓育とによって全体の秩序を保っているが、観念的な形式の対立に至っていない。もう1つは、時間的形態を持つ国家である。このような国は、内部に変化の原理を持たず、他国に対して無限の変化を見せて絶えざる抗争を繰り返し、急速に没落するのである（ヘーゲルは中央アジアの国々を考えているようである）。
　青年期と呼ばれる国はギリシアである。ここでは個人が形成された時代である。「個人の形成は世界史の第2の根本原理である。共同感情がアジアの原理だとすれば、ギリシアにあるのは、個人に刻印され、したがって個人の自由意思にもとづく共同精神である。ここでは共同感情と主観的な意思が統一され、美しい自由の王国が出来上がっている。」しかしここでの共同精神は道徳に到達してはおらず、主観の個人的な意思は正義や法律やしきたりや習慣の次元にすぎない。つまり美しい共同精神といっても、「自由な主体性に基づく共同精神にまで純化されていない」のである。
　3番目はローマで壮年期と呼ばれる。ローマは「抽象的な共同原理に基づく王国」である。この時代は「主人の気紛に振り回されるのでもなければ、自分の美しいわがままを楽しむのでもなく、自分をおさえて全体の目的に奉仕し、全体の目的を実現することによってはじめて自分の目的も実現できる」時代で

ある。ローマでは個人は共同体の中で自己を放棄し、一般的人格性を獲得するのである。これが共同原理となると個人は押しつぶされ、個人は点の集まりとして国家に吸収されてしまうのである。このようなローマを発展させる方法は2つある。1つは、帝国内部で対立が生じた場合、世俗的な権力を持った主君が抽象的共同原理を越える支配権を持つことである。即ち、対立を支配権でもって世俗的に和解させることである。もう1つは、外面的生活だけを根拠とする共同性に妥協するのではなく、内面的共同性を根拠とする精神的和解を持つことである。これは「個としての人格が普遍的なものへと純化ないし理想化され、神聖な人格という完全無欠の普遍的主観性にいたるという形をとる。単なる世俗の王国と精神の王国が対立するのであるが、精神の王国とは、自己を認識し、自己の本質を認識する主観性の王国であって、それこそ現実の精神である。」ヘーゲルはこの後者こそ、第4番目のゲルマンの世界であるというのである。ゲルマンの世界こそこの地上の最後に至っている老年期の世界であるという。

　ゲルマンにおける和解とは、キリスト教に基づく和解である。そのキリスト教が具体的現実性を獲得するためには、ゲルマン国家がその力を発揮しなければならない。しかしそのゲルマン国家にも宗教世界の精神的原理と世俗世界との対立はある。その世俗世界は精神なき権力である。この権力が宗教権力の前に消滅する。しかし宗教権力が世俗の権力に入り込むならば、宗教的特質も権力も消滅する。そのとき「より高度な理性的思惟形態」が現れる。その精神は、「思想の形をとった作品を生み出し、もっぱら世俗の原理にもとづいて理性的なものを実現する力を獲得する」のである。そのとき「国家と教会の対立は消滅し、精神は世俗のうちに自己自身を見いだし、世俗の世界を有機的な統一体として形成する。」このようなことは短い時間の内で達成されないかもしれないが、しかしその精神の立場にあるのが、ゲルマンの世界であるとヘーゲルはいうのである。

あとがき

　ヨーロッパにおける代表的哲学者10人の政治思想を概観した。産業革命以来、経済をぬきにして政治を考察することが、果たしてどれほどの意義があることか筆者にもよく分からない。例えば、マックス・ウェバー、マルクス、エンゲルスなどに全く触れることなく、ヨーロッパの政治思想を語ることには無理がある。これは筆者も認める。筆者の現在の力では及ばぬことである。いろいろな条件があり、今回は触れることができなかった。もし機会があったら上述の人々の政治思想を考察してみたいと思う。

　「はじめに」でも述べたが、原語の提示は極力避けた。というのはこの本が政治思想を学ぶ人々の導入になって、さらに確実に深く研究しようとする契機になってくれればよしとしようという意向が筆者にあるからだ。また最近は、ヴァーチャル・リアリティーの時代であるから、文字を通して書物を理解するという方法が好まれない。古典といわれる書物が、哲学書であっても、劇画化され、つまり視覚化される時代である。このような流れは今後変わることはないであろう。読者が意を決して、書物に取り組まなければ、自分の文字能力で理解する機会がますます少なくなるであろう。また学問の世界に限ったことではないが、目的なくして学問が成り立つ時代であり、さらにまたそれぞれの分野は細分化され、1人の人間が学生として学ばなければならないことが多くなっている。専門としない他の分野の研究はますます困難な時代なのである。しかしこのような状況にあっても、政治思想、特に古典といわれる人々の著作、思想を学ぶことは政治の初心に帰るという意義はあると思うのである。

　ここで使用した書物はすべて日本語訳がある。筆者が参照した訳本を挙げる。

　　『プラトン全集』　第3・11・13巻　岩波書店
　　『アリストテレス全集』　第15巻　岩波書店
　　『キケロー選集』　第8巻　岩波書店

『マキアヴェリ』　「君主論」　世界の名著　第16巻　中央公論社
『リヴァイアサン』　Ⅰ～Ⅳ　岩波文庫
『ロック・ヒューム』　「人間知性論」「統治論」「寛容についての書簡」
　　　　　　　　世界の名著　第27巻　中央公論社
『市民政府論』　岩波文庫
『法の精神』　上・中・下　岩波文庫
『ルソー』　「社会契約論」　世界の名著　第30巻　中央公論社
『カント全集』　第15巻　理想社
『政治論文集』　上・下　岩波文庫
『歴史哲学講義』　上・下　岩波文庫

　それぞれの著者は自分の思想を厳密に表現するために、言葉を選択し使用している。従って翻訳者は非常に注意しながら訳語を当てる。しかもある語に一定の訳語をつけるのが普通であるが、使用されている箇所、あるいは前後関係から別の訳語を使用することもある。例えば、『歴史哲学講義』の翻訳者長谷川宏氏がこのことを認めている。筆者は自分独自の訳語を使用することなく、翻訳者の訳語をそのまま使用することにした。筆者としては読者がこの機会を契機にして原書、または翻訳書にあたることを願う次第である。

■著者紹介

鳥谷部　平四郎（とりやべ　へいしろう）

　1946年　青森県七戸町に生まれる。
　1968年　獨協大学外国語学部（ドイツ語専攻）卒業
　1977年　東京教育大学大学院博士課程（哲学専攻）修了
　現　在　姫路獨協大学外国語学部助教授

ヨーロッパ政治思想概説

2000年4月10日　初版第1刷発行
2003年5月20日　初版第2刷発行

■著　者──鳥谷部平四郎
■発行者──佐藤　守
■発行所──株式会社　大学教育出版
　　　　　〒700-0953　岡山市西市855-4
　　　　　電話(086)244-1268　FAX(086)246-0294
■印刷所──互恵印刷(株)
■製本所──日宝綜合製本(株)
■装　丁──ティーボーンデザイン事務所

Ⓒ Heishirou Toriyabe 2000, Printed in Japan
検印省略　　落丁・乱丁本はお取り替えいたします。
無断で本書の一部または全部を複写・複製することは禁じられています。

ISBN4-88730-372-6